Titel der Originalausgabe: *La philosophie de Marx*

Die Deutsche Nationalbibliothek verzeichnet diese Publikation in der Deutschen Nationalbibliografie.

Übersetzung: Frieder Otto Wolf
Lektorat: Katja Diefenbach
Korrektorat: Mirjam Thomann
Gestaltung: Cornelia Durka
Druck: Oktoberdruck, Berlin

Produziert mit freundlicher Unterstützung des Centre national du Livre, Paris, der Rosa-Luxemburg-Stiftung, Berlin, und des Berliner Vereins zur Förderung der MEGA-Edition e.V.

ISBN 978-3-942214-03-2
Erste Auflage 2013

materialismus + politik 1

b_books
Lübbener Str. 14, 10997 Berlin, www.bbooks.de

Étienne Balibar

Marx' Philosophie

Mit einem Nachwort des Autors zur neuen Ausgabe,
übersetzt und eingeleitet von Frieder Otto Wolf

Vorbemerkung

Dieses Buch wollte ich schon lange übersetzen, hatte sogar schon ein paar Stücke fertiggestellt. Katja Diefenbach von b_books ist es zu danken, dass ich mir endlich die Zeit genommen habe, dieses Projekt zu Ende zu führen.

Ich habe versucht, der schwierigen Lage aus dem Französischen einen Text über einen deutschen Autor zu übersetzen, zu dem auch noch im deutschen und im französischen Sprachraum jeweils eine andere Debatte geführt wird, gerecht zu werden – vor allem durch erläuternde Fußnoten, zusätzliche Literaturangaben, aber auch durch eine bewusst Missverständnisse vermeidende und insofern präzisierende Übersetzung.

Meine Überlegungen zu der Bedeutung, die Balibars Rekonstruktion von Marx' Tätigkeit als Philosoph einnimmt, habe ich im Vorwort auseinandergelegt.

Die Literatur zum Haupttext ist (mit Hinweis auf die deutschen und – falls nicht vorhanden – die englischen Übersetzungen) in den Fußnoten nachgewiesen.

Ich danke Étienne Balibar für seine hilfreiche Kooperation.

Frieder Otto Wolf

Inhalt

Die Frage nach Marx' Philosophie endlich wirklich stellen
Vorwort von Frieder Otto Wolf

Balibars kleines Buch ist vor fast zwanzig Jahren in Frankreich erschienen, und auch die Publikation der englischen Übersetzung liegt über 18 Jahre zurück. Heutige deutschsprachige Leserinnen und Leser könnten daher vor der Schwierigkeit stehen, dass sich ihnen nicht gleich genau erschließt, worum es in bestimmten von Balibar formulierten philosophischen *Thesen* geht, die in einen anderen historischen Kontext eingreifen sollten. Auch wenn sie es ungefähr ahnen werden, denn viele grundlegende Fragen stellen sich hier und heute kaum anders.

Um dieser möglichen Schwierigkeit zu begegnen, möchte ich in diesem Vorwort drei Fragen erörtern:

- Worum ging es im Kontext der ersten Publikation dieses Textes?
- Worin besteht die anhaltende Herausforderung, die von Balibars Untersuchung von Marx' Philosophie ausgeht?
- Wie lässt sich diese Untersuchung auf die jüngere, vor allem deutschsprachige Debatte beziehen?

1. Worum ging es im Kontext der ersten Publikation dieses Textes?

Balibar spielte mit offenen Karten. Der Einsatz, um den es ihm in seiner nach dem Ende der orthodoxen Marxismen verfassten Darstellung ging, war klar benannt. Er war ebenso einfach wie anspruchsvoll: Es ging darum, Marx als einen Philosophen wiederzuentdecken, der immer noch, für die gegenwärtige Philosophie, eine unbewältigte Herausforderung darstellt. Mit dieser deutlichen Geste stellte sich Balibar[1] in Frankreich und in der global geführten angelsächsischen Debatte dem damals herrschenden – und inzwischen allenfalls schwächer gewordenen – Trend entgegen, sich mit der historischen Verabschiedung von den »offiziellen Marxismen« zugleich auch von dem zumeist erst in den 1960er Jahren wiederentdeckten Marx zu verabschieden.

1 Er war dabei nicht allein, vgl. hier und für einige weitere Problematiken die Hinweise in der Bibliographie.

In Frankreich hat es seit den 1980er Jahren (fast) keine Fortsetzung der *Kapital*-Lektüre gegeben, jedenfalls keine, die der »neuen Marxlektüre« in Deutschland oder in Japan vergleichbar wäre.[2] Wer im Text Balibars begleitende philosophische Reflexionen zu dieser kollektiven Neuaneignung der Marx'schen »neuen Wissenschaft«, der »Kritik der politischen Ökonomie«, sucht,[3] wird daher unvermeidlich enttäuscht werden. Auch wer sich bei der einfachen Auskunft beruhigen möchte, Marx habe doch »die Philosophie hinter sich gelassen« oder sich mit der immerhin schon etwas komplexeren Botschaft zufrieden gibt, Marx habe uns eine Praxis der Kritik hinterlassen und diese zumindest im Ansatz auf den Begriff gebracht, sollte hier mit der Frage verunsichert werden, was Marx eigentlich »in der Philosophie getan« hat.

Balibar – dem es darum geht, Marx' Aktualität für die Gegenwart des 21. Jahrhunderts zu zeigen – bricht radikal mit den beiden Vorgehensweisen, die in den bisherigen Debatten nur in Sackgassen geführt hatten: Er betreibt weder die philosophische Ergänzung der Marx'schen Theorie durch gängige Philosopheme noch die Konstruktion einer geschlossenen marxistischen Philosophie. Ihm geht es vielmehr darum, die Entdeckung, dass Marx eine Bedeutung für die Philosophie besitzt, die heute »größer als je zuvor« geworden ist, zu vermitteln: Wir finden also in seinem Buch keine Darstellung der Marx'schen Lehre, sondern vielmehr eine »Untersuchung der Art und Weise, wie Marx in der Philosophie arbeitet, und wie die Philosophie in Marx arbeitet«, um derart »die theoretische Bewegung von innen aufzugreifen«. Mit dieser Aufgabenstellung, der Praxis der Philosophie in Marx' gesamten Arbeiten nachzugehen, überwindet Balibar auch die Auffassung, dass die Arbeiten des jungen Marx quasi stellvertretend für dessen philosophischen Positionen stehen, die seit der Entdeckung seiner frühen Manuskripte in den 1930er Jahren immer wieder vorgebracht wurde. Seine Strategie der Lektüre gehört zu den bleibenden Produkten des »französischen Momentes der Philosophie«: Balibar radikalisiert die »symptomale« Lektüre, wie sie Althusser in *Für Marx* und *Das Kapital Lesen* entwickelt hatte – und

2 Vgl. den Überblick bei Jan Hoff u.a. »Einleitung«, in: Dies. (Hg.), *Das Kapital neu lesen*, Münster 2006, S. 16–23.

3 Hierzu wäre eher auf Balibars Beiträge zum Gemeinschaftswerk *Das Kapital lesen* [frz. Paris 1965] und sein Buch *Cinq études du matérialisme historique* [frz. Paris 1974] zurückzugreifen, das immer noch nicht auf Deutsch verfügbar ist, obwohl es durchaus eine Neulektüre verdiente.

zwar dahingehend, die Potenziale, aber auch die Aporien von Marx' Denken aus dessen Texten zu rekonstruieren, ohne sie aufzulösen, um die offenen philosophischen Schwierigkeiten bei Marx genauer begreifen und die insistierenden Probleme des Marxismus weiter bearbeiten zu können. Dabei fasst dieser Text Untersuchungen aus den 1980er Jahren zusammen[4] und führt sie weiter.[5]

Inhaltlich bildet die Frage, in welchem Verhältnis der Eigenständigkeit oder des Zusammenhangs die »Kritik der Politik« und die »Kritik der politischen Ökonomie« bei Marx zueinander stehen, das Zentrum der Auseinandersetzung.[6] Balibar entwickelt hier eine eigenständige Position eines »Materialismus der Politik«, der sich weder auf den Weg einer abstrakten Ontologisierung begibt, wie ihn Alain Badiou[7] (ebenfalls im Ausgang von Althussers Philosophieren) eingeschlagen hatte, noch sich auf das Unternehmen einer totalisierenden Politisierung einlässt, wie es auf unterschiedliche Weise Jacques Rancière und Antonio Negri[8] (unterstützt von Michael Hardt)[9] verfolgt haben.

4 Vgl. zum Beispiel Étienne Balibar, »Die Nachfolge des Idealismus« [frz. Paris 1983], »Die Weltanschauungen« [frz. Paris 1986] in: Ders., *Der Schauplatz des Anderen*, Hamburg, 2006, S. 149–168 und 169–196, Ders., »In Search of the Proletariat. The Notion of Class Politics in Marx«, in: Ders., *Masses, Classes, Ideas*, London 1994 [frz. 1983], S. 125–149, oder auch Étienne Balibar, »Vom Klassenkampf zum Kampf ohne Klassen?«, in: Ders. und Immanuel Wallerstein, *Rasse, Klasse, Nation*, Hamburg 1990 [frz. Paris 1987]. Auch Balibars Beiträge zu dem von Georges Labica und Gérard Bensussan herausgegebenen *Kritischen Wörterbuch des Marxismus* standen in diesem Zusammenhang.

5 Hier sind vor allem zu nennen: Étienne Balibar, *La crainte des masses: politique et philosophie avant et aprés Marx*, Paris 1997, Ders., »Fin de la politique ou politique sans fin? Marx et l'aporie de la ›politique communiste‹«, Paris 2008, Ders., *Violence et civilité. Wellek Library Lectures et autres essais de philosophie politique*, Paris 2010, Ders. »Pourquoi Marx? Philosophie, politique, sciences sociales«, in: *Actuel Marx*, Nr. 50, Paris 2011.

6 Seit Étienne Balibar, Cesare Luporini und André Tosel, *Marx et sa critique de la politique*, Paris 1979.

7 Vgl. z.B. Alain Badiou, *Manifest für die Philosophie*, Wien 1997, ^{2}2010, Ders., *Zweites Manifest für die Philosophie*, Wien 2010.

8 Vgl. insbesondere Antonio Negris *Marx oltre Marx* von 1979 [engl. *Marx beyond Marx*, London 1984], das auf Vorlesungen beruht, die Negri 1979 auf Einladung Althussers an der École normale gehalten hat, sowie Ders., *Insurgencies: Constituent Power and the Modern State*, Minneapolis, Minnesota 1999.

9 Vgl. die Untersuchung über materialistische Staatskritik in der Postmoderne, *Die Arbeit des Dionysos*, die Hardt und Negri zusammen geschrieben haben (Berlin 1997), und die weltweit viel diskutierte Trilogie *Empire* (2000), *Multitude* (2004) und *Commonwealth* (2009) [dt. Frankfurt/M. 2002, 2004 und 2010].

Auf dieser Grundlage geht Balibar fünf aneinander anschließenden Teilfragen nach, die sich darum drehen, ein gegenwärtiges Philosophieren auf die Herausforderungen einzustimmen, die für »die Philosophie« immer noch von Marx ausgehen:

– Was ist aus den Marx'schen Kritiken der philosophischen Tätigkeit für eine wirklich zeitgenössische Philosophie zu lernen? (Kapitel I);
– Was bedeutet es, »die Welt zu verändern« – wie kann sich ein Subjekt konstituieren, das dazu wirklich in der Lage ist, und welchen Beitrag kann ein »neuer Materialismus« dazu leisten? (Kapitel II);
– Wie verhalten sich bei Marx Ideologietheorie und Fetischismustheorem, und was sagen sie uns über den Zusammenhang von Macht und Unterwerfung beziehungsweise von Herrschaft und Subjektkonstitution? (Kapitel III);
– Wie denkt Marx den Zusammenhang von Zeitlichkeit und Fortschritt – formuliert er etwa nur noch eine weitere (oder auch andere) »Philosophie der Geschichte«? (Kapital IV);
– Wie verhalten sich in Marx' eigener theoretischer Praxis »die Wissenschaft und die Revolution« zueinander, und wie können wir heute »die Ambivalenz der Wirkungen« dieser Praxis verarbeiten, indem wir eine Art philosophischer Tätigkeit entfalten, die weder als »Doktrin einer Organisation, noch als Universitätsphilosophie« funktioniert? (Kapitel V).

Und indem wir als Lesende dieses Büchleins genau diesen Fragen nachgehen, begegnen wir schließlich Marx an einem neuen Ort und in einer neuen Gestalt, die ihm auf lange Sicht keiner bestreiten kann: an dem Ort des »unumgänglichen ›Schmugglers‹ zwischen der Philosophie und der Politik«.

2. Worin besteht die anhaltende Herausforderung, die von Balibars Untersuchung von Marx' Philosophie ausgeht?

Ist das, was Balibar für die Gegenwart der frühen 1990er Jahre in Frankreich an Thesen vertreten hat, heute noch und auch hierzulande relevant? Die Antwort auf diese Frage wird dadurch erleichtert, dass in den letzten Jahren die neuere französische Debatte über das Politische und die Politik in Deutschland rezipiert worden ist. Balibars gegenläufiger Rückgriff auf Marx gewinnt seine volle Bedeutung gerade als Alternative zu der linksheideggerianischen These von der »politischen Differenz« als Effekt der »ontologischen«: Es geht darum, mit Marx (und Althusser) den unauflösbaren Zusammenhang der konkreten Materialität historischer Prozesse, »struktureller Kausalität« und menschlicher Handlungsfähigkeit zu denken, ohne sich auf das Unternehmen einer nachmetaphysischen Fundierung existentialen Denkens in Figuren des Nicht-Verhältnisses, der Öffnung, des Seins als Differenz oder des Mit-Seins ohne Gründung und Vervollkommnung einzulassen, wie sie ein französischer Links-Heideggerianismus (Lévinas, Nancy, Lacoue-Labarthe) betrieben hat. Denn das führt unvermeidlich dazu, dass die Einbeziehung der in der konkreten historischen Wirklichkeit bestehenden gesellschaftlichen Bedingungen in das Denken vernachlässigt wird. Genau so sehr geht es aber auch darum, nicht mehr in geschichtsdeterministische Garantiekonstruktionen oder auch in technokratische Machbarkeitsillusionen zurückzufallen.

Die deutschsprachige akademische Debatte hat sich gegenüber den jüngsten Schüben einer neuen Aufmerksamkeit für Marx eher zögerlich verhalten.[10] Gerade in der hiesigen philosophischen Diskussion, die diese Frage verdrängt beziehungsweise marginalisiert hat, hängt deshalb viel davon ab, wie wir uns zur Problematik der Marx'schen Philosophie verhalten. Diese ist zunächst frei zu legen, denn sie ist historisch mehrfach verdeckt worden: Nicht nur dadurch, dass die Arbeiterbewegung des späten 19. und des frühen 20. Jahrhunderts – wie auch die zeitgenössische Frauenbewegung oder die damals beginnenden antikolonialen Bewegungen – in dem, was sie als etablierte Philosophie kannten, keinerlei Orientierung finden konnten[11] (eine Haltung, die schon bei Marx selber in wiederholten »antiphilosophischen« Bekenntnissen zum Ausdruck kam) ist Marx' Philosophie unkenntlich geworden, sondern auch durch die Art und Weise, mit der unter den Händen von Engels und Kautsky der Marxismus als eine »orthodoxe« Parteidoktrin konstituiert worden ist, die dann unter Stalin in einer großen »Emendation

10 Vgl. sogar noch die Materialien der Konferenz *Rethinking Marx* in: Rahel Jaeggi und Daniel Loick (Hg.), *Nach Marx – Philosophie, Kritik, Praxis*, Frankfurt/M. 2013.

11 Dass dies auf Gegenseitigkeit beruhte, lässt sich an der kundigen, aber verständnislosen Behandlung der Marx'schen Philosophie durch den Neukantianer Klaus Hartmann (*Marxens Kapital in transzendentalphilosophischer Sicht,* Bonn 1968 und *Die Marxsche Theorie*, Berlin 1970) exemplifizieren.

der marxistischen Vernunft« (Balibar) als der »Marxismus unserer Epoche«[12] festgeschrieben wurde. Die Frage nach dem Verhältnis von Marxismus und Philosophie,[13] die vor allem in den marxistischen Debatten um die russische Oktoberrevolution aufgekommen war, wurde in der stalinistischen Doxa dadurch verdeckt, dass sie – in Gestalt des Diamat – definitiv beantwortet wurde. Eine weitere Behandlung und Elaboration philosophischer Denkmotive bei Marx wurde damit nur noch in akademischen Positionen und zumeist in poetisch, metaphysisch und verrätselnd überhöhten Gestalten möglich, wie sie exemplarisch Ernst Bloch, der späte Georg Lukács, Max Horkheimer und Theodor W. Adorno praktiziert haben. An deren Vorstöße hatten Louis Althussers Erneuerungsversuche einer »marxistischen Philosophie« im französischen Marxismus nicht anknüpfen können; Balibar markiert in diesem Band wichtige Konvergenzen und mögliche Begegnungspunkte.

Erst nach dem offenen Ausbruch der »Krise des Marxismus« innerhalb der kommunistischen Weltbewegung[14] – und nachdem klar geworden war, dass es keinen einfachen Ausweg aus dieser Krise mehr gab –, ist es dann auch möglich geworden, nicht weiter allgemein über »Marxismus« oder »Post-Marxismus« zu diskutieren, sondern eine spezielle und zugleich zu dieser Debatte quer stehende Frage zu stellen: Was ist die von Karl Marx nicht als solche deklarierte und elaborierte, sondern in seinen wissenschaftlichen Untersuchungen und seinen politischen Interventionen, also in den beiden hauptsächlichen Dimensionen seiner Praxis, effektiv vertretene Philosophie gewesen? Und wie verhält sie sich zu den unterschiedlichen Versuchen, den Marxismus durch eine Philosophie zu »ergänzen«,[15] oder aber bei Marx und vor allem beim späten Engels zumindest die Bauelemente für eine »marxistische Philosophie« zu finden.

12 Vgl. kritisch dazu immer noch Joachim Bischoff, *Gesellschaftliche Arbeit als Systembegriff*, Westberlin 1973.

13 Vgl. insbesondere die neu ansetzenden Beiträge von Georg Lukács (*Geschichte und Klassenbewusstsein*, Berlin 1923, *Lenin. Versuch über den Zusammenhang seiner Gedanken*, Berlin 1924) und Karl Korsch (*Marxismus und Philosophie*, Berlin 1925).

14 Vgl. Louis Althusser, *Die Krise des Marxismus*, Hamburg 1978.

15 Wie dies ein Teil der Austromarxisten und -marxistinnen in Rückgriff auf den Neukantianismus und Alexander Bogdanow, gestützt auf den »methodologischen Positivismus« (Avenarius, Mach), unternommen hatten.

In Deutschland ist diese dringend nötige Debatte gleichsam in die Soziologie (Jürgen Habermas[16], Axel Honneth[17], Rahel Jaeggi[18]) beziehungsweise in die Politikwissenschaft (Elmar Altvater[19]) »abgewandert«. Das hat mit der Geschichte und den Nachwirkungen der Kritischen Theorie zu tun: Denn diese von Max Horkheimer programmatisch auf den Weg gebrachte und am Institut für Sozialforschung organisierte Kritische Theorie war beiden Abwegen klug ausgewichen, indem sie sich in Bezug auf Philosophie und Soziologie in einem unentschiedenen Schwebezustand hielt,[20] und es lange Zeit vermieden hat, ihre eigene Position in Bezug auf die »kommunistische Weltbewegung« und den »Realsozialismus« klar zu definieren. Das ersparte ihr von vorneherein die – einigermaßen paradoxe und letztlich auch vergebliche – Bemühung der Althusserianer/innen, *innerhalb* dieser Weltbewegung zentrale Begriffe wie »Marxismus-Leninismus« und »dialektischen Materialismus« oder auch »Diktatur des Proletariats«[21] widersprechend für sich zu reklamieren. Es nahm ihr aber auch den Anspruch, ein an dieser Stelle »eingreifendes Denken« zu sein.

Balibar blickt dagegen auf einen derartigen Versuch zurück, der von der Wiederaneignung der wissenschaftlichen Grundlagen[22] bis zur Zuspitzung auf die zentralen politischen Kategorien[23] reichte, bis er Anfang der 1980er Jahre aus der KPF ausgeschlossen wurde, weil er nicht nur deren Rassismen, sondern auch die Komplizitäten mit der französischen Kolonialmacht im Algerienkrieg aufgedeckt hatte.

16 Vgl. Habermas' immer noch wichtigen Beitrag *Zur Rekonstruktion des historischen Materialismus*, Frankfurt/M. 1976.

17 Vgl. Axel Honneth, *Verdinglichung. Eine anerkennungstheoretische Studie*, Frankfurt/M. 2005.

18 Vgl. Rahel Jaeggi, *Entfremdung. Zur Aktualität eines sozialphilosophischen Problems*, Frankfurt/M. 2005, Dies., »Rethinking Ideology«, in: Boudewijn de Bruin und Christopher Zurn (Hg.), *New Waves in Political Philosophy*, Houndsmill 2009, S. 63–68, Dies. und Daniel Loick (Hg.), *Nach Marx – Philosophie, Kritik, Praxis*.

19 Vgl. jüngst: Elmar Alvater, *Marx neu entdecken. Das hellblaue Bändchen zur Einführung in die Kritik der Politischen Ökonomie*, Hamburg 2012.

20 Eine Verortung innerhalb der westdeutschen Nachkriegsphilosophie wäre aufgrund ihrer Kontinuitäten zur deutschen Philosophie der 1930er und 1940er Jahre auch völlig unmöglich gewesen, vgl. Alex Demirovic, *Der nonkonformistische Intellektuelle*, Frankfurt/M. 1999.

21 Vgl. z.B. Louis Althusser, *Die Krise des Marxismus*, Hamburg 1978, Étienne Balibar, *Über die Diktatur des Proletariats*, Hamburg 1977.

22 Vgl. Louis Althusser, Étienne Balibar, Roger Establet, Pierre Macherey, Jacques Rancière, *Das Kapital lesen*, Münster 2014 (i.Vorber.).

23 Vgl. Étienne Balibar, *Cinq études du matérialisme historique*, Paris 1974.

Wer allerdings in diesem Versuch Balibars, sich die unterschiedlichen Momente von Marx' Philosophie in ihrer Lebendigkeit und Brisanz zu vergegenwärtigen, zugleich auch schon eine ausgearbeitete epistemologische Reflektion der von Marx initiierten »neuen Wissenschaft« und die Artikulation der aus ihr zu begründenden revolutionären Zuspitzung finden möchte, wird unvermeidlich enttäuscht werden. Denn um dies zu leisten, sind weitere Untersuchungen anzustellen und neue philosophische Debatten zu führen, für die auch eine noch so gedankenreiche Relektüre der Marx'schen Texte und ihrer Wirkungsgeschichte allein keine hinreichende Grundlage bieten kann.

Diese Beschränkung gilt erst recht, wenn erwartet werden sollte, in Balibars Buch könnte jetzt eine knappe Bilanz des historischen Marxismus gefunden werden. Hier wird nur gezeigt, dass Marx als der Philosoph wider Willen, der er immer geblieben ist, in einer derartigen Bilanz gleichsam »nicht aufgehen kann«. Das sollte aber angesichts der Mühe, die es immer noch macht, Marx' philosophische Tätigkeit als solche ins Auge zu fassen, nicht gering geschätzt werden.

3. Wie lässt sich diese Untersuchung auf die jüngere, vor allem deutschsprachige Debatte beziehen?

Die jüngere westdeutsche Debatte konnte darauf aufbauen, dass es in den 1960er Jahren – unter dem Antrieb der Studierendenbewegung – gelungen war, die Breite und Radikalität der deutschsprachigen marxistischen Debatte der Zwischenkriegszeit gründlich und umfassend zu vergegenwärtigen. Aber auch in denjenigen Zweigen dieser Diskussion, die nicht unter der Dominanz des theoretischen Stalinismus gelitten haben, verhinderten bis in die jüngste Vergangenheit eher identitäre Fragestellungen eine offene Untersuchung der paradoxen Philosophie von Marx. Das gilt auch für die gerade in der Krise des Marxismus besonders wirkungsvolle *Fata Morgana* einer »Rekonstruktion der Marx'schen Theorie« beziehungsweise eines nachträglichen »Abschlusses« oder einer aus den vorliegenden Fragmenten zu erarbeitenden »Vollendung« des »unvollendeten Projektes« (Raúl Rojas),[24] wie Marx es vor allem in Gestalt des

24 Vgl. Raúl Rojas, *Das unvollendete Projekt – Zur Entstehungsgeschichte von Marx' Kapital,* Berlin 1989.

Kapital hinterlassen hat. Gerade in Deutschland leistete die »neue Marx-Lektüre«, der wir ein neues Niveau der Rezeption zu verdanken haben, in dieser Hinsicht durchaus auch Beiträge zu einer hartnäckigen Problemverdrängung, mit dem Ergebnis, dass sie in ihren artikuliertesten Versionen unter der Hand wieder das Geschäft einer philosophischen »Ergänzung« betrieben hat – als mehr oder minder kantianisierende Geltungsreflexion (Hans-Georg Backhaus und Helmut Reichelt)[25] oder aber als hegelianisierende Totalisierungsbemühung (Dieter Wolf).[26] Oder diese breite Lektüre-Bewegung mündete einfach in die ohnehin herrschende Tendenz einer philologischen Sicherung und Lektüre des von Marx und Engels hinterlassenen Textkorpus[27] ein, ohne die Aufgaben einer politischen, wissenschaftlichen und auch philosophischen Fortführung der darin liegenden Anfänge noch weiter ernsthaft zu bearbeiten.[28]

Eine »Erneuerung der marxistischen Philosophie« muss ein wenig plausibles Unternehmen bleiben, solange die Untersuchung von Marx' eigener Philosophie noch so wenig entfaltet und ihre Probleme nicht tiefer und gründlicher diskutiert sind. Immerhin ist seit den 1980er Jahren, vor allem in globalem Rahmen, eine eigenständige Debatte über Marx' Philosophie in Gang gekommen, zu der das von Balibar vorgelegte Büchlein einen ebenso unverwechselbaren wie unverzichtbaren Beitrag geleistet hat. Während es Allen W. Wood sehr erfolgreich unternommen hat, die Kohärenz des Marx'schen Denkens vom Standpunkt der bestehenden Philosophie nachvollziehbar zu machen[29] – eine vergleichbare Leistung hat Isabelle Garo im Kontext der neueren

25 Vgl. Hans Georg Backhaus, *Dialektik der Wertform: Untersuchungen zur Marxschen Ökonomiekritik*, Freiburg i.Br. 2006, und Helmut Reichelt, *Die neue Marx-Lektüre. Zur Kritik sozialwissenschaftlicher Logik*, Hamburg 2008.

26 Vgl. Dieter Wolf, »Kritische Theorie und Kritik der politischen Ökonomie«, in: Ders. und Heinz Paragenings (Hg.), *Zur Konfusion des Wertbegriffs*, Hamburg 2009, S. 9–190, sowie Ders., »Die Einheit von Natur- und Gesellschaftswissenschaften. Ein modernes interdisziplinäres Projekt von Marx und Engels«, in: *Beiträge zur Marx-Engels-Forschung. Neue Folge 2006*, hrsg. v. Carl-Erich Vollgraf, Hamburg 2007, S. 92–133.

27 Die dann in der Tat auch für die philosophische Lektüre neue Fragen aufwirft, vgl. Riccardo Bellofiore und Roberto Fineschi (Hg.), *Re-reading Marx: New Perspectives after the Critical Edition,* London 2009.

28 Wie sie etwa mit der Rettung und Fortführung der MEGA² aus durchaus guten Gründen verknüpft gewesen ist.

29 Vgl. Allen W. Wood, *Karl Marx*, London 1981, ²2004. In aktualisierter Gestalt haben die Herausgeber Andrew Chitty und Martin McIvor eine ähnliche Leistung vorgelegt (*Karl Marx and Contemporary Philosophy*, London 2009).

französischen Philosophie erbracht[30] – ging es Balibar gezielt darum, gerade diejenigen Momente in Marx' philosophischer Tätigkeit herauszuarbeiten, durch die eine einfache Fortsetzung bisheriger Modalitäten des Philosophierens in Frage gestellt und zu neuen Ansätzen herausgefordert wurde.

Damit wird dieser Beitrag auch durch inzwischen vorgelegte weitere Bearbeitungen der Thematik von »Karl Marx und die Philosophie« keineswegs weniger brisant. Angesichts der Spannweite der weltweit in den letzten zwanzig Jahren vorgelegten Beiträge, wie sie in Zeitschriften wie *Thesis Eleven*, *Multitudes* oder *Historical Materialism* diskutiert worden sind, würde eine Zusammenfassung hier den Rahmen völlig sprengen. Allenfalls kann auf wichtige Debatten verwiesen werden – von der Debatte über das Andauern der »ursprünglichen Akkumulation«, die Bedeutung und Gefährdung der »Commons«, die Diskussionen um »Intersektionalität« und »Eurozentrismus« sowie um die Problematik der Anthropologie bei Marx oder um die Möglichkeiten einer feministischen Neuaneignung Marx'scher Philosophie.

Denn Balibars Beitrag wirft immer wieder unerledigte Fragen auf, indem er einzelne Diskussionskomplexe verdichtend zusammenfasst und die Textform der Einführung nutzt, um auf die systematische Ausarbeitung der so gewonnenen Problemstellungen zu verzichten[31] beziehungsweise sie als Anregungen zum Weiterdenken in den Raum zu stellen.

Hierher gehören meines Erachtens die folgenden Fragen, die sich an die von Balibar vorgenommene Kapitelgliederung anschließen, zu denen inzwischen auch weiterführende Diskussionen in Gang gekommen sind:[32]

– die Frage nach der Kritik als eigentümlicher philosophischer Tätigkeit und nach dem Realitätsbezug der Gesellschaftswissenschaften
– die Frage nach der gegenwärtigen Bedeutung eines neuen, nicht-reduktionistischen Materialismus

30 Vgl. Isabelle Garo, *Marx: une critique de la philosophie*, Paris 2000, Dies., *Foucault, Deleuze, Althusser & Marx: la politique dans la philosophie*, Paris 2011.

31 Es lohnt hier, Urs Lindners systematische Untersuchung des Verhältnisses von Marx zur Philosophie heranzuziehen, die Konzepte und Perspektiven des neueren *critical realism* (im Anschluss an Roy Bhaskar) aufnimmt (vgl. Urs Lindner, *Marx und die Philosophie. Wissenschaftlicher Realismus, ethischer Perfektionismus, kritische Sozialtheorie*, Stuttgart 2012).

32 Von besonderer Bedeutung sind hier m.E. die Debattenstränge um die »Wahrheitspolitik«.

– die Frage nach dem Verhältnis der theoretischen Bestimmungen von in den bestehenden Herrschaftsstrukturen angelegten Verkehrungen sowie der besonderen Mechanismen von Ideologie und Subjektivierung
– die Frage einer materialistischen Philosophie der Geschichte und der Politik, die weder »quietistisch« in Teleologie und Determinismus noch »aktivistisch« in Voluntarismus und Idealismus verfällt, sondern die konkrete Materialität historischer Prozesse ebenso wie die realen Möglichkeiten menschlichen Handelns in ihnen und besonders in ihren Krisenmomenten und Bifurkationen begreifen kann.

Balibars hiermit endlich auf Deutsch vorgelegte Skizze ist sicherlich weit davon entfernt, irgendeine Diskussion durch definitive Antworten zu beenden. Aber sie wird zumindest in zwei Richtungen überzeugend wirken können: *erstens* als eine Erinnerung an das philosophische Potenzial der Vorstöße von Marx, das sowohl dazu befähigt, neueren Naturalismen kritisch zu begegnen, als auch dazu, einer Wiederkehr des »Politizismus« die Aufmerksamkeit für spezifische Materialitäten und reale Prozesse entgegen zu halten, und *zweitens* als ein Ausgangspunkt eines neuen Denkens im Zusammenhang einer Politik der Befreiung.

Gerade darin, dass er Marx' Fragen und Probleme freilegt, liegt die unübersehbare Stärke dieses Essays als ein radikaler philosophischer Text: Er lässt seine Leserinnen und Leser ganz unvermeidlich auf weitere Fragen kommen. Denn auch er »sprengt den traditionellen Kontext der Marx-Debatten und öffnet den Blick auf eine neue Diskussion der Kernthemen sozialwissenschaftlicher Theorie«.[33] An deren Untersuchung kann dann ein Philosophieren erwachsen, das der noch längst nicht bewältigten Herausforderung aller Gestalten der Marx'schen Philosophie aktiv begegnet, ohne in Verdrängung und Abwehr zu flüchten.

Berlin, Januar 2013

33 Wie dies Helmut Reichelt für die von ihm selbst vollzogene »Fokussierung« auf Geltung, Gegenständlichkeit und einen »nicht-objektivistischen Systembegriff« in Anspruch genommen hat (Ders., *Neue Marx-Lektüre. Zur Kritik sozialwissenschaftlicher Logik*, Hamburg 2008, S. 13).

I. Marxistische Philosophie oder Marx' Philosophie?

Der Grundgedanke dieses Büchleins ist ganz einfach: Es geht mir darum, selber zu begreifen und für andere begreiflich zu machen, warum Marx im 21. Jahrhundert noch gelesen werden wird. Und zwar keineswegs nur als ein Denkmal aus der Vergangenheit, sondern als ein gegenwärtig aktueller Autor: wegen der Fragen, die er an die Philosophie richtet und wegen der Begriffe, die er dafür vorschlägt. Unter Beschränkung auf das Allerwesentlichste möchte ich hier den Leserinnen und Lesern die Mittel dafür an die Hand geben, sich selbst in den Schriften von Marx zurechtzufinden und sie zugleich in die Debatten einführen, die von ihnen ausgelöst worden sind. Mir geht es dabei zugleich auch darum, eine These zu vertreten, die etwas paradoxal anmuten mag: Auch wenn darüber in der Vergangenheit ganz anders gedacht worden ist, ist es doch wahr, dass *es keine marxistische Philosophie gibt und auch nie eine gegeben hat.* Dagegen ist gemäß dieser These, sozusagen zum Ausgleich, *die Bedeutung von Marx für die Philosophie* größer als je zuvor.

Zunächst ist natürlich Einvernehmen darüber zu erzielen, was der Ausdruck »marxistische Philosophie« bedeutet hat, und was er bedeuten kann. Dieser Ausdruck konnte sich auf zwei ziemlich unterschiedliche Sachverhalte beziehen, die aber von der Tradition des orthodoxen Marxismus, wie sie Ende des 19. Jahrhunderts ausgearbeitet und von den kommunistischen Parteien beziehungsweise Staaten nach 1931 und nach 1945 institutionalisiert worden war, als untrennbar betrachtet wurden: zum einen die »Weltanschauung« der sozialistischen Bewegung, der der Gedanke der historischen Rolle der Arbeiterbewegung zugrunde lag, zum anderen das Marx zugeschriebene System. Halten wir zunächst einmal fest, dass keiner dieser beiden Gedanken mit dem anderen in einer unvermeidlichen Verbindung steht. Es handelt sich also um unterschiedliche Ausdrucksformen, die geschaffen worden sind, um eine philosophische Haltung zu artikulieren, die dem Werk von Marx und der politischen beziehungsweise sozialen Bewegung, die sich auf ihn berief, als etwas Gemeinsames zugrunde lag. Der berühmteste dieser Ausdrücke ist der des dialektischen Materialismus, der erst relativ spät aufgetreten ist, sich dabei aber von Engels' Verwendung unterschiedlicher Marx'scher Formulierungen hat inspirieren lassen können. Mit anderen Ausdrücken konnte demgegenüber die Auffassung vertreten werden, dass bei

Marx die marxistische Philosophie noch nicht eigentlich existiert habe, sondern vielmehr erst nachträglich aufgetreten sei – als eine allgemeinere und abstraktere Reflexion über den Sinn, die Prinzipien und die universale Tragweite des Marx'schen Werks. Das ging bis hin zu der Auffassung, dass eine marxistische Philosophie durch ihre systematische Ausarbeitung überhaupt erst noch zu konstituieren sei.[1] Umgekehrt hat es nie an Philologen oder auch an kritischen Geistern gefehlt, die hervorgehoben haben, wie groß die inhaltliche Entfernung zwischen den Marx'schen Texten und ihrer »marxistischen« Nachfolge war, und die darüber hinaus zeigen konnten, dass die Existenz einer Marx'schen Philosophie keineswegs schon impliziert, dass es in ihrer Nachfolge auch eine marxistische Philosophie gibt.

Diese Debatte lässt sich allerdings heute ebenso einfach wie radikal abschließen: Die historischen Ereignisse, mit denen der große Zyklus von 1890 bis 1990 zu seinem Ende gekommen ist, in dem der Marxismus als eine Organisationsdoktrin hat fungieren können, haben zwar keine neuen Argumente oder Beweisstücke beigebracht, aber sie haben die Interessenstrukturen aufgelöst, die bis dahin ihrer Berücksichtigung entgegenstanden. Denn es ist doch ganz klar: In Wirklichkeit gibt es keine marxistische Philosophie – weder als Weltanschauung einer sozialen Bewegung noch als das System eines Autors namens Marx. Diese negative Schlussfolgerung ist aber paradoxerweise weit davon entfernt, die Bedeutung von Marx für die Philosophie zu vermindern oder gar auf Null zu bringen. Sie verleiht ihr vielmehr eine Bedeutung ganz anderer Größenordnung: Befreit von Illusion und Hochstapelei gewinnen wir ein ganzes Universum der Theorie.

1 Vgl. Georges Labica, »Marxisme«, in: *Encyclopaedia Universalis*, Supplement II, Paris 1980, sowie Georges Labica, »Marxismus«, Pierre Macherey, »Dialektischer Materialismus«, und Gérard Bensussan, »Krisen des Marxismus«, in: *Kritisches Wörterbuch des Marxismus* (KWM), Hamburg 1983–1989, Bd. 5, S. 839–842; Bd. 2, S. 250–255, Bd. 4, S. 719–734.

Dialektischer Materialismus — Dieser Ausdruck bezeichnet die Philosophie in der offiziellen Doktrin der kommunistischen Parteien, aber auch bei einigen ihrer Kritiker und Kritikerinnen (vgl. insbesondere Henri Lefebvres 1940 veröffentlichte Darstellung einer marxistischen Philosophie unter diesem Titel (*Le matérialisme dialectique*, Paris 1939, ²1947) oder Ernst Blochs 1935 zuerst im Schweizer Exil veröffentlichte *Erbschaft dieser Zeit*). Er ist weder von Marx (der allein von seiner »dialektischen Methode« gesprochen hat) noch von Engels (der den Ausdruck »materialistische Dialektik« benutzt hat) verwendet worden, sondern war, wie es scheint, im Jahr 1887 von Eugen Dietzgen geprägt worden, einem sozialistischen Arbeiter, der mit Marx im Briefwechsel stand. Anhand von drei Leitthemen bezog sich dann allerdings seine Ausarbeitung durch Lenin (in *Materialismus und Empiriokritizismus* (1908)) auf Engels zurück: die »materialistischen Umkehrung« der Hegel'schen Dialektik, die Geschichtlichkeit der auf den Klassenkampf ausgerichteten ethischen Prinzipien und die Konvergenz der »Entwicklungsgesetze« in den Bereichen der Physik (Helmholtz), der Biologie (Darwin) und der politischen Ökonomie (Marx). Damit bezog Lenin eine Position zwischen einem *historistischen* Marxismus (Labriola) und einem *deterministischen* Marxismus, der dem Sozialdarwinismus nahe stand (Karl Kautsky). Nach der russischen Revolution 1917 kommt es in der sowjetischen Philosophie zu einer Spaltung zwischen den »Dialektikern« (Deborin) und den »Mechanisten« (Bucharin). Diese Auseinandersetzungen werden schließlich vom Generalsekretär Stalin autoritär beendet, indem er ein Dekret herausgibt, das den dialektischen Materialismus mit dem Marxismus-Leninismus identifiziert (vgl. René Zapata, *Luttes philosophiques en URSS 1922–31*, Paris 1983, und zum weiteren Verlauf Georges Labica, *Der Marxismus-Leninismus. Elemente einer Kritik*, Hamburg 1986 [Paris 1984] [vgl. außerdem auf dt. Helmut Fleischer, *Kritik der marxistisch-leninistischen Schulphilosophie*, Berlin 1973, sowie zum historischen Kontext Wladislaw Hedeler, Horst Schützler und Sonja Striegnitz (Hg.), *Die Russische Revolution 1917. Wegweiser oder Sackgasse?* Berlin 1997]).[1] Sieben Jahre später hat Stalin den Gehalt dieser Philosophie verbindlich festgeschrieben, als er in seinem kleinen Werk »Dialektischer Materialismus und historischer Materialismus« (1938 als Anhang zum *Kurzen Lehrbuch der Geschichte der KPdSU* erschienen) die *Gesetze der Dialektik* aufzählt, die die *Grundlage* für die besonderen Wissenschaftsdisziplinen abgeben, namentlich auch der Wissenschaft von der Geschichte, und zugleich die Garantie *a priori* für deren Übereinstimmung mit der »proletarischen Weltanschauung«. Dieses unter der Abkürzung Diamat bekannt gewordene System hat dann das gesamte geistige Leben der sozialistischen Länder beherrscht sowie auch, mit geringerer oder größerer Leichtigkeit, das der westlichen kommunistischen Parteien. Es sollte dazu dienen, die Einheit der Staatspartei ideologisch zu zementieren und die wissenschaftliche Forschungstätigkeit unter Kontrolle zu bringen (vgl. die Lyssenko-Affäre wie sie Dominique Lecourt in *Proletarische Wissenschaft? Der »Fall Lyssenko« und der Lyssenkismus,* Berlin 1976 [frz. Paris 1976] analysiert hat). Es ist allerdings erforderlich, dieses Bild einer monolithischen Herrschaft des theoretischen Stalinismus in zwei Punkten zu korrigieren: Erstens hat schon 1937 Mao Dze Dong in seinem Essay *Über den Widerspruch* eine alternative Auffassung vorgeschlagen, indem er auf der Komplexität des Widerspruchs bestand und den Gedanken zurückwies, es könne allgemeine »Gesetze der Dialektik« geben. (Louis Althusser hat sich in seinem Text »Widerspruch und Überdetermination« in *Für Marx* (Frankfurt/M. 1968, ²2011 [frz. Paris 1965]) davon inspirieren lassen.) Zweitens gibt es zumindest eine Schule, die den dialektischen Materialismus zum Ausgangspunkt einer historischen Epistemologie gemacht hat, die durchaus ihren Wert hatte: die Geymonat-Schule in Italien (vgl. André Tosel, »Ludovico Geymonat ou la lutte pour un matérialisme dialectique nouveau«, in: Ders., *Praxis. Vers une refondation en philosophie marxiste,* Paris 1984).

[1] [Ein bisher noch nicht ausgewertetes Dokument dieser »Bearbeitung« ist der von Mark B. Mitin u.a. endredigierte Artikel »Dialekticheskii materializm«, in der ersten *Bol'shaia sovetskaia entsiklopedia,* Bd. 22 (1935), S. 45–235) [Anm. d. Übers.] – Im folgenden finden sich alle Übersetzeranmerkungen Frieder Otto Wolfs in eckigen Klammern.]

Philosophie und Nicht-Philosophie

An dieser Stelle erwartet uns eine weitere Schwierigkeit: Das theoretische Denken von Marx hat sich, mehrmals wieder aufgenommen, selber nicht als eine Philosophie vorgestellt, sondern vielmehr als eine Alternative zur Philosophie, als eine *Nicht-Philosophie*, als eine *Antiphilosophie*. Vielleicht ist sie die größte der Antiphilosophien der Epoche der Moderne gewesen. Genau genommen war in den Augen von Marx die Philosophie – wie er sie in der Schule der Tradition gelernt hatte, die sich von Platon bis zu Hegel erstreckt, und auch noch unter Einbeziehung der mehr oder minder dissidenten Materialisten wie Epikur oder Feuerbach – in der Tat nichts weiter als ein individuelles Unternehmen der Interpretation der Welt – was bestenfalls dazu geführt hat, sie einfach so zu belassen, wie sie war, schlimmstenfalls aber dazu sie zu verklären.

So sehr sich Marx auch den traditionellen Formen und Gebräuchen des philosophischen Diskurses entgegen stellte, kann es doch gar keinem Zweifel unterliegen, dass er selbst immer wieder philosophische Äußerungen in seine soziohistorischen Analysen und in seine Vorschläge zum politischen Handeln hinein verwoben hat. Der Positivismus aller Spielarten hat ihm dies immer wieder vorgeworfen. Die wirkliche Frage, die es hier zu klären gilt, ist aber, ob diese Äußerungen ein kohärentes Ganzes bilden. Meine Hypothese ist, dass davon gar keine Rede sein kann – zumindest wenn wir uns auf eine Auffassung von Kohärenz beziehen, in der immer noch der Systemgedanke tonangebend ist. Die theoretische Tätigkeit von Marx hat ihn, nachdem er einmal mit einer bestimmten Art von Philosophie gebrochen hatte, nicht etwa zu einem vereinheitlichten System geführt, sondern zu einer zumindest virtuellen *Pluralität* von Lehren, mit denen sich seine Leser und seine Nachfolgerinnen oft haben herumschlagen müssen. Ebensowenig hat sie ihn zu einem einförmigen Diskurs geführt, sondern vielmehr zu einem beständigen Schwanken zwischen einem Hinter-der-Philosophie-Zurückbleiben und einem Über-die-Philosophie-Hinausgehen. Unter dem Hinter-der-Philosophie-Zurückbleiben verstehen wir hier die Äußerung von Sätzen im Sinne von »Schlussfolgerungen ohne Prämissen«, wie dies Spinoza oder Althusser genannt hätten. Ein Beispiel dafür bietet die berühmte Formulierung von Marx aus dem »Achtzehnten Brumaire«, die unter anderem von Sartre als die wesentliche These des historischen Materialismus verstanden wurde: »Die Menschen machen ihre eigene Geschichte, aber sie machen sie nicht aus freien Stücken, nicht unter selbstgewählten, sondern unter unmittelbar vorgefundenen, gegebenen und überlieferten Umständen.«[2] Unter dem Über-die-Philosophie-Hinausgehen verstehen wir dagegen einen Diskurs, der aufzeigt, dass sie keine autonome Tätigkeit ist, sondern durch die Position, die sie im Feld der sozialen Konflikte, namentlich der Klassenkämpfe, einnimmt, determiniert wird.

Allerdings, sagen wir es ruhig noch einmal, liegt in diesen Widersprüchen, diesen Schwankungen von Marx keineswegs eine Schwäche. Sie hinterfragen genau das, was das Wesen

2 Karl Marx, »Der achtzehnte Brumaire des Louis Bonaparte«, MEW 8, Berlin 1960, S. 115. Vgl. Jean-Paul Sartre, *Fragen der Methode*, Reinbek 1991 [frz. Paris 1960]. [Vgl. auch Engels' Formulierung in einem Brief an Borgius aus dem Jahr 1894: »Die Menschen machen ihre Geschichte selbst, aber bis jetzt nicht mit Gesamtwillen nach einem Gesamtplan […] Ihre Bestrebungen durchkreuzen sich, und in allen *Klassen*gesellschaften herrscht ebendeswegen die Notwendigkeit, deren Ergänzung und Erscheinungsform die Zufälligkeit ist.« (MEW 39, Berlin 1968, S. 206f.)]

der philosophischen Tätigkeit ausmacht – ihren Inhalt, ihren Stil oder ihre Methode, die von ihr wahrgenommenen geistigen und politischen Funktionen. Das war zu Zeiten von Marx wahr und ist es vermutlich heute noch. Mit der Konsequenz, dass wir die These vertreten können, dass *nach Marx die Philosophie nicht mehr das ist, was sie einmal war*. Es ist ein irreversibles Ereignis eingetreten, das sich nicht darauf reduzieren lässt, dass ein neuer philosophischer Standpunkt aufgetreten ist, denn dieses Ereignis zwingt die Philosophen nicht nur dazu, ihre Gedanken oder ihre Methode zu verändern, sondern dazu, ihre Praxis der Philosophie zu transformieren. Verstehen wir uns recht: Marx ist nicht der Einzige, der historisch Wirkungen dieser Art produziert hat. Um uns nur an die Epoche der Moderne zu halten, hat es da zumindest – in einem anderen Bereich und mit anderen Zielsetzungen – auch noch Freud gegeben. Aber die überhaupt vergleichbaren Beispiele sind tatsächlich sehr selten. Die von Marx markierte Zäsur ist unterschiedlich klar erkannt und mit unterschiedlichen Graden der Zustimmung akzeptiert worden, sie hat sogar gewaltsame Widerlegungsversuche oder hartnäckige Neutralisierungsunternehmen ausgelöst. Deswegen hat sie aber um nichts weniger gewiss die Gesamtheit des zeitgenössischen Diskurses der Philosophie heimgesucht und an ihm »gearbeitet«.

Diese Antiphilosophie, die Marx' Denken zu gegebener Zeit hat sein wollen, diese Nicht-Philosophie, die es sicherlich im Hinblick auf die damals existierende Praxis der Philosophie gewesen ist, hat jedenfalls eine ganz entgegengesetzte Wirkung hervorgebracht als die, auf die sie abgezielt hatte. Sie hat nicht nur der Philosophie kein Ende bereitet, sondern sie hat in ihrem Inneren eher eine dauerhaft offene Frage hervorgerufen, von der von nun an die Philosophie leben kann und die dazu beiträgt, die Philosophie zu erneuern. Es gibt in der Tat nicht so etwas wie eine »ewige Philosophie«, die immer mit sich selbst identisch bliebe: In der Philosophie haben wir es mit brüsken Wendungen und mit irreversiblen »Schwellen« zu tun. Mit Marx ist genau etwas Derartiges geschehen – eine Verlagerung des Ortes, der Fragen und der Ziele von Philosophie, die akzeptiert oder verweigert werden kann, die aber hinreichend zwingend ist, um nicht ignoriert werden zu können. Von hier aus ist es nun endlich wieder möglich, sich zu Marx zurückzuwenden und ihn, ohne ihn dadurch kleiner zu machen oder ihn gar zu verraten, *als Philosophen* zu lesen.

Wo sollen wir unter diesen Bedingungen nach *den Philosophien* von Marx suchen? Nach meinen eben gemachten Ausführungen gibt es keinen Zweifel über die Antwort auf diese Frage: Nirgendwo anders als in der heute offen vor uns liegenden Totalität seiner Schriften. Dabei ist nicht nur keine Einsortierung in »philosophische«, »historische« oder »ökonomische« Werke vorzunehmen, sondern eine derartige Aufteilung wäre sogar das allersicherste Mittel, um gar nicht erst zu begreifen, in welchem kritischen Verhältnis Marx zur gesamten philosophischen Tradition stand, und welche revolutionäre Wirkung er auf sie ausgeübt hat. Denn gerade die »allerfachlichsten« ökonomisch-begrifflichen Entwicklungen im *Kapital* haben zugleich die Kategorien der Logik und der Ontologie oder die Vorstellungen vom Individuum und vom sozialen Band aus ihren traditionellen Definitionen innerhalb der Philosophie herausgerissen und sie gemäß den Erfordernissen der historischen Analyse neu durchdacht. Gerade die am stärksten zu konkreten Gelegenheiten verfassten Schriften – wie die Artikel, die anlässlich der revolutionären Ereignisse der Jahre 1848 oder 1871 entstanden sind oder für die internen Debatten der Arbeiter-Internationale verfasst wurden – sind zugleich das Mittel, um das traditionelle Verhältnis von Gesellschaft und Staat umzukehren sowie die Idee einer radikalen Demokratie zu entwickeln, wie sie Marx zunächst 1843 in seiner kritischen Kommentierung der *Rechtsphilosophie* Hegels umrissen hatte. Seine allerpolemischsten Schriften gegen Proudhon, gegen Bakunin oder gegen Lassalle haben ihm zugleich den Ort dafür geboten, den Abstand zwischen dem theoretischen Schema der Entwicklung der kapitalistischen Ökonomie und der wirklichen Geschichte der bürgerlichen Gesellschaft deutlich hervortreten zu lassen, was wiederum Marx dazu zwang, eine ganz originelle Dialektik zu entwickeln, die sich von einer bloßen Umkehrung der Hegel'schen Idee des Fortschreitens des Geistes durchaus unterschied…

Im Grunde ist also das gesamte Werk von Marx von philosophischer Arbeit durchdrungen und nimmt *zugleich* eine konfrontative Haltung gegenüber der Art und Weise ein, wie die Tradition die Philosophie *isoliert* und eingegrenzt hat (worin eine der Grundlagen und Quellen ihres Idealismus liegt). Das zieht aber noch eine letzte Anomalie nach sich, die Marx in der Tat gewissermaßen an sich selbst erfahren hat.

Drei Quellen oder vier Lehrmeister? — Die Darstellung des Marxismus als Weltanschauung hat sich lange Zeit um die Formel von den »drei Quellen des Marxismus« kristallisiert: der *deutschen Philosophie*, des *französischen Sozialismus* und der *englischen politischen Ökonomie*. Dies geht darauf zurück, wie Engels im *Anti-Dühring* von 1878 seine Darstellung des historischen Materialismus eingeteilt und die Geschichte der Antithesen von Materialismus und Idealismus sowie von Metaphysik und Dialektik umrissen hat. Karl Kautsky sollte dann dieses Schema in einem Vortrag von 1907 – »Die historische Leistung von Karl Marx« – systematisieren. Darin wird die »proletarische Wissenschaft von der Gesellschaft« als »die Zusammenfassung des Denkens dieser drei Nationen zu einer höheren Einheit« (Berlin 1908 [frz. in *Spartacus, cahiers mensuels*, 1:35, 1969]) charakterisiert, was nicht nur den Zweck verfolgt, den Internationalismus zu stärken, sondern zugleich die Theorie des Proletariats als eine Totalisierung der gesamten europäischen Geschichte darzustellen, durch die dann die Herrschaft des Universellen durchgesetzt wird. Lenin hat dies 1913 in seinem Vortrag über *Die drei Quellen und die drei Bestandteile des Marxismus* (LW 19, Berlin ^{2}1965, S. 3–9) wieder aufgegriffen. Aber das symbolische Modell für eine derartige Vereinigung der Teile der europäischen Kultur war in Wirklichkeit überhaupt nicht neu: In ihm kam nur das Fortwirken des großen Mythos von der »europäischen Triarchie« zum Ausdruck, wie ihn einst Moses Hess dargestellt hatte (der dies 1841 zum Titel eines seiner Bücher machte) und von Marx aufgegriffen worden war (in eben den Jugendschriften, in denen auch der Begriff des Proletariats auftauchte).

Sobald wir allerdings von dem Traum Abstand nehmen, eine Totalisierung des gesamten Denkens nach dem Muster der »drei Weltteile« vorzunehmen, die sich dann auch noch bezeichnenderweise auf den europäischen Raum beschränken, wird die Frage nach den »Quellen« des philosophischen Denkens von Marx, das heißt der privilegierten Beziehungen, die er zu theoretischen Werken der Vergangenheit unterhalten hat, zu einer *offenen* Frage. In einem schönen Buch von 1990 – *Der Ariadnefaden. 15 Lektionen marxistischer Philosophie* – hat Costanzo Preve ein wichtiges Beispiel dafür gegeben, indem er Marx »vier Lehrer« zuschrieb: im Hinblick auf einen Materialismus der Freiheit *Epikur* (über den er seine Doktordissertation *Zur Differenz der demokritischen und epikureischen Naturphilosophie* geschrieben hat), dessen metaphorischer Ausdruck die Lehre des *clinamen* ist, der aleatorischen Abweichung der Atome von ihrer vorgezeichneten Bahn; *Rousseau*, von dem er seine egalitäre Demokratieposition übernommen hat, oder auch den Gedanken der Assoziation auf der Grundlage der direkten Beteiligung der Bürger an allgemeinen Entscheidungen; *Adam Smith*, von dem er den Gedanken übernahm, dass die Grundlage des Eigentums in der Arbeit liegt; schließlich noch *Hegel*, der wichtigste und zugleich ambivalenteste dieser Lehrer, der beständig sowohl den Gegner als auch die Inspirationsquelle in Marx' Arbeit an den Problemen des »dialektischen Widerspruchs« und der »Geschichtlichkeit« dargestellt hat. Der Vorzug dieses Schemas liegt darin, dass es unser Marx-Studium darauf hin ausrichtet, welche interne Komplexität und welche schrittweisen Verschiebungen das kritische Verhältnis bestimmt haben, das Marx zur philosophischen Tradition gepflegt hat.

Der Einschnitt und die Brüche

Weit mehr als andere hat Marx *für die konkrete Situation geschrieben.* Diese Grundhaltung schloss für ihn allerdings weder die »Geduld des Begriffs« aus, von der Hegel gesprochen hat, noch die Strenge, mit der er seine Konsequenzen zog. Sie war aber völlig unverträglich mit der Stabilität seiner Schlussfolgerungen: Marx ist der Philosoph des ewigen Neubeginnens, der schließlich *mehrere* Baustellen hinterlassen sollte… Es ist ganz unmöglich, den Inhalt seines Denkens von diesen Verlagerungen und Verschiebungen zu trennen. Deswegen kann man dieses Denken auch nicht, etwa zum Zwecke seines Studiums, abstrakt als ein System rekonstruieren. Man muss vielmehr seiner Entwicklung nachgehen, mit ihren Brüchen und ihren Weggabelungen.

Im Gefolge von Althusser hat sich – ganz gleich, ob seine Argumente aufgegriffen oder ihnen widersprochen wurde – die Diskussion der 1960er und 1970er Jahre intensiv mit der Frage beschäftigt, ob es in Marx' Denken einen »Bruch« oder einen »Einschnitt« gegeben habe, wie Althusser ihn im Jahr 1845 ansetzte. Zeitgleich mit dem Auftreten der Kategorie des »gesellschaftlichen Verhältnisses« sollte dieser Bruch den Ausgangspunkt einer zunehmenden Entfernung von dem von Marx zuvor vertretenen *theoretischen Humanismus* bilden. Auf diesen besonderen Ausdruck komme ich unten noch ausführlicher zurück. Die Tatsache eines derartigen fortgesetzten Bruchs scheint mir in der Tat unbestreitbar zu sein. Ihm liegt als verborgene Grundströmung eine Reihe von unmittelbar politischen Erfahrungen zugrunde – insbesondere die Begegnung mit dem deutschen und französischen (für Engels auch dem englischen) Proletariat und das eigene aktive Eintreten in den Verlauf der gesellschaftlichen Kämpfe (dessen direktes Gegenstück dann das Verlassen der universitären Philosophie gewesen ist). Dagegen ergab sich der Inhalt dieses Bruchs im Wesentlichen aus einer geistigen Ausarbeitung. Im Leben von Marx wiederum gab es zumindest zwei weitere Brüche von gleichem Gewicht, die von Ereignissen bestimmt waren, die potenziell die Theorie hätten ruinieren können, deren sich Marx jedoch ganz gewiss war – mit der Konsequenz, dass die Theorie beide Male nur um den Preis einer grundlegenden Neugestaltung hat »gerettet« werden können, die entweder von Marx selber oder von einem anderen, von Engels, auszuführen war. Rufen wir uns kurz und knapp in Erinnerung, worin diese »Krisen des Marxismus« schon vor seiner Konstituierung bestanden haben. Das wird uns zugleich einen allgemeinen Rahmen für die Lektüren und Erörterungen liefern, die wir im Folgenden durchführen wollen.

Nach 1848

Die erste dieser Krisen fällt mit einem Epochenwechsel zusammen, der das gesamte Denken des 19. Jahrhunderts ergriffen hat: es geht dabei um das Scheitern der Revolutionen von 1848. Es genügt, das 1847 abgefasste *Manifest der kommunistischen Partei* zu lesen, um nachzuvollziehen, wie sehr und vollständig Marx die Vorstellung geteilt hatte, dass eine allgemeine Krise des Kapitalismus unmittelbar bevorstünde, die das Proletariat nutzen würde, das sich derart an die Spitze einer Erhebung aller beherrschten Klassen in ganz Europa stellen würde, um eine radikale Demokratie durchzusetzen, die dann in kürzester Frist zur Abschaffung der Klassen und zum Kommunismus führen würde. Es war ganz unvermeidlich, dass ihm die Kraft und der Enthusiasmus der Aufstände des »Völkerfrühlings« und der »sozialen Republik« als die reale Ausführung dieses politischen Programms erschienen sind.

Je höher man sich aufschwingt, desto tiefer und härter fällt man… Nach den Juni-Massakern in Paris nahm der Übergang eines Teils der französischen Sozialisten zum Bonapartismus und die »Passivität der Arbeiter« angesichts des Staatsstreichs eine ganz besonders demoralisierende Bedeutung an. Ich komme weiter unten noch darauf zurück, auf welche Weise diese Erfahrung den Marx'schen Gedanken vom »Proletariat« und seiner Revolution ins Wanken gebracht hat. Keinesfalls sollten wir aber das Ausmaß der theoretischen Umwälzungen unterschätzen, die diese Erfahrung bei Marx ausgelöst hat. Hierher gehört die Aufgabe des Konzepts der permanenten Revolution, das eben den Gedanken eines unvermittelten Übergangs von der Klassengesellschaft in die klassenlose Gesellschaft zum Ausdruck brachte, sowie auch des entsprechenden politischen Programms, der »Diktatur des Proletariats« (die der »Diktatur der Bourgeoisie« entgegengesetzt wurde).[3] Hierher gehört die dauerhafte Verdrängung des Konzepts der Ideologie, das doch eben erst von Marx definiert und eingesetzt worden war. Aber hierher gehört auch die Ausarbeitung eines Forschungsprogramms über die ökonomische Bestimmung der politischen Konjunkturen und der langfristigen Entwicklungstendenzen der Gesellschaft. Zu diesem Zeitpunkt ist Marx auf das Projekt einer Kritik der politischen Ökonomie zurückgekommen, um dessen theoretischen Grundlagen neu zu bestimmen und es dann auch umzusetzen – jedenfalls bis zum Erscheinen des ersten Bandes des *Kapital* im Jahre 1867. Dies geschah um den Preis einer äußerst hartnäckigen Arbeit, in der wir die starke Begierde – und die antizipierte Gewissheit – einer Revanche für den siegreichen Kapitalismus am Werk sehen dürfen. Diese Revanche bestand zum einen in der Aufdeckung der geheimen Mechanismen des Kapitalismus, die dieser selber nicht begreift, und im Beweis, dass sein Zusammenbruch letztlich unvermeidlich sei.

Nach 1871

Aber dann kam auch noch die zweite Krise: der deutsch-französische Krieg von 1870, auf den die Pariser Kommune und ihre blutige Niederschlagung folgten. Sie haben Marx in eine tiefe Depression sinken lassen und für ihn so etwas wie einen Warnruf der »schlechten Seite der Geschichte« dargestellt (worauf wir noch zurückkommen), das heißt ihres unvorhersehbaren Ablaufs, ihrer regressiven Wirkungen, ihrer schrecklichen Kosten an Menschenleben (Zehntausende von Toten im Krieg, weitere Zehntausende – zu denen noch die Deportierten zu addieren sind – in der Pariser »Blutwoche« von 1871, die zum zweiten Mal in 25 Jahren das französische revolutionäre Proletariat enthauptete und zugleich alle

3 Über die Wechselfälle und Missgeschicke des Konzepts der Diktatur des Proletariats bei Marx und seinen Nachfolgerinnen und Nachfolgern vgl. meinen frühere Diskussionsbeiträge aufgreifenden und zugleich berichtigenden Artikel im *Kritischen Wörterbuch des Marxismus* (KWM), Bd. 2, S. 256–267. Die beste Darstellung der unterschiedlichen Modalitäten revolutionärer Politik bei Marx findet sich bei Stanley Moore, *Three Tactics. The Background in Marx*, New York 1963.

anderen Volksschichten in Angst und Schrecken versetzte). Warum erinnern wir hier fast schon pathetisch an diese Niederlage? Einfach, weil es notwendig ist, sich das Ausmaß des Flurschadens klar zu machen, der sich daraus ergeben hat. Der Ausbruch dieses europäischen Kriegs widersprach der Vorstellung, die Marx sich von den maßgeblichen Kräften und den grundlegenden Konflikten der Politik seiner Gegenwart gemacht hatte. Dieses Ereignis relativierte den Klassenkampf, zumindest scheinbar, zugunsten anderer Interessen und anderer Leidenschaften. Der Ausbruch der proletarischen Revolution in Frankreich – und nicht etwa in England – verstieß gegen das »logische« Schema einer von der kapitalistischen Akkumulation ausgelösten Krise. Die völlige Niederwerfung der Kommune demonstrierte die Disproportionalität an einsetzbaren Kräften und Manövrierspielräumen, die zwischen der Bourgeoisie und dem Proletariat bestand. Erneut kam es zum »einsamen Trauermarsch«, zum *solo funèbre*, von dem Marx schon im »Achtzehnten Brumaire« gesprochen hatte…

Althusser — Louis Althusser (geb. 1918 in Birmandreis, Algerien, gest. 1990 in Paris) ist heute der breiten Öffentlichkeit eher durch die Tragödien bekannt, die die letzten Jahre seines Lebens geprägt haben – die Ermordung seiner Frau und seine psychiatrische Internierung (vgl. seine posthum veröffentlichten autobiographischen Texte, *Die Zukunft hat Zeit* und *Die Tatsachen*, Frankfurt/M. 1993 [frz. Paris 1992]) –, als aufgrund seines theoretischen Werks. Dieses Werk hat aber in den Debatten der 1960er und 1970er Jahre nach der Veröffentlichung von *Für Marx* (1968, ²2011) [frz. Paris 1965] und – mit anderen verfasst – *Das Kapital lesen* [frz. Paris 1965, dt. Neuausgabe in Vorbereitung], beide im Verlag Maspéro, der zentralen Veröffentlichungsagentur linker Erneuerung in Paris, eine zentrale Rolle gespielt. Damals erscheint Althusser, neben Levi-Strauss, Lacan, Foucault und Barthes, als eine der Galionsfiguren des »Strukturalismus«. Er stellt sich der Krise des Marxismus, weigert sich aber, diese Krise einfach nur auf die Dogmatisierung zurückzuführen, und engagiert sich für eine Neulektüre von Marx. Unter Rückgriff auf die von der historischen Epistemologie (Bachelard) entliehene Kategorie des »epistemologischen Einschnitts« interpretiert er die Marx'sche Kritik der politischen Ökonomie als einen Bruch mit dem theoretischen Humanismus sowie mit dem Historismus der idealistischen Philosophen (Hegel mit eingeschlossen) und als Begründung einer Wissenschaft von der Geschichte, deren zentrale Kategorien für ihn der »überdeterminierte Widerspruch« der Produktionsweise beziehungsweise die »Struktur mit Dominante« der

Gesellschaftsformationen sind. Eine derartige Wissenschaft tritt der bürgerlichen Ideologie entgegen, weist aber zugleich die historische Materialität und Wirksamkeit der Ideologien nach, die als »imaginäres Verhältnis der Individuen und der Klassen zu ihren eigenen Existenzbedingungen« begriffen werden. Ebensowenig wie es ein Ende der Geschichte geben kann, könnte es daher ein Ende der Ideologien geben. Gleichzeitig hat Althusser eine Neubewertung der leninistischen Thesen zur Philosophie vorgeschlagen, die er als einen »Klassenkampf in der Theorie« begriff (*Lenin und die Philosophie*, Reinbek 1974 [frz. 1969]). Diese Konzeption hat er dazu benutzt, die Widersprüche zwischen »materialistischen« und »idealistischen Tendenzen« innerhalb der wissenschaftlichen Forschungspraxis zu untersuchen (*Philosophie und spontane Philosophie der Wissenschaftler*, Hamburg 1985 [frz. 1974]). In einer späteren Phase hat Althusser – unter dem Einfluss der chinesischen »Kulturrevolution« und des Mai 1968 – an seinen früheren Versuchen kritisiert, was er von nun an als »theoretizistische Abweichung« bezeichnete und dem übermäßigen Einfluss des Spinozismus auf Kosten der Dialektik zuschrieb (*Elemente der Selbstkritik*, Hamburg 1975 [frz. 1974]). Während er erneut die Differenz von Marxismus und Humanismus betonte, entwickelte er umrisshaft eine allgemeine Theorie der Ideologie, die er als »Anrufung der Individuen als Subjekte« und als ein System von sowohl öffentlichen wie privaten Institutionen begriff, die die Reproduktion der gesellschaftlichen Verhältnisse sicherstellen (*Ideologie und ideologische Staatsapparate*, Hamburg 1977, 2011 [frz. 1970], vgl. auch Louis Althusser, *Über die Reproduktion*, Hamburg 2011).

Kein Zweifel: Marx hat dem allen die Stirn geboten. Aus der Genialität der besiegten Proletarier und Proletarierinnen wusste er – so kurz ihre Erfahrung auch gewesen ist –, die Erfindung der ersten »Regierungsform der Arbeiterklasse« herauszulesen, der nur die Kraft zur Organisierung gefehlt habe. Den sozialistischen Parteien, die sich damals zu bilden beginnen, schlägt er eine *neue* Lehre von der Diktatur des Proletariats vor – als Abbau des Staatsapparates während einer »Übergangsphase«, in der das Prinzip des Kommunismus und das Prinzip des bürgerlichen Rechts miteinander ringen. Aber er löst die Internationale auf, die in der Tat von unerklärlichen Widersprüchen heimgesucht wird. Und er unterbricht die weitere Ausarbeitung des *Kapital*, dessen Manuskriptentwurf mitten in der Darstellung der *Klassen* in der Schwebe bleibt… um Russisch und Mathematik zu lernen und sich dann, aufgrund unzählbarer Lektüren, an die Berichtigung seiner Theorie der gesellschaftlichen Entwicklung zu machen. Überlagert von allerlei theoretischen Abrechnungen mit Gegnern, sollte diese Berichtigungsarbeit die letzten zehn Jahre seines Lebens ausfüllen. Engels – als seinem Gesprächspartner praktisch von Anfang an und manchmal auch seiner Inspirationsquelle – fiel daher die Aufgabe zu, den historischen Materialismus, die Dialektik und die sozialistische Strategie systematisch auszuarbeiten.

Aber alles zu seiner Zeit. Noch sind wir im Jahre 1845: Marx ist 27 Jahre alt, von der Universität Jena zum Doktor der Philosophie promoviert, ehemaliger Chefredakteur der *Rheinischen Zeitung* aus Köln und der *Deutsch-Französischen Jahrbücher* aus Paris, auf Verlangen Preußens als politischer Agitator aus Frankreich ausgewiesen. Ohne einen Pfennig Geld zu besitzen, hat er die junge Baronesse von Westphalen geheiratet, die beiden haben eine kleine Tochter. Wie seine gesamte Generation, die der künftigen »48er«, sieht er die Zukunft noch vor sich liegen.

II. Die Welt verändern: von der *Praxis* zur Produktion

In der elften und letzten der »Thesen über Feuerbach« können wir lesen: »Die Philosophen haben die Welt nur verschieden interpretiert; es kömmt darauf an, sie zu verändern.«[4] Das Ziel des folgenden Kapitels ist, dass wir zumindest zu begreifen beginnen, warum Marx selber sich nicht daran gehalten hat – auch wenn es zutrifft, dass in gewissem Sinne gar nichts von allem, was er geschrieben hat, jemals den Horizont an Problemen hat verlassen können, die von dieser Formulierung aufgeworfen werden.

Die »Thesen über Feuerbach«

Was sind also diese »Thesen«? Es geht um eine nummerierte Reihe von Aphorismen, die in manchen Passagen eine kritische Argumentation umreißen und in anderen eine lapidare Aussage formulieren, gelegentlich fast schon eine Kampflosung. In ihrer Sprache verbindet sich die Terminologie der deutschen Philosophie (wodurch die Lektüre heute manchmal erschwert wird) mit einer direkten Ansprache – in einer entschlossenen Bewegung, die in gewisser Weise einen Akt der Befreiung nachvollzieht, in einem wiederholten Heraustreten aus der Theorie in Richtung der *revolutionären Tätigkeit oder auch der Praxis*. Sie sind etwa im März 1845 abgefasst, als der junge rheinische Akademiker und Publizist sich in Brüssel aufhielt, mehr oder minder mit polizeilich überwachtem Wohnsitz. Bald darauf sollte ihm sein Freund Engels hierhin folgen, der dann mit ihm zusammen eine Arbeit in Angriff nahm, die bis zu seinem Tod andauerte. Anscheinend hat er diese Zeilen niemals veröffentlichen wollen, seinen Namen nicht hinzugesetzt und sie wohl auch seinem Freund nicht gezeigt. Sie gehören zur Textgattung einer »Gedächtnishilfe«: aufs Papier geworfene Formulierungen, die man im Gedächtnis behalten und von denen man sich weiterhin kontinuierlich inspirieren lassen will.

Etwa zu dieser Zeit war Marx mit einer Arbeit beschäftigt, von der wir uns dank der überlieferten Manuskripte ein ziemlich genaues Bild machen können: Einige dieser Skizzen sind 1932 veröffentlicht worden und seitdem unter der

4 Karl Marx, »Thesen über Feuerbach«, MEW 3, Berlin 1969, S. 7.

Bezeichnung *Ökonomisch-philosophische Manuskripte* beziehungsweise *Pariser Manuskripte* von 1844 bekannt geworden.[5] Darin geht es um eine phänomenologische Analyse – in der also der erlebte Sinn vom Nicht-Sinn abzugrenzen versucht wird –, die die Entfremdung der menschlichen Arbeit in der Form des Lohnarbeitsverhältnisses untersucht. Dabei verbinden sich die Einflüsse von Rousseau, von Feuerbach, von Proudhon und von Hegel eng mit Marx' erster Lektüre der politischen Ökonomen (Adam Smith, Jean-Baptiste Say, Ricardo und Sismondi), um dann in eine humanistische und naturalistische Vorstellung von Kommunismus einzumünden, der als Versöhnung des Menschen mit seiner eigenen Arbeit und mit der Natur gedacht wird, das heißt mit seiner »gemeinschaftlichen Natur«, die das Privateigentum zerstört hatte, so dass er »sich selber fremd« geworden war.

Marx sollte aber diese Arbeit unterbrechen (die er dann erst sehr viel später und unter ganz anderen Voraussetzungen wieder aufnehmen wird) und sich mit Engels daran machen, die *Deutsche Ideologie*[6] abzufassen, die vor allem aus Polemiken gegen unterschiedliche Strömungen der »jung-hegelianischen« Philosophie bestand, wie sie sich an den Universitäten und außerhalb der Universitäten herausgebildet hatte,

5 [Außerdem gehört hierher noch die Gesamtheit der in der MEGA² (»Pariser Hefte«, Bd. IV/2, Berlin 1981, S. 283–579) veröffentlichten Lektürenotizen von Marx aus dieser Zeit. Der auch unter dem Titel *Ökonomisch-philosophische Manuskripte* bekannt gewordene Text ist eine redaktionelle Montage der am weitesten ausgearbeiteten Teile dieser Text-Baustelle.]

6 [Die *Deutsche Ideologie* ist ein Konvolut von Manuskripten, die zwischen November 1845 und Juni 1846 entstanden sind. Sie stammen in erster Linie von Marx, in wichtigen Teilen aber auch von Engels sowie von Moses Hess und Joseph Weydemeyer. Im 20. Jahrhundert hatte dieses Konvolut eine wechselvolle Editionsgeschichte (vgl. u.a. den Eintrag zur *Deutschen Ideologie* bei Wikipedia). Die jetzt erneut für 2013/14 angekündigte Ausgabe im Rahmen der MEGA² wird noch deutlicher machen, inwiefern es sich um Arbeiten handelt, die im Hinblick auf einen Sammelband oder ein Periodikum vorbereitet wurden, für die Marx und Engels (auch über Vermittler wie Georg Weber) keinen Verleger gefunden haben und die sich aufgrund ihres ungleichen Überarbeitungsstandes nicht als kohärentes Werk lesen lassen. Zum Anspruch der Neuedition vgl. Herfried Münkler und Gerald Hubmann, in: *Marx-Engels-Jahrbuch 2003*, Berlin 2004, S. 4: »Erstmals werden hier die Entwürfe, Notizen und Reinschriften-Fragmente […] so ediert, wie sie von den Autoren hinterlassen worden sind. Die Einführung des vorliegenden Bandes dokumentiert, daß frühere Ausgaben zumeist von der politischen Intention geprägt waren, die systematische Ausformulierung des historischen Materialismus in der *Deutschen Ideologie* nachzuweisen. Demgegenüber wird hier nicht mehr arrangiert oder weitergeführt, was durch die Autoren nicht vollendet wurde. Damit wird neuen Forschungen und Interpretationen zum Stand der Ausarbeitung der materialistischen Geschichtsauffassung der Weg bereitet.«]

also etwa um Ludwig Feuerbach, Bruno Bauer, Max Stirner, alle mehr oder minder verbunden mit einer Bewegung der Kritik an der Restauration, inspiriert von einer »linken«, radikaldemokratischen Lektüre des Autors der *Phänomenologie des Geistes* und der *Rechtsphilosophie.* Marx'Abfassung des als »Feuerbach-Thesen« bekannt gewordenen Textes fällt genau in die Zeit dieser Arbeitsunterbrechung. Es ist wahrscheinlich, dass in ihrem Inhalt auch einige theoretische Gründe dafür zu finden sind. Ebenso zentral ist die Beantwortung der Frage, in welchem Verhältnis diese »Thesen« zu den Aussagen der *Deutschen Ideologie* stehen. Ich komme darauf weiter unten zurück.

Als einer ihrer vielen berühmten Leser hat Louis Althusser diese »Thesen« einst als den »vorderen Rand« eines Einschnitts dargestellt – und damit eine der großen Debatten des zeitgenössischen Marxismus ausgelöst: Für ihn standen die *Manuskripte von 1844* mit ihrem kennzeichnenden Humanismus noch »unterhalb« dieses Einschnitts, während die *Deutsche Ideologie* beziehungsweise vielmehr ihr erster Teil, mit den in ihm vorgeführten Deduktionen aufeinanderfolgender Eigentums- und Staatsformen am Leitfaden der Entwicklung der Arbeitsteilung den wahrhaften, positiven Auftritt der »Wissenschaft von der Geschichte« bedeutete.

Karl Marx:
»Thesen über Feuerbach« (1845) –
»I. ad Feuerbach

1

Der Hauptmangel alles bisherigen Materialismus [...] ist, daß der Gegenstand, die Wirklichkeit, Sinnlichkeit nur unter der Form des *Objekts oder der Anschauung* gefaßt wird; nicht aber als *sinnlich menschliche Tätigkeit, Praxis,* nicht subjektiv. Daher die *tätige* Seite abstrakt im Gegensatz zu dem Materialismus von dem Idealismus – der natürlich die wirkliche, sinnliche Tätigkeit als solche nicht kennt – entwickelt. Feuerbach will sinnliche – von den Gedankenobjekten wirklich unterschiedne Objekte: aber er faßt die menschliche Tätigkeit selbst nicht als *gegenständliche* Tätigkeit. [...]

[...]

3

Die materialistische Lehre von der Veränderung der Umstände und der Erziehung vergißt, daß die Umstände von den Menschen verändert und der Erzieher selbst· erzogen werden muß. Sie muß daher die Gesellschaft in zwei Teile – von denen der eine über ihr erhaben ist – sondieren.

Das Zusammenfallen des Ändern[s] der Umstände und der menschlichen Tätigkeit oder Selbstveränderung kann nur als revolutionäre Praxis verstanden und rationell gefaßt werden.

4
Feuerbach geht vom Faktum der religiösen Selbstentfremdung, der Verdopplung der Welt in eine religiöse und eine weltliche aus. Seine Arbeit besteht darin, die religiöse Welt in ihre weltliche Grundlage aufzulösen. Aber daß die weltliche Grundlage sich von sich selbst abhebt und sich ein selbständiges Reich in den Wolken fixiert, ist nur aus der Selbstzerrissenheit und Sichselbstwidersprechen dieser weltlichen Grundlage zu erklären. Diese selbst muß also in sich selbst sowohl in ihrem Widerspruch verstanden als praktisch revolutioniert werden. Also nachdem z.B. die irdische Familie als das Geheimnis der heiligen Familie entdeckt ist, muß nun erstere selbst theoretisch und praktisch vernichtet werden.
[...]
6
Feuerbach löst das religiöse Wesen in das *menschliche* Wesen auf. Aber das menschliche Wesen ist kein dem einzelnen Individuum innewohnendes Abstraktum. In seiner Wirklichkeit ist es das ensemble der gesellschaftlichen Verhältnisse.
Feuerbach, der auf die Kritik dieses wirklichen Wesens nicht eingeht, ist daher gezwungen:
von dem geschichtlichen Verlauf zu abstrahieren und das religiöse Gemüt für sich zu fixieren, und ein abstrakt – isoliert – menschliches Individuum vorauszusetzen.
Das Wesen kann daher nur als »Gattung«, als innere, stumme, die vielen Individuen natürlich verbindende Allgemeinheit gefaßt werden.
[...]
11
Die Philosophen haben die Welt nur verschieden interpretiert, es kömmt darauf an, sie zu verändern.«

(Karl Marx, MEW 3, S. 5–7; zu dem von Engels stark redigierten Text vgl. MEW 3, S. 533–535.)

Ich werde hier keine erschöpfende Erläuterung vornehmen. Dazu sollte man auf die Arbeit von Georges Labica zurückgreifen, die jede einzelne Formulierung detailliert untersucht hat, indem sie die späteren Kommentierungen – mit allen ihren Divergenzen – gleichsam als eine Entwicklungsemulsion für die internen Probleme benutzte, die in ihnen angelegt waren.[7] Labica zeigt klar und überzeugend, dass und wie diese »Thesen« strukturiert sind: Es geht in ihnen durchweg darum, die traditionelle Entgegensetzung zwischen den beiden »Lagern« der Philosophie in einem »neuen Materialismus«,

7 Vgl. Georges Labica, *Karl Marx – Thesen über Feuerbach*, Hamburg 1998 [frz. Paris 1987]. [Vgl. außerdem W. F. Haug, »Feuerbach-Thesen«, in: *Historisch-Kritisches Wörterbuch des Marxismus* (HKWM), Bd. 4, Hamburg 1999, Spalten 402–420.]

einem »praktischen Materialismus«, zu überwinden – zwischen dem *Idealismus*, das heißt vor allem Hegel, der die gesamte Wirklichkeit in die Welt des Geistes hineinprojiziert, und dem *alten Materialismus*, oder auch dem Materialismus der »Anschauung«, der alle geistigen Abstraktionen auf die Sinnlichkeit reduziert, das heißt auf das Leben, auf die Empfindung und auf das Gefühl, wie dies etwa die Epikureer und ihre modernen Schüler, also Hobbes, Diderot und Helvétius, tun.

Kritik der Entfremdung

Der Leitfaden, an dem sich diese Argumentation orientiert, ist ziemlich klar, wenn wir uns auf die damaligen Debatten beziehen. Feuerbach war es darum gegangen, die »religiöse Entfremdung« zu erklären, das heißt die Tatsache, dass sich die wirklichen, sinnlich empfindenden Menschen ihr Heil und ihre Vollkommenheit in einer anderen, übersinnlichen Welt vorstellten (als eine Projektion ihrer eigenen »Wesenskräfte«[8] – insbesondere des Bandes der Gemeinschaftlichkeit oder der Liebe, das die »Gattung« [These 6] der »gesellschaftlichen Menschheit« [These 10] vereint – auf imaginäre Wesen und Situationen). Indem ihnen diese Verwechslung bewusst wird, werden die Menschen dazu fähig, ihr in Gott entfremdetes Wesen »wieder anzueignen« und aufgrund dessen wahrhaft brüderlich auf Erden zusammenzuleben. Im Gefolge Feuerbachs wollten dann kritische Philosophen und Philosophinnen, zu denen auch Marx gehörte, dieses gleiche Schema auf andere Phänomene ausweiten, in denen es zu einer Abstraktion und »Enteignung« der menschlichen Existenz kommt – insbesondere auf das Phänomen, das die *politische* Sphäre isoliert von der Gesellschaft als eine ideale Gemeinschaft konstituiert, in der die Menschen frei und gleich wären. Aber, wie Marx es uns in den »Feuerbach-Thesen« sagt, der wahre Grund für diese Projektion liegt nicht in einer Illusion des Bewusstseins; es handelt sich nicht um eine Wirkung der individuellen Einbildungskraft.

Vielmehr beruht sie auf der Aufspaltung oder auch Aufteilung, die in der Gesellschaft herrscht, auf den praktischen

8 Vgl. auch Karl Marx, *Ökonomisch-philosophische Manuskripte aus dem Jahre 1844*, MEW 40, Berlin 1968, S. 573.

Konflikten, in denen sich die Menschen entgegentreten, für die ihnen dann der Himmel der Religion – oder auch der der Politik – eine wundersame Lösung anbietet. Sie können daraus nur durch eine ganz praktische Transformation herausfinden – indem sie nämlich die Abhängigkeit bestimmter Menschen von anderen Menschen abschaffen. Es gehört also nicht in den Zuständigkeitsbereich der Philosophie, der Entfremdung ein Ende zu bereiten (denn die Philosophie ist immer schon nichts anderes gewesen als die Kommentierung oder Übersetzung der Versöhnungsideale von Religion und Politik [innerhalb der Praxis des Lebens]), sondern in den der Revolution, deren Bedingungen sich in der materiellen Existenz der Individuen und in ihren gesellschaftlichen Verhältnissen finden. Eben dadurch verlangen die »Feuerbach-Thesen« einen endgültigen »Ausgang« aus der Philosophie als dem einzigen Weg, auf dem das verwirklicht werden kann, was immer schon ihre höchste Zielsetzung gewesen ist: die Emanzipation oder die Befreiung.

Kritik der politischen Ökonomie — Der Ausdruck »Kritik der politischen Ökonomie« war unaufhörlich in den Titeln oder in dem Arbeitsprogramm der Hauptwerke von Marx präsent – auch wenn dessen Gehalt sich immer wieder verändert hat. Schon die *Manuskripte von 1844* waren allererste Skizzen für ein Werk, das den Titel *Zur Kritik der politischen Ökonomie* tragen sollte. Dieser Titel wird dann von dem 1859 veröffentlichten Buch geführt, das als »erster Teil« einer Gesamtabhandlung auftrat. Und er wird zum Untertitel des *Kapital*, dessen erster Band – der einzige den Marx selber herausgeben sollte – 1867 erschienen ist. Dazu kommen noch sehr zahlreiche unveröffentlichte Schriften, weitere Artikel und systematisch argumentierende Abschnitte in polemischen Schriften.

Es sieht also ganz so aus, als ob sich in diesem Ausdruck das geistige Verhältnis, das Marx zu dem Gegenstand seiner Wissenschaft unterhält, auf dauerhafte Weise ausdrückt. Zunächst ging es ihm darum, die politische Entfremdung in der bürgerlichen Gesellschaft sowie die »spekulativen Materien« zu kritisieren, deren organische Einheit die Philosophie auszudrücken behauptet. Dabei ist aber sehr schnell eine grundlegende Verschiebung eingetreten: Das Recht, die Moral und die Politik zu »kritisieren«, bedeutet, sie mit ihrer »materiellen Basis« zu konfrontieren, das heißt mit dem Konstitutionsprozess der gesellschaftlichen Verhältnisse in der Arbeit und der Produktion.

Marx entdeckt dann auf seine Weise den Doppelsinn des Wortes »Kritik« in der Philosophie wieder: Zerstörung des Irrtums und Erkenntnis der Grenzen eines Vermögens beziehungsweise einer Praktik. Aber das operative

Instrument dieser Kritik ist für ihn, anstatt bloß in der Analyse zu bestehen, die Geschichte geworden. Das erlaubt ihm dann, auf eine »dialektische Weise« die Kritik der notwendigen Illusionen der Theorie (der »Warenfetischismus«) mit der Entwicklung der inneren, unvereinbaren Widersprüche der ökonomischen Wirklichkeit (die Krisen, den Antagonismus von Kapital und Arbeit, der auf der Ausbeutung der »Ware Arbeitskraft« beruht) und schließlich auch mit der Skizze einer »politischen Ökonomie der Arbeiterklasse« zu kombinieren (vgl. *Inauguraladresse der Internationalen Arbeiter-Assoziation,* MEW 16). Das theoretische Geschick dieser Kritik entscheidet sich an den beiden »Entdeckungen«, die er für sich selbst in Anspruch nimmt: die Ableitung der Geldform allein aus den Erfordernissen des Warenumlaufs und die Zurückführung der Akkumulationsgesetze auf die Kapitalbildung aufgrund des »Mehrwerts«.

Zusammenfassende Darstellungen der Problematik und der sachlichen Probleme der Marx'schen politischen Ökonomie finden sich bei Pierre Salama und Tran Hai Hac, *Introduction à l'économie de Marx,* Paris 1992 [sowie in der deutschen Debatte bei Helmut Reichelt, *Zur logischen Struktur des Kapitalbegriffs bei Karl Marx,* Frankfurt/M. 1968, [4]1973, Freiburg i. Br. 2001, Ders., *Neue Marx-Lektüre. Zur Kritik sozialwissenschaftlicher Logik,* Hamburg 2008, Michael Heinrich, *Die Wissenschaft vom Wert,* Münster 1999, [4]2006, Ders., *Einführung in die Kritik der politischen Ökonomie,* Stuttgart 2005, Ders., *Wie das Marxsche Kapital lesen? Hinweise zur Lektüre und Kommentar zum Anfang von »Das Kapital«,* Stuttgart 2009, Dieter Wolf, *Ware und Geld. Der dialektische Widerspruch im »Kapital«,* Hamburg 1985, Neuauflage als *Dialektischer Widerspruch: Der dialektische Widerspruch im Kapital. Ein Beitrag zur Marxschen Werttheorie,* Hamburg 2002, Hans-Georg Backhaus, *Dialektik der Wertform. Untersuchungen zur marxschen Ökonomiekritik,* Frankfurt/M. 1997, [2]2011;

Überblicke und Zugänge zur internationalen Debatte bei Jan Hoff u.a. (Hg.), *Das Kapital neu lesen. Beiträge zur radikalen Philosophie,* Münster 2006, bei Riccardo Bellofiore und Roberto Fineschi (Hg.), *Re-reading Marx. New Perspectives after the Critical Edition,* London 2008, und bei Werner Bonefeld und Michael Heinrich, *Kapital & Kritik. Nach der »neuen« Marx-Lektüre,* Hamburg 2011.

Inzwischen sind auch auf Französisch die sorgfältige Studie von Tran Hai Hac, *Relire le Capital,* 2 Bde., Paris 2003, und die sehr ehrgeizigen und theoretisch radikal angelegten Rekonstruktionen von Jacques Bidet (einleitend: *Que faire du Capital?,* Paris 1985, sowie systematisch ausführend: *Explication et reconstruction du »Capital«,* Paris 2004) und Fausto Ruy, *Le Capital et la logique de Hegel,* Paris 1997, anzuführen.

Auf Englisch sind aus der neueren Literatur Moishe Postone, *Time Labour and Social Domination,* Cambridge 1993, Chris Arthur, *The New Dialectic and Marx's »Capital«,* Leiden 2002, und David Harvey, *A Companion to Marx's* Capital, London und Brooklyn 2010 [dt. als *Marx' »Kapital« lesen. Ein Begleiter für Fortgeschrittene und Einsteiger,* Hamburg 2011] hervorzuheben.

Eine eigenständige spanischsprachige Debattenlinie haben Carlos Fernández Liria und Luis Alegre Zahonero ausgearbeitet mit *El Orden de El Capital. Por qué seguir leyendo a Marx*, Madrid 2010.
Gründliche Überblicksdarstellungen zur neueren *Kapital*-Rezeption finden sich bei Ingo Elbe, *Marx im Westen. Die neue Marx-Lektüre in der Bundesrepublik seit 1965*, Berlin 2008, und bei Jan Hoff, *Marx global. Zur Entwicklung des internationalen Marx-Diskurses seit 1965*, Berlin 2009.]

Revolution gegen die Philosophie

Genau an diesem Punkt beginnen die Schwierigkeiten. Kein Zweifel, Marx hat es nicht riskiert, eine derartige Aufforderung zu publizieren oder hat vielleicht auch einfach keine Gelegenheit dafür gefunden. Dennoch bleibt festzuhalten, dass er sie niedergeschrieben hat, und dass sie – wie ein »entwendeter Brief« – auf uns gekommen ist. Nun ist aber die Äußerung, um die es hier geht, in ihrem Inhalt ziemlich paradox. In ihrem einen Sinn ist sie vollständig konsistent mit sich selbst: Was sie fordert, *tut* sie unverzüglich selbst (wir sind im Vorgriff auf eine erst später eingeführte Terminologie versucht zu sagen, dass sie einen Zug des Performativen hat). Zu schreiben, »Die Philosophen haben die Welt nur verschieden interpretiert, es kömmt darauf an, sie zu verändern«, bedeutet, die Existenz eines Punkts der Nicht-Wiederkehr für jedes Denken zu vertreten, das wirksam sein will, jedenfalls sofern es »irdisch« beziehungsweise »weltlich« ist. Und das heißt zugleich, sich selber jede Wiederkehr, jeden Schritt zurück in die Philosophie zu verbieten. Oder auch, wenn man das so formulieren möchte, sich selber, für den Fall, dass es einem zustoßen sollte, dass man sich wieder mit der Interpretation der Welt, insbesondere der sozialen Welt, befasst, dazu zu verurteilen, erneut unter die abwertende Kennzeichnung der Philosophie zu fallen, da es doch zwischen der Revolution und der Philosophie kein Mittelding gibt. Im Extrem kann das daher bedeuten, sich auf diese Weise selber zum Schweigen zu verurteilen.

Aber die Brutalität dieser Alternative lässt uns dann auch die andere Seite dieser Aussage entdecken: Wenn »jedes Sagen ein Tun ist«, dann gilt umgekehrt auch, dass »jedes Tun ein Sagen ist«, und es kann daher keine »unschuldigen« Worte, keine »unpolitischen« Äußerungen geben. Beispielsweise ist es nicht politisch »unschuldig« oder bedeutungslos zu behaupten, dass die Interpretationen der Welt im Plural existieren, als verschiedene und unterschiedliche, während die revolutionäre Veränderung durch ihre Formulierung im Singular implizit als *eine*, identische beziehungsweise univoke gesetzt wird. Denn das bedeutet, dass es nur eine einzige Art gibt, die Welt zu verändern: die Art nämlich, die die existierende, etablierte Ordnung abschafft, die Revolution, die als solche niemals reaktionär oder gegen das Volk gerichtet sein kann.

Halten wir hier nur gleichsam im Vorbeigehen fest, dass Marx diese spezifische These sehr rasch fallen gelassen hat. Seit dem *Manifest* und erst recht seit dem *Kapital* hat er zur Kenntnis genommen, mit welcher Gewalt der Kapitalismus »die Welt verändert«, und für seine Untersuchungen ist die Frage ins Zentrum gerückt, ob es mehrere Arten und Weisen einer derartigen Weltveränderung geben kann, oder wie ein Veränderungsprozess in einen anderen eingreifen, und das heißt seine Richtung verändern kann. Im übrigen bedeutet dies, dass diese einzigartige Veränderung der Welt mit einem Schlag auch »die Lösung« der inneren Konflikte der Philosophie mit sich brächte. Das alte Bestreben der Philosophen (Aristoteles, Kant, Hegel usw.) soll also gemäß dieser These von der revolutionären Praxis verwirklicht werden – und zwar besser, als sie selber dies vermochten!

Das ist aber noch keineswegs alles: Diese von Marx gefundene Formulierung, diese Aufforderung, die selbst bereits einen Akt des Heraustretens vollzieht, ist nicht aus bloßem Zufall *philosophisch* berühmt geworden. Wenn wir unser Gedächtnis nur ein bisschen bemühen, finden wir rasch eine zahlreiche Verwandtschaft für diese Formulierung – nicht nur in Bezug auf andere Losungen (wie die »das Leben verändern!« von Rimbaud, bekanntlich hat namentlich André Breton diese Losung mit der von Marx verknüpft),[9] sondern durchaus in Bezug auf andere philosophische Aussagen, die nicht weniger lapidar formuliert sind und die traditionell als »grundlegend« begriffen werden: Sie stellen sich selbst zum einen als Tautologien, als Selbstverständlichkeiten dar und zum anderen als Antithesen, als Gegenpositionen. Alle diese Formulierungen – so unterschiedlich ansonsten auch ihr Inhalt und so gegensätzlich die in ihnen verfolgten Absichten sein mögen – haben die eine Gemeinsamkeit, das ist hier

9 In seiner Rede auf dem Schriftstellerkongress von 1935, vgl. André Breton, »Discours au congrès des écrivains«, in: Ders., *Manifestes du surréalisme. Édition complète*, Paris 1962 [dt. Reinbek 1968, 1986].

hervorzuheben, dass es ihnen um das Verhältnis von Theorie und Praxis, von Bewusstsein und Leben, geht. Das reicht von dem Spruch des Parmenides, »Denken und Sein sind ein und dasselbe«, über Spinozas *deus sive natura* (»Gott oder auch die Natur«), Kants »Ich musste das Wissen einschränken, um dem Glauben Platz zu schaffen« oder Hegels »Das Vernünftige ist wirklich, das Wirkliche ist vernünftig«, bis zu Wittgensteins »Wovon man nicht sprechen kann, darüber muss man schweigen.« Damit bezieht Marx nicht nur eine Position im Herzen der Philosophie, sondern in ihrer spekulativsten Bewegung, nämlich der Bemühung, ihre eigenen Grenzen zu denken – sei es, um sie zu überwinden, sei es, um sich selbst durch die Anerkennung dieser Grenzen zu konstituieren oder zu »instituieren«.

Halten wir diese tief sitzende Zweideutigkeit in unserem Gedächtnis fest (die wir keinesfalls in einen selbstzerstörerischen Widerspruch umdeuten, aber auch nicht einfach in ein Zeichen für einen unauslotbaren Tiefsinn verwandeln sollten, um nicht selber in die Art von »Mystizismus« zu verfallen, dessen Wurzel Marx hier frei zu legen versucht) und untersuchen zwei geradezu neuralgische Fragen, die die »Thesen« implizieren: die Frage nach dem Verhältnis von *Praxis* (beziehungsweise Praktik) und »Klassenkampf« sowie die der Anthropologie oder auch des »menschlichen Wesens«.

Praxis und Klassenkampf

Die »Thesen« sprechen von Revolution, verwenden aber nicht den Ausdruck »Klassenkampf«. Es ist dennoch kein Akt der Willkür, den Klassenkampf hier zu unterstellen – so lange wir klären, in welchem Sinne wir dies tun. Dank der Arbeit in den Literaturwissenschaften kennen wir seit einigen Jahren das intellektuelle Umfeld dieser Formulierungen von Marx, für die er zugespitzte Worte gefunden hat, deren Hintergrund ihm aber keineswegs alleine gehört.[10]
Die Revolution, an die er denkt, bezieht sich ganz offensichtlich auf die französische Tradition. Die jungen Demokraten

10 Durch ihre Untersuchungen zu Moses Hess haben in Frankreich Germanisten wie der Hess-Übersetzer Michel Espagne (vgl. seine Herausgabe von Hess' Buch *Berlin, Paris, Londres. La Triarchie européenne*, Paris 1988) und Gérard Bensussan (*Moses Hess, la philosophie, le socialisme (1836–1845)*, Paris 1985) den geistigen Kontext erschlossen, in dem Marx seine »Thesen« formuliert hat.

in Deutschland haben eine *Wiederaufnahme* der Bewegung im Blick, die durch die »bürgerliche« Institution der Republik nach dem Thermidor[11] und durch die napoleonische Diktatur, schließlich durch die Restauration und die Gegenrevolution zunächst unterbrochen und dann in ihr Gegenteil verkehrt worden war (und zwar in allen Fällen durch die Aktion des *Staates*). Und noch genauer bestimmt, ging es ihnen darum, und das im europäischen Maßstab, die revolutionäre Bewegung zu Ende zu führen und sie zugleich zu universalisieren, indem sie die Begeisterung und die Energie ihres »linken Flügels« wiederfanden, jener *egalitären* Komponente der Revolution (die vor allem von Babeuf vertreten wurde), aus der eben zu Beginn des 19. Jahrhunderts der Gedanke des Kommunismus hervorgegangen war.[12] Marx sollte stark auf dem Umstand insistieren, dass es sich dabei nicht um eine spekulative Vorstellung, um ein ideales oder experimentelles Gemeinwesen (wie in Cabets *Ikarien*), sondern um eine soziale Bewegung handelte, deren Forderungen einfach die konsequente Anwendung des Prinzips der Revolution darstellten – indem die Verwirklichung der Freiheit an dem der Gleichheit gemessen wurde und umgekehrt, um so zur Brüderlichkeit zu kommen. Alles zusammengenommen, haben Marx und andere festgestellt, dass es keinen Mittelweg gibt: Wenn die Revolution in ihrem Verlauf zum *Stillstand* gebracht wird, dann muss sie unvermeidlich regredieren und erneut eine Aristokratie der Besitzenden hervorbringen, die sich des Staates als Herrschaftsinstrument bedienen, der liberal oder konservativ ausfallen kann, aber in jedem Fall dem Zweck dient, die etablierte Ordnung zu verteidigen. Umgekehrt besteht die einzige Möglichkeit, die Revolution zu vollenden und sie irreversibel zu machen, eben darin, sie zu einer sozialen Revolution zu vertiefen.

Wer aber sollen die Träger dieser sozialen Revolution sein, wer soll das Erbe der jakobinischen »Bergpartei« und Babeufs antreten? Es genügt, die aktuellen Ereignisse in Europa mit offenen Augen zu betrachten und die Alarmrufe zu hören, die die Besitzenden überall ausstoßen: Es sind die

11 [»Thermidor«, der Monat des Sturzes der Jakobiner im Jahre 1793, gilt als Kurzformel für die »Beendigung der Revolution« durch die Bourgeoisie.]

12 Vgl. Jacques Grandjonc, *Communisme / Kommunismus / Communism. Origine et développement international de la terminologie communautaire prémarxiste des utopistes aux néobabouvistes, 1785–1842*, 2 Bde., Trier 1989, sowie Étienne Balibar, »Quel communisme après le communisme?«, in: *Marx 2000. Actes du Congrès Marx International II*, hg. von Eustache Kouvélakis, Paris 2000.

englischen Arbeiter als »Chartistenbewegung« (Engels hatte sie gerade 1844 in seinem Buch über *Die Lage der englischen Arbeiterklasse* beschrieben, einer heute noch mit Bewunderung zu lesenden Schrift, deren Einfluss auf Marx ganz entscheidend gewesen ist), es sind die *canuts*, die Seidenweber von Lyon, die Handwerker der Pariser Vororte und der »Höhlen von Lille«, wie sie Victor Hugo geschildert hat, es sind die schlesischen Weber, über die Marx in seinen Beiträgen zur Kölner *Rheinischen Zeitung* schon so viel gesprochen hatte... Kurzum, es sind all diejenigen, die man von nun an mit einem altrömischen Wort als »Proletarier« bezeichnen wird, die die industrielle Revolution in Massen hervorgebracht, in den Städten konzentriert und ins Elend gestürzt hat – die aber schon damit begonnen haben, die herrschende bürgerliche Ordnung durch ihre Streiks, ihre Kampforganisationen oder ihre Aufstände zu erschüttern. Sie bilden sozusagen das Volk im Volk, dessen eigentlichsten Bestandteil und die Vorwegnahme seiner Zukunft als »einfaches Volk«. Zu einer Zeit, wo sich die kritischen Intellektuellen, die ebenso von guten Absichten wie von Illusionen erfüllt sind, noch die Frage stellen, mit welchen Mitteln der Staat demokratisiert und zu diesem Zweck diejenigen aufgeklärt werden können, die sie als »die Masse« bezeichnen, haben diese Menschen in der Tat schon selbst damit begonnen, von Neuem die Revolution zu machen.

In einer entscheidend zugespitzten Formulierung, die in allen seinen Texten dieser Periode von der *Heiligen Familie* (1844) bis zum *Manifest* (1847) vorkommt, sollte Marx sagen, dass dieses Proletariat »die Auflösung der bürgerlichen Gesellschaft in der Tat« darstellt. Darunter verstand er: 1) dass die Existenzbedingungen der Proletarier (also das, was man heute »Ausschließung«, »Exklusion« nennt)[13] allen Prinzipien dieser Gesellschaft widersprechen; 2) dass diese Proletarier unter sich nach anderen »Werten« leben als denen des Privateigentums, des Profits, des Patriotismus und des bürgerlichen Individualismus; 3) dass ihre wachsende Oppositionshaltung gegenüber dem Staat und der herrschenden Klasse aus einer notwendigen Wirkung der modernen Gesellschaftsstruktur erwächst, die sich für diese Struktur in kurzer Frist als tödlich erweisen wird.

13 [Im Deutschen hat sich diese neue Redeweise bisher weniger eindeutig durchgesetzt als in den meisten europäischen Ländern. Daneben werden auch immer noch eher implizit juridisch aufgeladene Ausdrücke wie »Ausgrenzung« und naiv hierarchiebezogene Konzepte wie »Unterschicht« verwendet.]

Handeln in der Gegenwart

Die Wörter »in der Tat« sind in dieser Formulierung von besonderer Bedeutung. Auf der einen Seite sprechen sie wirksam die Aktualität und die Effektivität der »Tatsachen« an: Sie bringen also die grundlegend antiutopische Ausrichtung von Marx zum Ausdruck. Das macht es uns möglich, zu begreifen, warum der Bezugnahme auf die ersten Formen des proletarischen Klassenkampfs, der dabei ist, sich zu organisieren, in seinen Augen eine derart entscheidende Bedeutung zukommt. In der revolutionären Praxis, von der die »Thesen« sprechen, geht es nicht darum, ein Programm oder einen Plan zur Reorganisation der Gesellschaft zu verwirklichen, und noch weit weniger darum, in Abhängigkeit von einer Zukunftsvision zu agieren, die die philosophischen und soziologischen Theorien (wie etwa die der Philanthropen gegen Ende des 18. und zu Beginn des 19. Jahrhunderts) vorgeschlagen hatten. Sondern es geht in ihr vielmehr darum, mit der »*wirklichen* Bewegung« zusammenzufallen, »welche den jetzigen Zustand aufhebt«,[14] wie Marx wenig später in den Manuskripten zur *Deutschen Ideologie* schreiben wird, wo er uns erklärt, dies sei die einzige materialistische Definition des Kommunismus.

Aber damit kommen wir zu dem zweiten Aspekt dieser Formulierung: »In der Tat« soll auch bedeuten, dass es hier um eine Aktivität, eine Tätigkeit geht, um eine Unternehmung, die sich in der Gegenwart abspielt und in der sich die Individuen mit allen ihren körperlichen und geistigen Kräften engagieren. Moses Hess und andere Junghegelianer, die den Geschichtsphilosophien kritisch gegenüberstanden, weil es in ihnen immer nur um das Wiederkäuen des Sinns der Vergangenheit ging, und die die Rechtsphilosophien ablehnten, in denen es nur um die Kommentierung der etablierten Ordnung ging, haben in diesem Sinne eine *Philosophie der Tat* vertreten (Ludwig Feuerbach hatte seinerseits ein Manifest für eine *Philosophie der Zukunft* veröffentlicht). Was Marx uns hier sagen will, ist im Grunde nur, dass das Handeln in der Gegenwart zu vollziehen ist und nicht bloß im Voraus angekündigt oder im Nachhinein kommentiert werden darf. Aber eben damit muss die Philosophie ihren Platz räumen. Denn es geht nicht einmal mehr um eine »Philosophie der

14 Karl Marx und Friedrich Engels, *Die deutsche Ideologie*, MEW 3, Berlin 1969, S. 35.

Tat«, um den Anforderungen und der Bewegung der Revolution zu entsprechen, es geht um die Tat, um die Handlung selbst, ohne störende Beiwörter, *sans phrases*.

Dennoch kann aber diese Aufforderung, ihren Platz zu räumen, für die Philosophie nicht indifferent oder bedeutungslos bleiben: Denn wenn sie als Philosophie konsequent ist, dann muss sie in dieser Bewegung – paradoxerweise – *ihre eigene Verwirklichung* erkennen. Marx denkt hier selbstverständlich vor allem an eben die deutsche idealistische Tradition, von der er selber durchdrungen ist, und deren Beziehungen zur französischen Idee der Revolution derart eng waren. Er denkt an die Aufforderung Kants, »seine Pflicht zu tun«, das heißt *in der Welt* in Übereinstimmung mit dem kategorischen Imperativ zu handeln (dessen Inhalt in der Brüderlichkeit aller Menschen besteht). Er denkt an das Wort Hegels in der *Phänomenologie des Geistes*: »Was allgemein gültig ist, ist auch allgemein geltend; was sein *soll*, *ist* in der Tat auch, und was nur sein *soll*, ohne zu *sein*, hat keine Wahrheit.«[15] In einer noch eindeutiger politischen Perspektive denkt Marx hier an die Tatsache, dass die Philosophie der Moderne das Universale mit den Prinzipien der *Erklärung der Menschen- und Bürgerrechte* gleichgesetzt hatte.[16] Nun ist aber festzuhalten, dass diese Prinzipien, obwohl sie in der Theorie für heilig erklärt werden, entweder in der alltäglichen Praxis von der modernen bürgerlichen Gesellschaft in jedem Augenblick ignoriert werden und in völligem Widerspruch zu ihnen gehandelt wird, so dass weder Gleichheit noch Freiheit herrscht, um gar nicht erst von der Brüderlichkeit zu reden; oder aber sie beginnen tatsächlich »umgesetzt«, verwirklicht zu werden – aber dies geschieht allein in einer revolutionären Praxis, die in Aufständen besteht (also in der Praxis all derjenigen, die gegen die etablierten Verhältnisse aufstehen und dabei, wo immer es nötig wird, an die Stelle der »Waffe der Kritik« die »Kritik der Waffen«, das heißt die bewaffnete Aktion setzen. Vor allem diese Konsequenz ist gemeint, die ziemlich heftig für die Philosophie ist, so sehr sie sich auch aus deren eigenen Prinzipien ergibt, wenn Marx hier davon spricht, den Idealismus in einen Materialismus umzustülpen.

15 G.W.F. Hegel, *Phänomenologie des Geistes,* Werke, Bd. 3, Frankfurt/M. 1970, S. 192.

16 [Vgl. dazu die Analysen von Peter Brückner, *Gleichheit, Freiheit, Sicherheit*, Frankfurt/M. 1972, und Étienne Balibar, *La proposition d'égaliberté*, Paris 2010.]

Die beiden Seiten des Idealismus

Schauen wir uns diesen Punkt noch einmal genauer an. Wenn die gerade gegebenen Hinweise richtig sind, dann bedeutet dies, dass der Materialismus von Marx nichts mit einer Bezugnahme auf die Materie zu tun hatte. Und das sollte auch noch lange so bleiben – bis es Engels unternahm, den Marxismus mit den Naturwissenschaften der zweiten Hälfte des 19. Jahrhunderts zu einer Einheit zusammenzubringen. Aber im damaligen Augenblick haben wir es noch mit einem befremdlichen und eigentümlichen »Materialismus ohne Materie« zu tun. Warum wurde dafür überhaupt dieses Wort benutzt?

An dieser Stelle tritt der Philosophiehistoriker, trotz aller Schläge, die Marx ihm gerade versetzt hat, wieder in seine vollen Rechte ein: Ihm fällt die Aufgabe zu, diese Paradoxie zu erklären – was ihn dann auch dazu führt, das Durcheinander aufzuzeigen, das sich daraus ergeben hat (wobei zu beachten ist, und das ist nicht genug zu betonen, dass sich dieses Durcheinander keineswegs aus willkürlich begangenen Fehlern ergeben hat). Wenn Marx erklärte, dass das Verändern der Welt ein materialistisches Prinzip sei, und er sich dabei *zugleich* von jedem existierenden Materialismus abheben wollte (den er als »alten« Materialismus bezeichnet, der auf dem Gedanken beruht, dass das Grundprinzip für jede mögliche Erklärung die Materie ist, worin ebenfalls eine »Interpretation der Welt« liegt, die als solche hinterfragt werden kann), dann tut er dies offensichtlich, um *eine Gegenposition zum Idealismus zu beziehen*. Der Schlüssel zum Verständnis dieser Formulierungen von Marx liegt nicht in dem Wort »Materialismus«, sondern in dem Wort »Idealismus«.[17] Fragen wir erneut, warum dies so ist!

Es gibt einen *ersten Grund* dafür: Weil die idealistischen Interpretationen der Natur und der Geschichte, wie sie die Philosophen und Philosophinnen vorschlagen, sich auf Prinzipien wie den Geist, die Vernunft, das Bewusstsein, die Idee usw. berufen. Und weil diese Prinzipien in der Praxis immer auf die Erziehung (oder gar die Erbauung) der Massen

17 [An genau dieser Stelle setzt Arndts These an, der eigentlich treffende Gegenbegriff zum Materialismus sei der Spiritualismus, vgl. Andreas Arndt, »Ontologischer Monismus und Dualismus. Zur Vorgeschichte des Problems«, in: Ders. und Walter Jaeschke (Hg.), *Materialismus und Spiritualismus. Philosophie und Wissenschaften nach 1848*, Hamburg 2000, S. 1–22. Allerdings stellt sich Arndt nicht dem Problem des »Materialismus ohne Materie« bei Marx.]

hinauslaufen und keineswegs auf die Revolution. Die Philosophen bieten sich selber höchst großmütig dafür an, die Aufgabe dieser Erziehung zu übernehmen. Seit Platons Zeiten haben sie die Herrscher im Namen des idealen Gemeinwesens beraten wollen. In unserer demokratischen Epoche wollen sie daher im Namen von Vernunft und Ethik die Bürger erziehen (oder die Erzieher der Bürger erziehen: die Richter, die Ärzte, die Lehrer usw.) und dabei, zumindest in moralischer Hinsicht, die höchsten Ränge der universitären Hierarchie besetzen.

Die Diagnose ist nicht falsch; aber hinter dieser Funktion des Idealismus verbirgt sich noch eine sehr viel ernsthaftere Schwierigkeit. In der Philosophie der Moderne (die mit Kant erst wahrhaft zu ihrer Sprache gefunden hat) tragen die obersten Kategorien – ganz gleich ob wir vom Bewusstsein, vom Geist oder von der Vernunft sprechen – immer ein doppeltes Gesicht, und Marx' Formulierungen in den »Thesen« arbeiten unaufhörlich mit entsprechenden Anspielungen. Zwei Gedanken werden in ihnen auf das Engste miteinander verknüpft: der Gedanke der Repräsentation und der Gedanke der Subjektivität.[18] Genau hier liegt die Originalität und die Überzeugungskraft des großen (deutschen) Idealismus: dass er nämlich diese Kombination als solche systematisch gedacht hat.

Offensichtlich ist der Gedanke [*notion*] der »Interpretation«, auf den Marx sich bezieht, eine Abwandlung der Idee der Repräsentation. Für den Idealismus, wie er hier von Marx kritisiert wird, ist die Welt der Gegenstand einer kontemplativen Betrachtung, in der es darum geht, deren inneren Zusammenhang, deren »Sinn« zu schauen. Eben deswegen geht es dabei auch, ganz gleich ob man sich dies ausdrücklich vornimmt, immer darum, dieser Welt eine *Ordnung* aufzuerlegen. Marx hat das sehr genau gesehen: Es gibt einen inneren Zusammenhang, gleichsam eine Solidarität, zwischen dem Akt, eine »Weltordnung« (insbesondere im Register von Gesellschaft und Politik) zu denken, und dem

18 [In beiden Fällen wird dieser Zusammenhang durch die Möglichkeiten der deutschen Sprache, zwischen dem lateinischen Begriff und deutschen Lehnübersetzungen zu variieren, teilweise verdeckt: Repräsentation und Vorstellung beziehungsweise Subjektivität und Erlebnis- oder Handlungsfähigkeit konnten daher in unterschiedlichen Diskussionen terminologisch fixiert werden, ohne diese Zusammenhänge im Blick zu behalten. Im Französischen erzwingt dagegen die faktische Unmöglichkeit einer entsprechenden terminologischen Variation die Beachtung dieses Zusammenhanges, wie an der Rezeption der Phänomenologie in Frankreich nachvollzogen werden kann.]

Akt, *dieser Ordnung einen Wert zuzuschreiben*: also für die Ordnung einzutreten und gegen die »Anarchie« oder auch gegen die »Bewegung« (»Ich hasse die Bewegung, die die Linien verschiebt«, sollte später Baudelaire schreiben)... Marx hat auch sehr scharf beobachtet, dass unter diesem Gesichtspunkt die »alten Materialismen« – also die Naturphilosophien, die die Materie an die Stelle des Geistes als Organisationsprinzip der Welt setzen – selber noch eine starke Dosis an Idealismus enthalten oder gar nichts anderes sind als verkleidete Gestalten des Idealismus (ganz unabhängig von den politischen Konsequenzen, die aus ihrer Interpretation der Welt gezogen werden). Das erlaubt es uns zu begreifen, warum es dem Idealismus so leichtfällt, den Materialismus zu »verstehen« und ihn also zu widerlegen oder auch in die eigene Position zu integrieren (wie wir dies bei Hegel beobachten können, der keinerlei Problem mit dem Materialismus hatte, außer vielleicht mit dem Spinozas, der aber auch ein ziemlich ungewöhnlicher Materialist gewesen ist). Schließlich hat Marx auch noch ganz klar gesehen, dass das Herzstück des modernen Idealismus, der eben postrevolutionär ist, genau darin besteht, die »Weltordnung« als Repräsentation und Vorstellung auf die *Aktivität eines Subjekts* zurückzuführen, das sie schafft oder, wie man in der kantischen Sprache sagt, sie »konstituiert«.

Damit kommen wir jetzt zur anderen Seite des Idealismus: Er ist keineswegs einfach eine Philosophie der Repräsentation oder der Vorstellung (beziehungsweise, wenn einem die Formulierung besser gefällt, eine einfache Philosophie des »Primats der Ideen«), sondern eine Philosophie der Subjektivität (was in der zentralen Stellung zum Ausdruck kommt, die die Kategorie des Bewusstseins in ihm einnimmt). Marx hat den Gedanken gefasst, dass die subjektive Tätigkeit, von der der Idealismus spricht, im Grunde nichts anderes ist als die Spur und zugleich auch die Leugnung einer *wirklicheren* Tätigkeit, also deren Anerkennung und Verkennung in Einem (wir sollten durchaus den Mut haben, hier auch von einer *wirksameren* Tätigkeit zu sprechen). Diese Tätigkeit bestünde demgemäß zugleich in der Konstitution der Außenwelt und in der Formierung (Bildung) oder Transformierung ihrer selbst. Diese Beobachtung kann sich darauf berufen, mit welcher Hartnäckigkeit bei Kant und mehr noch bei Fichte das Vokabular von Akt, Aktion, Aktivität beziehungsweise von Tat,*[19] Tätigkeit,* Handlung* auftritt (in Wirklichkeit war dies auch der Ausgangspunkt für die »Philosophie der Tat« der Junghegelianer). Ebenso kann sie sich darauf berufen, wie bei Hegel der Seinsmodus des Bewusstseins als eine *aktive Erfahrung* oder die Funktionsweise des Begriffs als eine *Arbeit* beschrieben wird (die »Arbeit der Negation«). Alles zusammengenommen, fällt es nicht schwer, aus den von Marx formulierten Aphorismen die folgende These herauszulesen: Auf genau die gleiche Weise, wie sich unter dem traditionellen Idealismus in Wahrheit eine materialistische Ausrichtung verbirgt (die Repräsentation/Vorstellung beziehungsweise die Betrachtung/Anschauung), verbirgt der moderne Idealismus in der von ihm dem aktiven Subjekt zugeschriebenen Position in Wirklichkeit eine durchaus materialistische Ausrichtung, zumindest sobald wir zugeben, dass ein latenter Konflikt zwischen dem Gedanken der Repräsentation (als Interpretation oder Betrachtung) und dem der Tätigkeit (als Arbeit, Praxis, Transformation oder Veränderung) besteht. Und Marx hat sich ganz einfach vorgenommen, diesen Widerspruch zum Ausbruch zu bringen, also Repräsentation und Subjektivität voneinander zu trennen und damit die Kategorie der praktischen Tätigkeit als solche hervortreten zu lassen.

Das Subjekt ist die *Praxis*

Ist Marx diese Unternehmung gelungen? In einem Sinne offenbar in ganz vollkommener und vollständiger Weise: Denn es lässt sich durchaus die Auffassung vertreten, dass das einzig wahrhafte Subjekt das praktische Subjekt ist oder auch das Subjekt der Praxis, oder besser noch, dass das Subjekt gar nichts anderes ist als die Praxis, wie sie immer schon begonnen hat und wie sie unbegrenzt immer weitergeht. Aber verlässt man dadurch bereits die Position des Idealismus? Das ist gar nicht so sicher, eben weil – historisch betrachtet – der »Idealismus« *sowohl* den Standpunkt der Repräsentation *als auch* den der Subjektivität umfasst. In Wirklichkeit liegt hier ein Zirkel vor beziehungsweise ein theoretischer Verteiler, der in beide Richtungen funktioniert. Es ist durchaus möglich zu sagen, dass Marx dadurch, dass er das Wesen der

19 Hier und an allen folgenden Stellen verweist der Asterisk auf die Verwendung des deutschen Wortes im Original.

Subjektivität mit der Praxis identifizierte und die Wirklichkeit dieser Praxis mit der revolutionären Tätigkeit des Proletariats (die mit dessen eigener Existenz unlösbar zusammenfällt) die Kategorie des Subjekts aus dem Feld des Idealismus in das des Materialismus übertragen hat. Aber ganz genau so kann behauptet werden, dass er eben dadurch die andauernde Möglichkeit geschaffen hat, sich das Proletariat als ein »Subjekt« im idealistischen Sinne dieses Ausdrucks vorzustellen (und im Ausgang davon im extremen Grenzfall als eine Repräsentation beziehungsweise eine Vorstellung oder als eine Abstraktion, mittels derer dann von Neuem die Welt »interpretiert« wird: Ist nicht genau dies eingetreten, als später marxistische Theoretikerinnen und Theoretiker sich daran machten, allein mit dem Gedanken des Klassenkampfes bewaffnet, aus ihm *a priori* den »Sinn der Geschichte« abzuleiten?)

Derartige dialektische Fingerübungen sind keineswegs gegenstandslos. Vielmehr sind sie eng mit der Geschichte des Revolutionsbegriffs verbunden und haben daher sowohl eine politische als auch gleichzeitig eine philosophische Seite. Seit Beginn der modernen Epoche – das heißt der sogenannten bürgerlichen Revolutionen, vor allem der englischen, der amerikanischen und der französischen Revolution – steht die *Erfindung des Subjekts* als zentraler Kategorie, die alle Bereiche der konkreten Erfahrung betrifft (die Wissenschaft, die Moral, das Recht, die Religion, die Ästhetik) und es erlaubt, sie als Einheit zusammenzufassen, in enger Verbindung mit dem Gedanken, dass sich die Menschheit selbst bildet oder auch erzieht,[20] sowie mit dem Gedanken, dass sie sich selbst ihre Gesetze gibt und damit letztlich auch mit dem, dass sie *sich selbst* von den unterschiedlichen Formen ihrer Unterdrückung, der Unwissenheit, des Aberglaubens oder auch des Elends usw. *befreit*.[21] Und das allgemein gefasste Subjekt dieser gesamten Aktivität hatte immer schon zwei Seiten – eine theoretische und eine konkrete und praktische. Bei Kant war dies die *Menschheit*, bei Fichte wird es in einem bestimmten Moment das Volk und dann die Nation, und bei Hegel nimmt es schließlich die Gestalt der »historischen Völker« an, die im Wechsel die Rolle übernehmen,

20 [Vgl. Herders geschichtsphilosophische Schriften, insbesondere *Auch eine Philosophie der Geschichte zur Bildung der Menschheit* und *Ideen zur Philosophie der Geschichte der Menschheit*.]

21 Klassisch bereits bei Kant so formuliert, vgl. seine Schriften *Zum ewigen Frieden*, *Was heißt: sich im Denken orientieren?* und *Was ist Aufklärung?*.

den »Weltgeist« zu verkörpern, das heißt die Bewegung des Fortschritts der Zivilisation.

Dass Marx seinerseits *im Proletariat* das wahrhafte praktische Subjekt erkannt hat (wir hatten oben gesehen, dass es »das Volk im Volk« ist, eigentlich menschlich und gemeinschaftlich), dasjenige nämlich, das »den jetzigen Zustand aufhebt« und sich auf diese Weise selber verändert (Selbsttätigkeit*, Selbstveränderung*), und dass er schließlich diese Feststellung (in der sich auf eine ganz erstaunliche Weise die Lehren der unmittelbaren Erfahrung mit der ältesten spekulativen Tradition überlagern) dafür genutzt hat, um seinerseits die These zu vertreten, dass das Subjekt die Praxis ist, all dieses lässt ihn noch nicht wirklich aus der Geschichte des Idealismus heraustreten. Ganz im Gegenteil. Fichte hatte doch gar nichts anderes gesagt. Es wäre sogar möglich, ohne mit den Worten zu spielen, die Auffassung zu vertreten, dass genau diese Momente es sind, die Marx und seinen »Materialismus der Praxis« zur vollendetsten, zur vollkommensten Ausgestaltung der idealistischen Tradition gemacht haben – was dann auch die bis heute anhaltende Vitalität des Idealismus verständlich machen würde. Diese Lebenskraft ergibt sich genau daraus, dass die von Marx vollzogene Transposition eng mit dem Versuch verbunden blieb, die revolutionäre Erfahrung zu verlängern und sie innerhalb der modernen Gesellschaft mit ihren Klassen und ihren sozialen Konflikten verkörpert zu sehen.

Auf diese Weise kann man sich darauf vorbereiten, dass das Einnehmen des Standpunkts des sich in beständigem Aufstand befindenden Proletariats nicht so sehr zu dem Ergebnis führt, mit dem Idealismus Schluss zu machen, sondern vielmehr dazu, das Dilemma von Idealismus und Materialismus, die immer wieder von Neuem aufbrechende Frage nach ihrem Verhältnis, ins lebendige Zentrum der Theorie des Proletariats und der Theorie seiner historisch privilegierten Rolle rücken zu lassen. Aber mit diesem Dilemma behaftet, kann man sich darauf gefasst machen, dass man es mit der Philosophie zu tun bekommt: Wenn man sie zur Tür hinausjagt, dann klettert sie eben durchs Fenster wieder hinein.

Die Wirklichkeit des »menschlichen Wesens«

Kommen wir also auf den Wortlaut der »Thesen« zurück, um uns die andere große Frage, die sie aufgeworfen haben, zu vergegenwärtigen: Die Frage des »menschlichen Wesens«.[22] Beide Fragen hängen ganz offensichtlich eng miteinander zusammen. »Feuerbach löst das religiöse Wesen in das *menschliche* Wesen auf.« Das heißt, er zeigt, namentlich in seinem *Wesen des Christentums* von 1841, dass die Idee Gottes nichts weiter als eine Zusammenfassung der menschlichen Vollkommenheiten ist, die dann personifiziert und aus der Welt herausprojiziert wird. »Aber das menschliche Wesen ist kein dem einzelnen Individuum innewohnendes Abstraktum. In seiner Wirklichkeit ist es das ensemble[23] der gesellschaftlichen Verhältnisse.« Über diesen Satz der sechsten These ist nicht weniger Tinte vergossen worden als über die elfte. Mehrere Dinge sind an dieser Stelle anzumerken, wenn wir uns die Mühe machen, uns an den Wortlaut des Textes zu halten.

Marx stellt hier also die Frage nach dem »menschlichen Wesen«, er beantwortet sie zumindest. Diese Frage ist ganz naheliegend, geradezu selbstverständlich. Allerdings ist erst einmal festzuhalten, dass diese Frage – die man mit Recht als konstitutiv für die *Anthropologie* halten kann – sich keineswegs von selbst versteht. In einem gewissen Sinne ist diese Frage so alt wie die gesamte Philosophie. Wenn aber heutzutage Claude Lévi-Strauss uns erklärt, dass das Wesen des Menschen im Konflikt von Natur und Kultur bestünde, oder wenn Jacques Lacan das Wort »Sprechwesen« [*parlêtre*] bildet, um auszudrücken, dass das Wesen des Menschen durch und durch von der Sprache konstituiert wird, dann stehen sie in derselben philosophischen Tradition wie Aristoteles, der den Menschen durch seine Fähigkeit zur Sprache und seine Zugehörigkeit zur *polis* definierte, oder Augustinus, der den Menschen als »Ebenbild Gottes auf Erden« definiert hat. Und im Übrigen geht es bei ihnen allen – jedenfalls, wenn wir

22 [Marx nutzt in seinen »Thesen« subtil die Nuancierungen, die im Deutschen zwischen diesen beiden Formulierungsmöglichkeiten liegen: Das »menschliche Wesen« muss nicht gleichbedeutend mit dem »Wesen des Menschen« oder das »religiöse Wesen« nicht gleichbedeutend mit dem »Wesen der Religion« sein.]

23 [Marx benutzt hier den französischen Ausdruck *ensemble* in einem sonst auf Deutsch abgefassten Text. Zu den damit verbundenen Problemen vgl. F.O. Wolf, »Was tat Karl Marx in der Philosophie?«, in: Thomas Heinrichs u.a. (Hg.), *Die Tätigkeit der PhilosophInnen*, Münster 2003, S. 188–225.]

es auf einer hinreichend verallgemeinerten Ebene betrachten – immer nur um eine und dieselbe Frage. Seit der Antike bis in die Gegenwart hinein hat es eine lange Reihe von Definitionen der menschlichen Natur oder des Wesens des Menschen gegeben. Marx selber sollte mehrere solcher Definitionen vorschlagen, die sich immer um das Verhältnis von Arbeit und Bewusstsein gedreht haben. Im ersten Band des *Kapital* hat Marx eine sehr charakteristische Definition von Benjamin Franklin (der Mensch ist ein *toolmaking animal*, ein Werkzeuge herstellendes Lebewesen) zitiert – nicht um sie zu verwerfen, sondern um sie zu vervollständigen, indem er klarstellte, dass die Technologie eine Geschichte hat, und dass diese Geschichte von den »Produktionsweisen« abhängig ist.[24] Anschließend erinnert Marx daran, dass es weder Technologie noch technischen Fortschritt geben kann ohne Bewusstsein und Reflexion, ohne Experimentieren und Wissen. Und in der *Deutschen Ideologie* – also unmittelbar nach den von uns untersuchten Formulierungen der »Thesen« – sollte er schreiben: »Man kann den Menschen durch das Bewusstsein, durch die Religion, durch was man sonst will, von den Tieren unterscheiden. Sie selbst fangen an, sich von den Tieren zu unterscheiden, sobald sie anfangen, ihre Lebensmittel zu *produzieren*, ein Schritt, der durch ihre körperliche Organisation bedingt ist. Indem die Menschen ihre Lebensmittel produzieren, produzieren sie indirekt ihr materielles Leben selbst.«[25] Darin liegt eine Art und Weise, die Antwort auf die Frage nach dem »Wesen des Menschen« in den Sachen selbst zu suchen, womit Marx übrigens den Ausgangspunkt für eine ganze Linie der biologisch und technologisch argumentierenden Anthropologie geliefert hat, ganz gleich ob sie sich als marxistisch verstanden hat oder nicht.

Der theoretische Humanismus

Allerdings liegt noch eine weitere, entscheidende Nuance für das Verständnis der Tragweite unseres Texts zwischen der

24 Vgl. Karl Marx, *Das Kapital*, Bd. 1, 5. Kapitel, »Arbeitsprozeß und Verwertungsprozeß«, MEW 23, Berlin 1962, S. 194. Ich zitiere das erste Buch des *Kapital* in der neuen Übersetzung der Éditions Sociales, Paris 1983, hg. von J.-P. Lefebvre, das bei PUF 1993 wieder aufgelegt wurde und der vierten Auflage der MEW entspricht. [Da die Frage der Ausgabe letzter Hand nicht abschließend geklärt werden kann, ist es immer noch möglich, auf diese von Engels besorgte vierte Auflage (MEW 23) als Lesetext zu verweisen.]

25 Karl Marx und Friedrich Engels, *Die deutsche Ideologie*, MEW 3, S. 21.

einfachen Tatsache, den Menschen oder die menschliche Natur definieren zu wollen, und der Tatsache, *ausdrücklich die Frage aufzuwerfen,* »Was ist der Mensch?«, oder auch: »Was ist das menschliche Wesen?«, und *a fortiori* daraus die *Grundfrage* der Philosophie zu machen. Damit tritt man nämlich in eine neuartige Problematik ein, die man – mit Althusser – als theoretischen Humanismus bezeichnen kann. Auch wenn das erstaunlich scheinen mag, so ist doch festzuhalten, dass eine derartige Problematik ziemlich jungen Datums ist und in dem Augenblick, in dem Marx dies schreibt, noch überhaupt nicht alt ist, denn sie datiert erst vom Ausgang des 18. Jahrhunderts. In Deutschland sind hier die Namen von Kant (*Anthropologie in pragmatischer Hinsicht*, 1798), Wilhelm von Humboldt[26] und Ludwig Feuerbach zu nennen, woran sichtbar wird, wie sehr der Entwicklungsgang des theoretischen Humanismus mit demjenigen zusammenfällt, den der Idealismus und seine Widerlegung genommen haben. Dies ist eine erhellende Parallele: Denn wir werden sehen, dass Marx gegenüber rivalisierenden, spiritualistischen oder materialistischen Theorien der menschlichen Natur eine gleichartige Kritik praktiziert, wie er sie in Bezug auf die Theorien des Subjekts, der Tätigkeit und der sinnlichen Anschauung geübt hat. Zu sagen, dass das menschliche Wesen »in seiner Wirklichkeit«* das »ensemble der gesellschaftlichen Verhältnisse« ist, bedeutet offensichtlich keineswegs, die Frage nach dem »menschlichen Wesen« zurückzuweisen. Aber es bedeutet, den Versuch zu unternehmen, die Art und Weise, wie diese Frage bis in die Gegenwart hinein gestellt worden ist, radikal zu verschieben – nicht allein, was die Rede von »dem Menschen« betrifft, sondern, und noch viel grundlegender, was die Rede von seinem »Wesen« angeht.

Denn die Philosophen und Philosophinnen haben sich eine falsche Vorstellung davon gemacht, was das Wesen von etwas ist (und dieser Irrtum ist für sie derart wesentlich, dass man sich kaum eine Philosophie ohne ihn vorstellen kann). Sie haben, *erstens*, geglaubt, dass das Wesen eine *Idee* oder auch eine Abstraktion ist (in einer anderen Terminologie könnte man auch von einem *Universalbegriff* sprechen),

26 Wilhelm von Humboldt war 1810 der Gründer der Berliner Universität, die heute seinen Namen trägt. Seine linguistischen und philosophischen Hauptwerke erschienen erst nach seinem Tod im Jahr 1835. In Frankreich ist erst mit dem von Pierre Caussat herausgegebenen Sammelband, *Introduction à l'oeuvre sur le Kavi et autres essais* (Paris 1974), Wilhelm von Humboldts Werk wirklich zugänglich geworden.

unter der man in einer Anordnung abnehmender Allgemeinheit die spezifischen Differenzen und auch noch die individuellen Differenzen begreifen kann. Und darüber hinaus haben sie, *zweitens*, angenommen, dass diese allgemeine Abstraktion in gewisser Weise allen Individuen der gleichen Art »innewohnend«* ist, entweder als eine von ihnen allen besessene Qualität, der gemäß man sie klassifizieren kann, oder gar als eine Form oder Potenz, die sie als vielfache Kopien eines und desselben Modells existieren lässt.

Damit wird sichtbar, was die befremdliche Gleichung zu bedeuten hat, die Marx hier aufgemacht hat. Im Grunde bedeuten die Worte »*ensemble*«, »Verhältnisse« und auch »gesellschaftliche« ein und dasselbe: Es geht darum, alle beiden Positionen zu verwerfen, auf die sich traditionell die Philosophinnen und Philosophen aufteilen, die sogenannte realistische ebenso wie die nominalistische Position. Erstere vertritt die Auffassung, dass die so verstandene Gattung, oder auch das Wesen, der Existenz der Individuen vorausgeht, während letztere die Auffassung vertritt, dass die Individuen die primäre Realität darstellen, von der die Universalien durch Abstraktion abgeleitet werden. Denn auf eine geradezu verblüffende Weise sind beide Positionen völlig unfähig, das zu denken, was in der menschlichen Existenz doch gerade eine wesentliche Rolle spielt: die vielfältigen und aktiven Beziehungen, die die Individuen miteinander und untereinander eingehen (ob es sich nun um die Sprache handelt, um die Arbeit, um die Liebe, die Reproduktion, die Herrschaft, die Konflikte usw.), und die Tatsache, dass es diese Beziehungen, diese Relationen sind, durch die sie definieren, was sie gemeinsam haben, also ihre »Gattung«. Sie definieren sie eben dadurch, dass sie sie in jedem Augenblick in vielfältigen Formen neu konstituieren. Sie bilden und liefern also den einzigen »wirklichen« Inhalt für diesen Begriff des Wesens, wenn er auf den Menschen (das heißt auf *die* Menschen) angewendet wird.

Das Transindividuelle

Verlieren wir uns hier nicht in der Erörterung der Frage, ob dieser Standpunkt absolut originell und ganz und gar Marx eigentümlich ist. Sicher steht jedenfalls fest, dass sich daraus sowohl im Feld der philosophischen Diskussion (auf dem

Niveau dessen, was man als »Ontologie« bezeichnet,)[27] als auch im Feld der Politik gewichtige Konsequenzen ergeben. Die Worte, deren Marx sich bedient, verweigern sich *zugleich* der individualistischen Position (dem Primat des Individuums und vor allem der Fiktion einer Individualität, die völlig für sich allein oder isoliert in Begriffen der Biologie, der Psychologie, des ökonomischen Verhaltens usw. definiert werden könnte), und der organizistischen Position (die heute auch, nach angelsächsischem Vorbild, als *holistisch* bezeichnet wird: Primat des *Ganzen* und namentlich der Gesellschaft, die als eine unteilbare Einheit begriffen wird, in der die Individuen nur noch funktionelle Glieder darstellen).[28] Es geht also in der Konsequenz *weder* um die Monade eines Hobbes oder Bentham *noch* um das »große Sein« (*grand être*) eines Auguste Comte. Es ist bezeichnend, dass Marx (der fast ebenso geläufig französisch gesprochen hat wie deutsch) sich hier die Mühe gemacht hat, das fremde Wort *ensemble* zu suchen – ganz offensichtlich, um die Verwendung des Worts »das Ganze«* zu vermeiden, das eine problematische Totalitätsvorstellung nahegelegt hätte.

Vielleicht würde das alles der Form (nicht dem Grunde) nach noch etwas klarer, wenn wir unsererseits ein Wort zum Text hinzufügten, das wir nötigenfalls erfänden, um diese Konzeption einer *konstitutiven Beziehung* zu kennzeichnen, die die Frage nach dem »menschlichen Wesen« verschiebt, indem sie darauf eine formelle Antwort gibt – die in Keimform eine ganz andere Problematik enthält als die des theoretischen Humanismus. Das gesuchte Wort gibt es schon, aber bei Denkern des 20. Jahrhunderts (bei Kojève, bei Simondon, bei Lacan…): Es geht in der Tat darum, die Menschheit als eine *transindividuelle* Wirklichkeit zu begreifen und letztlich auch die Transindividualität als solche zu denken.[29] Nicht als

27 [Ein im 17. Jahrhundert gebildeter Ausdruck zur Bezeichnung dessen, was Aristoteles als die »Wissenschaft von den ersten Prinzipien und den ersten Ursachen« bezeichnet und mit einer Reflexion über das »Sein als Sein« (*on he on*) identifiziert hat, die sich von der Untersuchung der *besonderen* Seinsarten unterscheidet.]

28 Vgl. Louis Dumont, *Homo aequalis I. Genèse et épanouissement de l'idéologie économique*, Paris 1977, für den Marx »entgegen dem Anschein […] im Wesentlichen individualistisch ist«. Zu einer vergleichbaren Schlussfolgerung kommen auch im Ausgang von anderen Voraussetzungen Jon Elster, einer der führenden Vertreter des »analytischen Marxismus«, (*Making sense of Marx*, Cambridge 1985) sowie Jacques Bidet (*Théorie de la modernité*, suivi de *Marx et le marché*, Paris 1990).

29 Vgl. insbesondere die Arbeiten von Gilbert Simondon, zum Beispiel *L'individuation psychique et collective*, Paris 1989.

etwas, das auf eine ideale Weise »in« jedem Individuum existiert (wie eine Form oder eine Substanz) oder als etwas, das den Zweck erfüllte, sie von außen zu klassifizieren, sondern als etwas, das *zwischen* den Individuen existiert, als Ergebnis ihrer vielfältigen Interaktionen.

Eine Ontologie der Relation

Man muss zugeben, dass sich hier tatsächlich eine »Ontologie« abzeichnet. Aber an die Stelle einer fruchtlosen Diskussion über das zwischen Individuum und Gattung bestehende Verhältnis setzt sie ein Untersuchungsprogramm über die Vielfalt dieser Beziehungen, die aus einer ebenso großen Vielfalt von Übergängen, Übertragungen oder Durchgängen besteht, in denen sich die Bande, die die Individuen an die Gemeinschaft binden, knüpfen oder auflösen, und durch die sie zugleich als Individuen konstituiert werden. In der Tat fällt an dieser Perspektive am meisten auf, dass in ihr eine vollständige Reziprozität zwischen diesen beiden Polen eingeführt wird, die nicht ohne den jeweils anderen bestehen können, so dass alle beide, und zwar jeder für sich, keine bloßen Abstraktionen sind, sondern benötigt werden, um das Verhältnis* oder die Beziehung angemessen denken zu können.

An diesem Punkt – so spekulativ er auch zunächst anmuten mag – sind wir im Gegenteil ganz dicht davor, vermittelt über einen kennzeichnenden Kurzschluss, zur Frage der Politik zurückzukehren. Denn in der Tat bestehen die Beziehungen, von denen wir gesprochen haben, in singulären Aktionen der Individuen aufeinander. Aber diese transindividuelle Ontologie steht mit Aussagen, wie sie die *Erklärung der Menschen- und Bürgerrechte* ausmachen (die ganz zu Unrecht als ein »individualistischer« Text betrachtet wird), und mehr und deutlicher noch mit der Praxis der revolutionären Bewegungen, zumindest in einem Resonanzverhältnis: Denn ihre Praxis stellt niemals die Verwirklichung des Individuums in Gegensatz zu den Interessen der Gemeinschaft, sie trennt diese beiden Momente nicht einmal, sondern bemüht sich darum, jeweils das eine dieser Momente durch das andere zu verwirklichen. Denn auch wenn es wahr ist, dass letztlich allein Individuen Rechte in Anspruch nehmen und Forderungen aufstellen können, gilt doch, dass es nicht weniger notwendigerweise eine kollektive Angelegenheit ist, diese

Rechte – und insbesondere jede Befreiung (oder jeden Aufstand) – auch durchzusetzen.

Zweifellos wird man einwenden, dass diese Formulierung sich auf keinen Zustand bezieht, der bereits existiert, noch viel weniger auf ein Institutionensystem, das einfach nur einzuführen wäre, sondern vielmehr auf einen Prozess (zumindest aus der Perspektive, die diejenigen erleben, die daran teilnehmen). Aber genau das will Marx zum Ausdruck bringen. Und so können wir begreifen, dass unter diesen Voraussetzungen die sechste These, die das menschliche Wesen mit dem »ensemble der gesellschaftlichen Verhältnisse« identifiziert, und die dritte, die achte oder die elfte These, die das gesamte Denken auf die revolutionäre Praxis und die Veränderung der Welt ausrichten, in Wirklichkeit und im Grunde ein und dasselbe aussagen. Zugespitzt bedeutet dies: Die hier bezeichneten gesellschaftlichen Verhältnisse sind nichts anderes als eine unaufhörliche Transformation, eine »permanente Revolution« (dieser Ausdruck ist zweifellos nicht von Marx erfunden worden, aber er sollte in seinem Denken bis 1850 eine ganz entscheidende Rolle spielen). Für den Marx des März 1845 genügt es nicht mehr, mit Hegel zu sagen, »das Wirkliche ist vernünftig«, und dass sich daher mit Notwendigkeit das Vernünftige verwirklichen wird: Es ist für ihn notwendig geworden, zu behaupten, dass es nichts anderes gibt, das wirklich oder vernünftig ist, als die Revolution.

Der Einwand Max Stirners

Was könnte man noch mehr verlangen? Ich habe oben schon angekündigt, dass Marx diese Position nicht hat halten können. Aber jetzt geht es darum, den Grund dafür zu begreifen. Das können wir nicht tun, wenn wir uns mit dem Nachweis begnügen, dass mit der Ersetzung des Subjekts durch die Praxis ein Zirkelschluss aufgebaut wird, der eine logische Schwierigkeit darstellt – oder dass der Begriff des Wesens aus dem Gleichgewicht zu geraten droht, indem er gleichsam zwischen der immanenten Kritik der traditionellen Logik und deren Auflösung in einer Vielzahl konkreter Untersuchungen über die gesellschaftlichen Verhältnisse zerrieben wird. Die *Deutsche Ideologie* steht ohne jeden Zweifel als Text den »Thesen über Feuerbach« von der ihr zugrunde liegenden Inspiration her sehr nah, und doch spricht sie bereits eine andere Sprache. Die formellen Gründe dafür, die wir bisher angesprochen haben, reichen nicht aus, um das zu erklären.

Ich bin überzeugt, dass es dafür einen besonderen Grund gibt, einen ganz und gar situationsbezogenen Grund, der allerdings zugleich die Funktion übernommen hat, eine tiefgehende Schwierigkeit zu enthüllen. Einige Historiker und Historikerinnen des Marx'schen Denkens haben dies genau gesehen, namentlich Auguste Cornu, viele aber haben diesen Moment ignoriert oder unterschätzt, vor allem auch weil man gewöhnlich nur den *ersten Teil* des Texts, »I. Feuerbach«, liest, den eine lange Tradition seit der ersten Veröffentlichung uns als eine autonome Darlegung des »historischen Materialismus« zu begreifen gewöhnt hat, wo es sich doch im Wesentlichen nur um eine Antwort – und zwar um eine oft recht mühsame Antwort, wie dies jeder Leser und jede Leserin gleichsam auf eigene Kosten lernen muss – auf die Herausforderung durch einen anderen Denker handelt.[30] Dieser Theoretiker war Max Stirner (unter welchem Pseudonym Caspar Schmidt aufgetreten ist), dessen Kraft als Denker es endlich an der Zeit wäre, zur Kenntnis zu nehmen. Er ist der Autor von *Der Einzige und sein Eigentum*, das Ende 1844 veröffentlicht worden ist.[31] Aber erst einige Monate später, unmittelbar nach der Abfassung der »Thesen«, hat Marx auf das Drängen von Engels damit angefangen, sich an diesem *Einzigen* die Zähne auszubeißen.

Wer also war Stirner, was stellte er in theoretischer Hinsicht dar? Zunächst einmal war er ein Anarchist, der die These von der Autonomie der Gesellschaft vertrat und zwar einer von ganz einzigartigen Individuen gebildeten Gesellschaft. Diese treten als »Eigentümer« ihres Körpers, ihrer Bedürfnisse und ihrer Vorstellungen [*idées*] dem modernen

30 [Zum Editionsstand der *Deutschen Ideologie* vgl. Anmerkung 6. In Frankreich gab es neben der von Gilbert Badia 1976 vorgelegten und mit Anmerkungen versehenen Übersetzung der MEW-Ausgabe auch noch eine Übersetzung durch Maximilien Rubel (1982), die die Engels zuschreibbaren Passagen sowie alles, was »nicht zum zentralen Gegenstand der Darstellung gehört«, weggelassen hat, so dass der Umfang des übersetzten Textes von 550 auf 275 Seiten schrumpfte.]

31 Vgl. Max Stirner, *Der Einzige und sein Eigentum,* Freiburg 2009 [frz. Paris 1972, übersetzt von Robert L. Reclaire], vgl. auch die erhellenden Bemerkungen von Gilles Deleuze, *Nietzsche und die Philosophie,* München 1976, S. 174–176 [frz. Paris 1962]. [Vgl. außerdem Wolfgang Eßbach, *Gegenzüge. Der Materialismus des Selbst und seine Ausgrenzung aus dem Marxismus,* Frankfurt/M. 1982, sowie die Untersuchung von Maurice Schuhmann, *Radikale Individualität. Zur Aktualität der Konzepte von Marquis de Sade, Max Stirner und Friedrich Nietzsche,* Bielefeld 2011.]

Staat gegenüber, in dem sich seiner Auffassung nach die gesamte Herrschaft konzentrierte und der dementsprechend die *heiligen* Attribute übernahm, die die politische Theologie des Mittelalters ausgearbeitet hatte. Vor allem aber war Stirner ein radikaler *Nominalist:* was wir so verstehen sollten, dass für ihn jede »Allgemeinheit«, jeder »Universalbegriff« eine Fiktion darstellte, die die Institutionen erschaffen haben, um die einzig existierende natürliche Realität – nämlich die Vielfalt der Individuen, von denen jedes »einzigartig« ist – zu »beherrschen« (indem sie sie organisieren, sie klassifizieren oder sogar, indem sie sie bloß benennen). Daraus ergibt sich das für Stirner entscheidende Wortspiel, das übrigens über eine weit zurückreichende Ahnenreihe verfügt: das, was jedem *eigentümlich* ist, das ist sein *Eigentum*.

Wir haben eben noch gesehen, dass Marx im Begriff ist, eine Auffassung des gesellschaftlichen Verhältnisses zu entwickeln, die – zumindest prinzipiell – den Nominalismus und den Essentialismus gleichermaßen zurückweist. Aber die Kritik Stirners stellt für ihn eine wirkliche Bedrohung dar, weil sie sich nämlich nicht damit begnügt, auf die traditionellen metaphysischen »Gattungen« (die alle mehr oder minder theologisch sind, das Sein, die Substanz, die Idee, die Vernunft, das Gute…) abzuzielen, sondern ausnahmslos alle Allgemeinbegriffe miteinbezieht, wodurch gewisse Gedankenentwicklungen Nietzsches beziehungsweise dessen, was heute als Postmoderne bezeichnet wird, vorweg genommen werden. Stirner will mit keinerlei Glauben, mit keinerlei Idee und keinerlei »großer Erzählung« mehr etwas zu tun haben: weder mit dem auf Gott bezogenen Diskurs, noch mit dem, der sich auf den Menschen bezieht, weder mit dem der Kirche, noch mit dem des Staates, aber genau so wenig mit dem Diskurs der Revolution. Es gibt ja auch in der Tat keinen logischen Unterschied zwischen dem Christentum, der Menschheit, dem Volk, der Gesellschaft, der Nation oder auch dem Proletariat und um nichts mehr zwischen den Menschenrechten und dem Kommunismus: Bei all diesen Universalbegriffen handelt es sich wirklich um Abstraktionen, und das heißt vom Standpunkt Stirners, um bloße Fiktionen. Und der Nutzen dieser Fiktionen besteht darin, an die Stelle der Individuen und der Gedanken der Individuen zu treten: Aus diesem Grunde hat Stirners Buch niemals aufgehört, linke oder rechte Kritiker mit Stoff zu versorgen, die uns erklären, dass die Menschen nichts gewinnen, wenn sie den Kult der abstrakten Menschheit gegen den der Revolution oder auch der revolutionären Praxis eintauschen, die ganz genau so abstrakt sind, und dass sie sich dabei vielleicht dem Risiko einer noch perverseren Herrschaft aussetzen.

Ganz gewiss haben Marx und Engels diesem Einwand nicht ausweichen oder entgehen können. Denn sie wollten *zugleich* Kritiker des Idealismus, des Essentialismus, der Philosophen *und* der Kommunisten (noch genauer der *humanistischen* Kommunisten) sein. Wir haben gesehen, dass diese doppelte Perspektive das Herzstück eben der Kategorie gebildet hat, die Marx damals als »Lösung« der Rätsel der Philosophie erschienen war: der Kategorie der revolutionären Praxis. Und wie hat er nun auf diese Herausforderung reagiert? Indem er seine symbolische Vorstellung der »Praxis« in einen historischen und soziologischen Begriff der *Produktion* transformierte, und indem er eine Frage stellte, die in der Philosophie ohne Vorgänger war (auch wenn das dafür verwendete Wort nicht absolut neu gewesen ist): die Frage der *Ideologie*.

Die *Deutsche Ideologie*

Diese beiden Bewegungen hängen selbstverständlich eng zusammen. Die eine setzt beständig die andere voraus; und darauf beruht trotz ihrer unvollendeten und völlig ungleichgewichtigen Ausarbeitung die geistige Kohärenz der *Deutschen Ideologie*. (Das Kapitel über Stirner nimmt allein fast zwei Drittel des Textes ein und besteht zum größten Teil aus einem verbalen Spiel mit der gewollt »ironischen« Diktion von *Der Einzige und sein Eigentum*, dessen Ertrag, rein rhetorisch betrachtet, durchaus unentschieden geblieben ist.) Das gesamte Werk ist um die zentrale Kategorie der Produktion organisiert, die in einem recht allgemeinen Sinne gefasst wird, um jegliche menschliche Tätigkeit zu bezeichnen, in der es um eine Formierung oder eine Transformation der Natur geht. Es stellt keine Übertreibung dar, zu behaupten, dass wir damit nach der in den »Thesen« angekündigten »Ontologie der Praxis« in der *Deutschen Ideologie* die Darstellung einer »Ontologie der Produktion« finden: Denn, wie Marx es uns selbst sagt, ist es die Produktion, die das *Sein* des Menschen formt (dem er das *Bewusstsein* als »bewusstes Sein« gegenüberstellt). Noch genauer ist es die Produktion der eigenen Existenzmittel – der »Lebensmittel« und des »Lebens« – als eine zugleich persönliche und kollektive (transindividuelle)

Tätigkeit, durch die er selbst transformiert wird, während er gleichzeitig auch die Natur irreversibel transformiert, wodurch sich dann die »Geschichte« konstituiert.

Aber umgekehrt sollte Marx auch zeigen, dass die Ideologie selbst etwas Produziertes ist, bevor sie sich als eine autonome Struktur der Produktion konstituiert (deren »Produkte« die Ideen, das kollektive Bewusstsein sind: das ist der Gegenstand der Theorie der geistigen Arbeit). Die Kritik der Ideologie ist der notwendige Vorlauf einer Erkenntnis des gesellschaftlichen Seins als einer Entwicklung der Produktion: im Ausgang von ihren unmittelbaren Formen, die mit der Subsistenz der Individuen verknüpft sind, bis hin zu ihren allervermitteltsten Formen, die nur ganz indirekt eine Rolle im Prozess der menschlichen Reproduktion übernehmen. Um den Zugang zu diesem Leitfaden jeder Untersuchung der Geschichte zu finden, reicht es nicht aus, bloß die Tatsachen zu betrachten, vielmehr muss man zunächst durch die Kritik der herrschenden Ideologie hindurchgehen: Denn diese herrschende Ideologie ist ebenso eine Umkehrung der Realität, wie sie eine Verselbständigung der »geistigen Produkte« darstellt, durch die jede Spur des wirklichen Ursprunges der Ideen verloren geht und die noch die bloße Existenz eines derartigen Ursprungs verleugnet.

Das ist der Grund, warum ich an dieser Stelle von einer wechselseitigen Voraussetzung gesprochen habe. Aber damit kann zugleich der Einwand Stirners zurückgewiesen werden. Es geht nicht länger nur darum, die Abstraktheit der »Universalien«, der »Allgemeinheiten« oder der »Idealitäten« zu *denunzieren*, indem aufgewiesen wird, dass sie an die Stelle der realen Individuen tritt, sondern es wird jetzt möglich, deren Genese, ihre Produktion durch Individuen zu untersuchen, die sich in Funktion der kollektiven oder gesellschaftlichen Bedingungen vollzieht, unter denen sie denken und sich aufeinander beziehen. Und durch diesen Umstand wird man dann über ein Kriterium verfügen, um – anstatt sich unbestimmt im Kreis zwischen Allem und Nichts, zwischen einer Ablehnung und einer Annahme von Abstraktionen insgesamt zu drehen –, diejenigen Abstraktionen, die eine wirkliche Erkenntnis darstellen, von denjenigen zu unterscheiden, deren Funktion nur in einem Verkennen und einer Mystifizierung besteht. Besser noch: um zwischen den Umständen zu unterscheiden, unter denen die Benutzung von Abstraktionen mystifizierend ist und unter denen sie es nicht ist. Damit wird der in Stirners Position enthaltene Nihilismus grundsätzlich gebannt – ohne dass dadurch die Notwendigkeit einer radikalen Kritik in irgendeiner Weise in Frage gestellt würde. Ganz im Gegenteil.

Umkehrung der Geschichte

Die Darstellung der *Deutschen Ideologie* stellt sich als eine zugleich logische und historische Genese der gesellschaftlichen Formen vor, deren Leitfaden in der Entwicklung der Arbeitsteilung besteht. Jede neue Etappe der Arbeitsteilung wird durch eine bestimmte Weise der Produktion und des Austausches gekennzeichnet. Daraus ergibt sich eine Einteilung in Geschichtsperioden, die uns selbstverständlich und ganz unvermeidlich an die Hegel'sche Geschichtsphilosophie erinnert: Hier wird keine einfache Erzählung über die von der Universalgeschichte durchlaufenen Etappen vorgelegt; es geht vielmehr wirklich (wie bei Hegel) darum, die typischen Momente des Prozesses herauszuarbeiten, in dem *sich die Geschichte universalisiert hat* und zur Geschichte der Menschheit geworden ist. Allerdings liegt der Inhalt dieser Darstellung geradezu am Gegenpol des Hegel'schen *objektiven Geistes*. Denn diese Universalisierung besteht nicht in der Herausbildung eines Rechtsstaates, der seine Machtbefugnisse in vernünftiger Weise auf die gesamte Gesellschaft erstreckt und damit als Rückwirkung deren Aktivitäten »totalisiert«. Marx würde eine derartige juristisch-staatliche Ausgestaltung der Universalität vielmehr im Gegensatz zu Hegel als die höchste Form der *ideologischen Verkehrung* der gesellschaftlichen Verhältnisse erscheinen. Denn viel eher geht es um die Tatsache, dass die Geschichte sich zur Interaktion und zur Interdependenz aller Individuen und aller Gruppen entwickelt hat, die zur Menschheit gehören.

Marx' damals schon große Gelehrsamkeit wird nun im Text der *Deutschen Ideologie* ins Feld geführt, um den Beweis dafür anzutreten, dass der Entwicklung der Arbeitsteilung die Entwicklung der Eigentumsformen entspricht, die vom Gemeinschaftseigentum oder ständisch gebundenen Eigentum bis zum formell für jeden zugänglichen Privateigentum reicht. Jede Produktionsweise impliziert eine historische Form der Aneignung und des Eigentums: Diese bildet ganz einfach deren andere Seite. Daraus folgt wiederum, dass die Konstituierung und die Auflösung gesellschaftlicher Gruppen dem Prinzip der Arbeitsteilung unterliegen, wobei sie von den ursprünglichen Gemeinschaften über unterschiedliche Statusgruppen, Korporationen oder Stände*[32] bis zu den Klassengesellschaften immer größer und immer weniger »natürlich« werden… Im Gesamtergebnis muss nun jede dieser Gruppen, ganz gleich, ob »herrschend« oder »beherrscht«, als eine Wirklichkeit mit zwei Gesichtern, als widersprüchlich begriffen werden: zugleich als eine Form der relativen Universalisierung und als eine Form der Begrenzung oder der Partikularisierung der menschlichen Verhältnisse. Ihre Abfolge ist also nichts anderes als der große Prozess der Negation der Besonderheit und des Partikularismus, der aber auf dem Wege der Erfahrung erfolgt und die vollständige Verwirklichung ihrer Formen mit sich bringt.

Der Ausgangspunkt der Entwicklung war die produktive Tätigkeit der Menschen in ihrem Ringen mit der Natur: eben das, was Marx als die *wirkliche Voraussetzung** bezeichnet, auf der er – gegen die Illusionen einer »voraussetzungslosen« Philosophie – ganz ausführlich besteht. Ihren Ziel- und Endpunkt bildet die *bürgerliche Gesellschaft**,[33] deren Grundlage die unterschiedlichen Formen des Handels zwischen den miteinander konkurrierenden Privateigentümern darstellen – bei Marx als »Verkehr« bezeichnet, was auch Kommunikation bedeuten kann. Oder aber, besser formuliert, dieser Ziel- und Endpunkt besteht in dem Widerspruch, der dieser Gesellschaft innewohnt. Denn die absolut gesetzte Individualität läuft in der Praxis, für die *Masse*, auf eine Prekarität oder auch eine »Kontingenz« der Existenzbedingungen hinaus, genauso wie das Privateigentum (an sich selbst und an Sachen) in dieser Gesellschaft auf eine allgemeine Enteignung hinausläuft.

Gemäß einer der großen Thesen der *Deutschen Ideologie* – die direkt aus der liberalen Tradition stammt, aber gegen sie gewendet wird – konstituiert sich die »bourgeoise« Gesellschaft in eben dem Moment auf irreversible Weise, indem die Klassendifferenzen gegenüber allen anderen sozialen Unterscheidungen die Oberhand gewinnen und sie praktisch auslöschen. Selbst der Staat ist, so sehr er sich auch erweitert hat, nur noch eine Funktion dieser Gesellschaft. In genau diesem Moment spitzt sich der Widerspruch zwischen

32 [Im Französischen kann zwischen *ordres* und *états* unterschieden werden, was sich im Deutschen nicht unmittelbar nachbilden lässt.]

33 [Im Französischen wird zwischen *civil* im Sinne von »staatsbürgerlich« und *bourgeois* im Sinne der Bourgeoisie unterschieden. Für Hegels »bürgerliche Gesellschaft« wird die Formulierung *société civile-bourgeoise* gewählt.]

Partikularität und Universalität, zwischen Kultur und Verrohung, zwischen Offenheit und Ausschließung am stärksten zu, ebenso wie er zwischen Reichtum und Armut geradezu explosiv wird, das heißt zwischen der universellen Zirkulation der Güter und der Beschränktheit des Zugangs zu ihnen und zwischen der anscheinend unbegrenzten Produktivität der Arbeit und der Einpferchung der Arbeitenden in einer engen Spezialfunktion... Jedes Individuum ist dabei, so elend es auch sein mag, virtuell zum Repräsentanten der Menschengattung geworden, und die Funktion jeder Gruppe wird im Weltmaßstab definiert. Damit ist die Geschichte an dem Punkt angekommen, wo sie aus ihrer eigenen »Vorgeschichte« heraustritt.

Die gesamte Argumentation der *Deutschen Ideologie* läuft darauf hinaus, aufzuzeigen, dass diese Situation als solche unhaltbar ist, aber aufgrund der Entfaltung ihrer eigenen, inneren Logik zugleich die Prämissen einer *Umwälzung** enthält, die ganz einfach einer Ersetzung der *bürgerlichen Gesellschaft* durch den Kommunismus gleichkäme. Der Übergang zum Kommunismus steht von dem Moment an unmittelbar bevor, in dem die Formen und die Widersprüche der modernen *bürgerlichen Gesellschaft* [*société civile-bourgeoise*] vollständig entwickelt sind. In der Tat ist die Gesellschaft, in der die Austauschbeziehungen universell geworden sind, zugleich auch eine Gesellschaft mit »zu einer Totalität entwickelten [...] Produktivkräften«.[34] Vom Anfang bis zum Ende der Geschichte sind die gesellschaftlichen »Produktivkräfte«, wie sie in allen Bereichen ihren Ausdruck finden – von der Technik bis zu Wissenschaft und Kunst – immer nur die [Kräfte] einer Vielzahl von Individuen: [»Die Individuen, deren Kräfte sie sind«].[35] Aber sie wirken nicht mehr als Kräfte von *isolierten* Individuen, sie können sich immer nur in einem virtuell unendlichen Netzwerk von Interaktionen zwischen den Menschen herausbilden und wirksam werden. Die »Auflösung« des Widerspruchs kann nicht in der *Rückkehr* zu »beschränkteren« Formen menschlicher Tätigkeit und menschlichen Lebens bestehen – sondern allein darin, die vorhandene »Totalität von Produktivkräften«[36] kollektiv zu beherrschen.

34 Karl Marx und Friedrich Engels, *Die deutsche Ideologie*, MEW 3, S. 67.
35 Ebd.
36 Ebd.

Das Proletariat als universelle Klasse

Alles dies lässt sich auch anders sagen: Das Proletariat bildet die universelle Klasse der Geschichte, ein Gedanke der an keiner anderen Stelle bei Marx deutlicher artikuliert und vollständiger seinen Ausdruck gefunden hat. Die Unmittelbarkeit, mit der die revolutionäre Transformation und der Kommunismus bevorstehen, beruht in der Tat auf diesem vollständigen Zusammenfallen der Universalisierung des Austausches und des Auftretens einer Klasse, die ihrerseits – im Gegensatz zur Bourgeoisklasse, die ihr Partikularinteresse zur Universalität erhoben hat – *keinerlei* besonderes Interesse zu vertreten hat. Gerade deswegen, weil ihm jede besondere gesellschaftliche Stellung und jedes Eigentum genommen sind und ihm daher auch keinerlei »besondere Eigenschaft«* zukomme, verfüge das Proletariat virtuell über alle Eigenschaften. Eben weil es praktisch nicht mehr durch sich selbst, auf eigener Grundlage, existiere, wird seine Existenz virtuell durch alle anderen Menschen vollzogen.[37] Es lässt sich nicht vermeiden, hier in den Untertönen – trotz aller von Marx gegen Stirner formulierten Sarkasmen – dasselbe Wortspiel zum Thema des »Eigenen« herauszuhören, das Stirner bis zum Überdruss betrieben hatte: Allerdings in die entgegengesetzte Richtung umgepolt, als Spitze *gegen* das »Privateigentum«: »Nur die von aller Selbstbetätigung vollständig ausgeschlossenen Proletarier der Gegenwart sind imstande, ihre vollständige, nicht mehr bornierte Selbstbetätigung, die in der Aneignung einer Totalität von Produktivkräften und der damit gesetzten Entwicklung einer Totalität von Fähigkeiten besteht, durchzusetzen.«[38] Die negative Universalität schlägt in eine positive Universalität um, die Enteignung in Aneignung, der Verlust der Individualität in die »allseitige« Entwicklung der Individuen, deren jedes eine einzigartige Vielheit menschlicher Beziehungen in sich vereinigt.

Eine derartige Wiederaneignung kann also nur dann *für jeden einzelnen* stattfinden, wenn sie zugleich *für alle* stattfindet: »Der moderne universelle Verkehr kann nicht anders unter die Individuen subsumiert werden, als dadurch, daß

37 [Im Deutschen liegen »eigentumslos« und »eigenschaftslos« allerdings weniger eng zusammen als im Französischen *sans propriété*, das beides bedeuten kann.]

38 Karl Marx und Friedrich Engels, *Die deutsche Ideologie*, MEW 3, S. 68.

er unter alle subsumiert wird.«[39] Aus diesem Grund ist die Revolution nicht nur in ihrem Ergebnis kommunistisch, sondern auch in ihrer Form. Sollte man sagen, dass sie für die einzelnen Individuen unvermeidlich eine Verringerung ihrer Freiheit bedeutet? Ganz im Gegenteil: Sie stellt die wahrhafte Befreiung dar. Denn die moderne bürgerliche Gesellschaft zerstört in genau dem Moment die Freiheit, in dem sie diese als ihr Prinzip proklamiert. Dagegen wird die Freiheit im Kommunismus, der deren Umkehrung darstellt, überhaupt erst wirklich, weil sie nämlich einer inneren Notwendigkeit entspricht, deren Bedingungen eben diese Gesellschaft erst geschaffen hat: »An die Stelle der alten bürgerlichen Gesellschaft mit ihren Klassen und Klassengegensätzen tritt eine Assoziation«, wird das *Manifest* verkünden, »worin die freie Entwicklung eines jeden die Bedingung für die freie Entwicklung aller ist.«[40]

In der These vom Proletariat als »universeller Klasse« finden sich so die Argumente verdichtet, die es Marx ermöglicht haben, die Lage der Arbeiter und Arbeiterinnen, beziehungsweise genauer die der Lohnarbeiter und Lohnarbeiterinnen, als den Endpunkt des gesamten Prozesses der Entwicklung der Arbeitsteilung darzustellen, als die »Zersetzung« der bürgerlichen Gesellschaft.[41] Sie hat es Marx auch ermöglicht, aus seiner Gegenwart wie aus einem offenen Buch das unmittelbare Bevorstehen der kommunistischen Revolution herauszulesen. Die »Partei« gleichen Namens, für die er zusammen mit Engels damals das *Manifest* redigiert hat, sollte keine »distinkte« Partei sein, sie hat »keine von den Interessen des ganzen Proletariats getrennten Interessen«, sie stellt »keine besonderen Prinzipien«[42] auf. Sie wird ganz einfach diese wirkliche Bewegung sein, die zur Reife gelangt und damit für sich selbst und für die gesamte Gesellschaft *manifest* geworden ist.

39 Ebd.

40 Karl Marx und Friedrich Engels, *Das Manifest der kommunistischen Partei,* MEW 4, Berlin 1959, S. 482.

41 Vgl. Karl Marx und Friedrich Engels, *Die deutsche Ideologie*, MEW 3, S. 60: » […] schuf die große Industrie eine Klasse, die bei allen Nationen dasselbe Interesse hat und bei der die Nationalität schon vernichtet ist, eine Klasse, die wirklich die ganze alte Welt los ist und zugleich ihr gegenüber steht«.

42 Karl Marx und Friedrich Engels, *Das Manifest der kommunistischen Partei,* MEW 4, S. 474.

Eben damit wird auch eine Theorie umrissen, die – so energisch sie sich auch dagegen wehrt, eine Philosophie zu sein – dennoch einen Neuanfang innerhalb der Philosophie dargestellt hat. *Marx hat das »Hinter-sich-lassen« der Philosophie hinter sich gelassen.* Aber er ist deswegen auch nicht einfach wieder nach Hause zurückgekehrt…

Wir können das verständlich machen, indem wir an etwas erinnern, um das es schon in sehr alten Zeiten in der Dialektik gegangen ist. Ich habe es oben bereits gesagt: Auch wenn der Gedanke der Praxis [*praxis*] beziehungsweise der revolutionären Praktik [*pratique*] mit unvergleichlicher Deutlichkeit klargestellt hat, dass die »Veränderung der Welt« jeder essentialistischen Philosophie den Laufpass gegeben hat, so konnte es ihr paradoxerweise doch geschehen, dass sie sich als ein anderer Name des menschlichen Wesens darstellte. Dieses Spannungsverhältnis hat sich in dem Maße verschärft, wie Marx' Analyse sich jetzt auf die *Produktion* bezog. Nicht nur deswegen, weil es eine umfassende empirische Geschichte der Produktion gibt (die es vom Philosophen oder von der Philosophin verlangt, sich als Wirtschaftswissenschaftler, Historikerin, Technologe usw. zu betätigen); sondern vor allem deswegen, weil Marx eines der ältesten Tabus der Philosophie aufgehoben hat: die Unterscheidung von *Praxis* und *poiesis*.

Seit der griechischen Philosophie (die in ihr das Privileg der Bürger der *polis*, das heißt der Herren, gesehen hat) wird die *Praxis* als das »freie« Handeln begriffen, durch das der Mensch nichts anderes verwirklicht, oder auch verändert, als sich selbst, indem er danach strebt, sich zur Vollkommenheit zu bilden. Die *poiesis* (abgeleitet vom Verb *poiein*: machen, herstellen), die von den Griechen als von Grund auf sklavenhaft betrachtet wurde, war demgegenüber das »notwendige« Handeln, das mit den materiellen Produktionsbedingungen allen Zwängen des Verhältnisses zur Natur unterliegt. Die in ihr angestrebte Vollkommenheit bezieht sich nicht auf den Menschen, sondern auf die Dinge, auf die Gebrauchswerte.

Dies ist der Grundbestand des von Marx in der *Deutschen Ideologie* vertretenen Materialismus (bei dem es sich wirklich um einen *neuen* Materialismus handelt), der keineswegs eine bloße Umkehrung der traditionellen Hierarchie darstellt, sozusagen eine »theoretische Arbeitertümelei« (wie es ihm unter anderen Hannah Arendt vorgeworfen hat),[43] in der der *poiesis* aufgrund ihres direkten Verhältnisses zur Materie der Primat gegenüber der *Praxis* zugewiesen würde, sondern der die Identifikation beider vollzieht – in der revolutionären These, dass die *Praxis* beständig in die *poiesis* und auch umgekehrt diese in jene übergeht. Es gibt niemals eine wirkliche Freiheit, wenn sie nicht auch eine materielle Veränderung vollzieht, wenn sie sich nicht historisch in die Exteriorität einschreibt, aber es gibt auch keine Arbeit, die nicht eine Selbstveränderung bedeutet – als ob die Menschen ihre Existenzbedingungen verändern und dabei selbst ein unveränderliches Wesen bewahren könnten.

Nun kann aber eine derartige These nicht umhin, sich auch auf das dritte Element des klassischen Triptychons auszuwirken: auf die *theoria* oder die »Theorie« (aus der die gesamte philosophische Tradition unaufhörlich die etymologische Bedeutung der Kontemplation, der bloßen Anschauung, herausgehört hat). Die »Feuerbach-Thesen« hatten jede »bloße Anschauung« verworfen und das Kriterium der Wahrheit mit der Praxis identifíziert (These 2). Im Gegenzug zu der Gleichsetzung von »Praxis = Produktion«, die dabei etabliert worden ist, hat die *Deutsche Ideologie* einen entscheidenden Schritt zur Seite gemacht, indem sie die *theoria* mit einer »Produktion von Bewusstsein« identifizierte. Oder genauer: mit einem der Pole des historischen Widerspruchs, zu dem es in der Produktion von Bewusstsein kommt. Dieser Pol ist eben der der Ideologie, in dem die zweite von Marx 1845 entwickelte Innovation besteht, durch die er der Philosophie den Vorschlag gemacht hat, sich selbst im Spiegel der Praxis zu betrachten. Aber konnte sie sich darin wiedererkennen?

43 Vgl. Hannah Arendt, *Vita activa oder vom tätigen Leben*, Stuttgart 1960 [frz. Paris 1961, mit einem Vorwort von Paul Ricoeur], vgl. außerdem André Tosels Kommentierung, »Matérialisme de la production, matérialisme de la pratique: un ou deux paradigmes?«, in: Ders., *L'Esprit de la scission. Études sur Marx, Gramsci, Lukács*, Paris 1991.

III. Ideologie oder Fetischismus: die Macht und die Unterwerfung

In diesem Kapitel stehen erneut mehrere Dinge an, die wir zu leisten haben: Einerseits müssen wir die Diskussion der von Marx in der *Deutschen Ideologie* aufgestellten Thesen wieder aufnehmen, um so explizit zu machen, welche Verbindung sich dabei im Element des Bewusstseins zwischen einer auf der Produktion gegründeten Geschichtsauffassung und einer Analyse der Wirksamkeit *ideologischer* Herrschaft hergestellt hat.

Auf der anderen Seite stehen wir aber auch – denn nichts ist jemals einfach – vor der Aufgabe zu begreifen, worum es bei dem befremdlichen Schwanken geht, dem der Begriff der Ideologie bei Marx unterliegt, was dessen »Einsatz« ist. Im Gegensatz zu dem, was sich ein Leser oder eine Leserin heute vorstellen, für die dieser Begriff ganz geläufig geworden ist (übrigens zugleich mit einer Zerstreuung seiner Bedeutungen in alle nur denkbaren Richtungen), und die wohl die Erwartung hegen, dass sich dieser Begriff, nachdem er einmal erfunden war, ohne Unterbrechungen weiter entwickelt hat, war dies keineswegs der Fall. Auch wenn Marx niemals damit aufgehört hat, partikulare »Ideologien« zu beschreiben und zu kritisieren, hat er doch nach 1846 und auf jeden Fall nach 1852, diesen Ausdruck nie mehr verwendet. (Engels hat ihn dann 25 Jahre später – in den Werken, mit denen er in die Geschichte des Marxismus eingegangen ist, im *Anti-Dühring* von 1878 und in *Ludwig Feuerbach und der Ausgang der klassischen deutschen Philosophie* von 1888 – wieder ausgegraben.) Das bedeutet wiederum nicht, dass die Probleme, die unter dem Begriff [*nom*][44] der Ideologie gefasst werden, nun ganz einfach verschwunden gewesen wären: Sie sollten

44 [An dieser Stelle stößt die Übersetzung auf die philosophisch interessante Tatsache, dass Gottlob Freges »Revolution in der Logik«, deren eines Zentrum die Unterscheidung von *Begriff* und *Eigenname* ist, auch in der neuesten französischen Philosophie nicht aufgenommen worden ist. Balibar, Badiou und Rancière etwa sprechen im Hinblick auf Begriffe weiterhin von »Namen«. Das kann es unter anderem erleichtern, die Bedeutung von begrifflichen »Stichworten« in politischen »Losungen« zu verstehen und die weit verbreitete Dichotomie von »Interessens«- und »Identitäts«-Fragen zu unterlaufen (vgl. dagegen Eric Hobsbawms Polemik gegen die postmoderne Identitätspolitik und dazu F.O. Wolf, »Performierte Identitäten in der Diskussion zwischen Old Labour und Neuen Sozialen Bewegungen«, in: Detlef Schulze u.a. (Hg.), *Politisierung und Entpolitisierung als performative Praxis,* Münster 2006, S. 187–221).]

vielmehr unter dem Begriff [*nom*] des *Fetischismus* wieder aufgenommen werden, wie dies beispielhaft von einer berühmten Gedankenentwicklung im *Kapital* vorgeführt wird. Dabei geht es nicht bloß um eine andere terminologische Variante, sondern durchaus um eine theoretische Alternative, bei der unbestreitbar einiges Wichtige philosophisch auf dem Spiel steht. Indem wir die Problematik der Ideologie weiter erkunden, müssen wir also zugleich zu begreifen versuchen, aus welchen Gründen sich Marx dazu veranlasst sah, sie zumindest zum Teil durch eine andere Problematik zu ersetzen.

Theorie und Praxis

Ganz offensichtlich hat die Philosophie Marx niemals seinen Begriff der Ideologie vergeben: Sie hat niemals in ihrem Bemühen nachgelassen, zu zeigen, dass es sich um eine begriffliche Fehlkonstruktion handelt, die keine eindeutige Bedeutung aufweist, und durch die Marx in Widerspruch zu sich selbst gerät – und das ist gar nicht so schwer: Es genügt schon, seine unerbittliche Verdammung der Illusionen und der Spekulationen des bürgerlichen Bewusstseins, die er im Namen der Wissenschaft von der Geschichte ausgesprochen hat, der ungeheuren Schicht an Ideologie gegenüberzustellen, die um die Begriffe [*noms*] des Proletariats, des Kommunismus und des Marxismus herum aufgebaut worden ist! Sie kommt dennoch unaufhörlich darauf zurück: Ganz als ob Marx, indem er diesen Begriff [*nom*] eingeführt hat, der Philosophie das Problem gestellt hätte, das sie unbedingt lösen muss, um noch Philosophie bleiben zu können.[45]

Ich komme auf diesen Punkt später noch einmal zurück. Jetzt möchte ich erst einmal zu zeigen versuchen, wie sich

45 Marx ist bekanntlich nicht der Erfinder des Worts »Ideologie« gewesen, das vielmehr die *Ideologen* gebildet haben, unter ihnen Destutt de Tracy, dessen *Éléments d'idéologie* von 1804 bis 1815 in Paris erschienen sind. Marx war nicht einmal der Urheber der Umkehrung seiner Verwendung vom Positiven ins Negative, die gelegentlich Napoleon zugeschrieben wird. Eine detaillierte Untersuchung dieses Problems findet man bei Patrick Quantin, *Les origines de l'idéologie*, Paris 1987. Jenseits der unmittelbaren Quellen hat der Ausdruck eine richtiggehende philosophische Genealogie, die auf dem Weg über Locke und Bacon zu zwei einander entgegengesetzten antiken Quellen zurückführt: den platonischen »Ideen« (*eide*) und den »Simulakren« (*eidola*), das heißt Trugbildern, in der epikureischen Philosophie. [Die wichtigsten einschlägigen Texte seit Francis Bacons Lehre von den *idola* finden sich bei Kurt Lenk (Hg.), *Ideologie*, Neuwied 1961.]

bei Marx die Problematik der Ideologie herausgebildet hat. Nun ist aber die Darstellung der *Deutschen Ideologie,* wie bereits angemerkt, nicht nur ziemlich wirr, sondern in dieser Hinsicht auch noch trügerisch. In der MEGA-Redaktion der *Deutschen Ideologie*, die in den MEW reproduziert wurde, ist die Reihenfolge der Abfassung vertauscht worden, indem der zunächst verfasste polemische Teil an die zweite Stelle gerückt wurde und vorgeschlagen worden ist, den Anfang mit der genetischen Entwicklung zu machen, deren Leitfaden die Geschichte der Arbeitsteilung bildet. Damit hat es den Anschein, dass sich der Begriff der Ideologie wirklich einer Ableitung des »Überbaus« (dieser Ausdruck wird jedenfalls einmal verwendet)[46] im Ausgang von der »reellen Basis« verdankt, die das wirkliche, »materielle Leben der Individuen«[47] in der Produktion bildet. Das wesentliche Element dieser Auffassung wäre dann eine Theorie des gesellschaftlichen *Bewusstseins.** Damit ginge es darum, zu begreifen, wie dieses Bewusstsein selbst gleichzeitig vom gesellschaftlichen *Sein** abhängig bleiben und sich doch zunehmend ihm gegenüber verselbständigen kann, so dass eine ganze irreale und fantastische »Welt« entsteht, das heißt eine »Welt«, die den Schein der Selbständigkeit besitzt und so den Platz der wirklichen Geschichte einnimmt. Daraus ergibt sich ein geradezu konstitutives Auseinanderfallen von Bewusstsein und Wirklichkeit, das von einer neuen historischen Entwicklung, die die vergangene Verselbständigung rückgängig machte, schließlich dadurch überwunden würde, dass sie das Bewusstsein wieder in das Leben integrierte. Diese Theorie wäre damit im Wesentlichen eine Theorie der Verkennung beziehungsweise der Illusion und also gleichsam die Kehrseite einer Theorie der Erkenntnis.

Aber so sehr man auch – durchaus mit Marx – den Versuch machen kann, derart das »Sein« des ideologischen Bewusstseins zu beschreiben (und es fällt dann nicht besonders schwer, für eine solche Beschreibung vielfältige philosophische Vorläufer zu finden, was die Versuchung entstehen lässt, sie entsprechend anzureichern und so ihre Schwierigkeiten zu überwinden): Wenn man aber so vorgeht, wird man nicht begreifen können, welche Zielsetzungen Marx verfolgt hat.

46 [Vgl. Karl Marx und Friedrich Engels, *Die deutsche Ideologie*, MEW 3, S. 356.]

47 Ebd., S. 311. [Die zentrale These vom »Widerspruch zwischen den Produktivkräften und der Verkehrsform« findet sich im »ersten Abschnitt« der *Deutschen Ideologie* näher ausgeführt (MEW 3, S. 71ff.).]

Man würde damit auch die Eigentümlichkeiten seiner Beweisführung völlig verfehlen, durch die er diese in seinem Vorgehen mit zusätzlichen, epistemologischen und politischen Funktionen anreichert.

Wir müssen daher hinter die uns von den Redakteuren der MEGA angebotene Endfassung der Manuskripte der *Deutschen Ideologie* zurückgehen. Erst dann wird sichtbar, dass die Problematik der Ideologie an eben dem Punkt aufgetreten ist, an dem zwei unterschiedliche Fragen aufeinandertrafen, die sich schon in den Werken der vorangehenden Jahre aufgedrängt hatten. Auf der einen Seite die Frage nach der Macht [*puissance*] der Ideen: einer wirklichen Macht, die aber ein Paradoxon bleibt, weil sie nicht aus den Ideen selber stammt, sondern einzig und allein aus den Kräften und den Umständen, derer sie sich *bemächtigen* können;[48] auf der anderen Seite die Frage der Abstraktion, das heißt – wie wir gesehen haben – der Philosophie (die dabei im weitesten Sinne zu verstehen ist, also einschließlich des liberalen Diskurses, des »Rationalismus« oder auch des »kritischen Denkens«, wie sie sich jetzt im neuen Raum der öffentlichen Meinung entwickeln, wo sie dazu beitragen, die wirklichen Kräfte des Volkes und der Demokratie aus ihm auszuschließen, gerade indem sie von sich behaupten, sie zu repräsentieren).[49]

Die Verknüpfung dieser beiden Themen wird durch die Publikation von Stirners *Der Einzige und sein Eigentum* im Oktober 1845 – durch die Betonung der von den allgemeinen Ideen ausgeübten herrschaftlichen Funktion – geradezu überstürzt provoziert. Stirner spitzt die zentrale These des Idealismus – die der Allmacht der Ideen, die »die Welt lenken« – bis aufs Äußerste zu. Aber er kehrt das damit implizit verknüpfte Werturteil um: Als Vorstellungen des *Heiligen* befreien die Ideen keineswegs die Individuen, sondern unterdrücken sie. Auf diese Weise treibt Stirner die Negation der wirklichen (politischen und gesellschaftlichen) Mächte

48 Vgl. Karl Marx, »Zur Kritik der Hegelschen Rechtsphilosophie. Einleitung«, MEW 1, Berlin 1976, S. 385: »Die Waffe der Kritik kann allerdings die Kritik der Waffen nicht ersetzen, die materielle Gewalt muss gestürzt werden durch materielle Gewalt, allein auch die Theorie wird zur materiellen Gewalt, sobald sie die Massen ergreift.« Die »Einleitung« wurde 1844 in den *Deutsch-Französischen Jahrbüchern* veröffentlicht, die Marx und Ruge in Paris herausgegeben haben.

49 [Vgl. auch Jürgen Habermas' klassische Untersuchung über den *Strukturwandel der Öffentlichkeit*, Neuwied 1962, die die regressiven Veränderungen betont, denen die liberale Öffentlichkeit mit der Entwicklung und Durchsetzung der kapitalistischen Produktionsweise unterworfen worden sind.]

auf die Spitze, aber er zwingt damit auch dazu, die Verknüpfung als solche zu untersuchen, die zwischen den Ideen und der Macht besteht. Auf diese Frage hat dann Marx – zum ersten Mal in der Geschichte der Philosophie – eine Antwort in der Begrifflichkeit von Klassen formuliert: keineswegs in einer einfachen Begrifflichkeit des »Klassenbewusstseins« (dieser Ausdruck findet sich nirgends im Text), sondern indem auf zwei Ebenen auf die Existenz der Klassen eingegangen wird – auf der Ebene der Arbeitsteilung und auf der des Bewusstseins, so dass dadurch die Spaltung der Gesellschaft in Klassen *auch* zu einer Bedingung beziehungsweise einer Struktur des Denkens erhoben wird.

Die herrschende Ideologie

Das Thema der Herrschaft ist also ganz klar ins Zentrum der Diskussion zu rücken. Marx formuliert keine Theorie der Konstitution der Ideologien als Diskurse, als allgemeine oder besondere Systeme von Vorstellungen, um dann erst *nachträglich* die Frage der Herrschaft aufzuwerfen – die Frage der Herrschaft ist immer schon ein Bestandteil der Ausarbeitung ihres Begriffs. Dagegen stellt er fest, dass die »Gedanken der herrschenden Klasse [...] in jeder Epoche die herrschenden Gedanken [sind], d.h. die Klasse, welche die herrschende materielle Macht der Gesellschaft ist, ist zugleich ihre herrschende geistige Macht. Die Klasse, die die Mittel zur materiellen Produktion zu ihrer Verfügung hat, disponiert damit zugleich über die Mittel zur geistigen Produktion, so daß ihr damit zugleich im Durchschnitt die Gedanken derer, denen die Mittel zur geistigen Produktion abgehen, unterworfen sind. Die herrschenden Gedanken sind weiter Nichts als der ideelle Ausdruck der herrschenden materiellen Verhältnisse, die als Gedanken gefaßten herrschenden materiellen Verhältnisse; also der Verhältnisse, die eben die eine Klasse zur herrschenden machen, also die Gedanken ihrer Herrschaft. Die Individuen, welche die herrschende Klasse ausmachen, haben unter Anderm auch Bewußtsein und denken daher [...]«.[50] Mit dieser Feststellung setzt er einen unumgänglichen Eckpfeiler seiner Untersuchung. Wir werden noch sehen, dass das, was sie »denken«, im Wesentlichen in der Form des Universellen besteht. In einem und demselben Satz

50 Karl Marx und Friedrich Engels, *Die deutsche Ideologie*, MEW 3, S. 46.

vermischen sich so eine phänomenologische Argumentation (»der ideelle Ausdruck«, »die Gedanken ihrer Herrschaft«) mit einer rein soziologischen Argumentationsweise (die materiellen und geistigen »Mittel zur [...] Produktion« befinden sich in denselben Händen). Aber genau das ist nicht die Lösung, die Marx dem Problem der Herrschaft gibt, sondern seine Reformulierung dieses Problems selbst.

Es wäre nun lehrreich, dieser von Marx formulierten Problematik (die systematisch mit dem Doppelsinn spielt, der dem Wort »herrschend«* gerade im Deutschen – als Ausübung einer Macht [*pouvoir*] und zugleich als Anspruch auf deren universelle Geltung [*régner*] eigen ist –) die heute geläufigen Verwendungsweisen des Worts »Ideologie«, ganz gleich ob sie marxistisch inspiriert sind oder nicht, gegenüberzustellen. Dann würde man sehen, wie sie sich tendenziell auf der einen oder auf der anderen Seite einer klassischen Trennlinie anordnen, die zwischen dem Theoretischen (Problematik des Irrtums und der Illusion oder auch noch des »Ungedachten« einer wissenschaftlichen Theorie) und dem Praktischen (Problematik des Konsenses, der Denkungsart oder des Wertsystems, das den Zusammenhalt einer sozialen Gruppe oder einer sozialen Bewegung »zementiert« oder das eine faktische Macht »legitimiert«), während Marx es unternimmt, hinter diese metaphysische Unterscheidung zurückzugehen. Daraus hat sich immer wieder die Schwierigkeit ergeben, überhaupt von Ideologie zu sprechen, ohne implizit entweder in einen positivistischen Dogmatismus (die Ideologie als *das Andere der Wissenschaft*) oder aber in einen historistischen Relativismus zu verfallen (jedes Denken ist »ideologisch«, indem es die Identität einer Gruppe zum Ausdruck bringt). Marx selber ging es dagegen eher darum, in Bezug auf die Verwendung des Begriffs der »Wahrheit« eine kritische Unterscheidung wirksam zustandezubringen, indem er jede Aussage und jede Kategorie auf die Bedingungen und die historisch-politischen »Einsätze« zurückbezog, unter denen sie ausgearbeitet worden sind. Aber darin liegt auch schon der Beweis dafür, dass es äußerst schwierig ist, eine derartige Position wirklich durchzuhalten – erst recht vermittels von Kategorien wie denen des »Seins«, des »wirklichen Lebens« oder der »Abstraktion«.

Autonomie und Begrenztheit des Bewusstseins

Damit können wir uns jetzt der Problematik zuwenden, unter der Marx die Genese beziehungsweise die Konstitution des Bewusstseins behandelt. Es geht um einen Mechanismus der Illusionierung: Marx nimmt seinerseits ein System von Metaphern wieder auf, das weitläufig auf Platon zurückgeht (die »Verkehrung des Wirklichen« in der Höhle oder im optischen Raum der *camera obscura*).[51] Aber er tut dies auf eine Weise, die es ihm möglich macht, zwei Ideen zu entgehen, die sich im Feld der Politik immer wieder aufdrängen: der Vorstellung von der *Unwissenheit* der Massen oder auch von einer in der menschlichen Natur begründeten Schwäche, die ihnen die Wahrheit unerreichbar sein lässt, und die Vorstellung von der *Eintrichterung* von Wissen, die auf einer absichtlichen Manipulation beruht und daher eine Art von »Allmacht« der Mächtigen voraussetzt. Beide Vorstellungen sind in der Philosophie der Aufklärung in Bezug auf die religiösen Ideen und ihre Legitimationsfunktion für despotische Regimes überreichlich bemüht worden.

Marx hat einen anderen Weg gefunden beziehungsweise vorgeschlagen, dieses Problem anzugehen: Indem er das Schema der Arbeitsteilung bis zum Maximum seiner Möglichkeiten ausschöpfte, hat er es fertiggebracht, nacheinander das *Auseinanderfallen* von »Leben« und »Bewusstsein«, den *Widerspruch* zwischen »Partikularinteressen« und »Allgemeininteresse« und schließlich auch die *Verdopplung* dieses Widerspruchs durch die Instituierung eines selbständigen, wenn auch indirekten Machtmechanismus in eine Reihe zu stellen, nämlich in die der Teilung von Hand- und Kopfarbeit (auf die ich gleich noch zurückkommen werde). Nach Abschluss dieser Konstruktion tritt uns der »ideologische« Mechanismus – der ebenso als ein sozialer Prozess wie als ein Denkprozess verstanden werden kann – als eine ganz erstaunliche Umkehrung von Machtlosigkeit [*impuissance*] in Herrschaft entgegen: Gerade die Abstraktion des Bewusstseins, in der sich dessen Unfähigkeit, in der Wirklichkeit zu handeln, Ausdruck verschafft (das heißt der Verlust von dessen »Immanenz«), wird – weil sie sich »verselbständigt« hat – zur Quelle einer Macht. Aus diesem Grund wird es dann schließlich

51 Vgl. zu diesem Thema Sarah Kofmann, *Camera Obscura. De l'idéologie*, Paris 1973 [sowie W. F. Haug, »Die *Camera obscura* des Bewusstseins. Kritik der Subjekt-Objekt-Artikulation im Marxismus«, in: Projekt Ideologie-Theorie (Hg.), *Theorien über Ideologie*, Hamburg 1974.]

auch möglich, die revolutionäre Umkehrung der Arbeitsteilung mit dem *Ende der Ideologie* zu identifizieren.

Um zu diesem Ergebnis zu kommen, müssen Ideen unterschiedlicher Herkunft miteinander in einem theoretisch instabilen Gleichgewicht kombiniert werden. Marx hat dazu auf die alte Idee der Entfremdung zurückgegriffen, und zwar in der Form, die Feuerbach ihr gegeben hatte (mit der er, um die volle Wahrheit zu sagen, niemals vollständig »abgerechnet« hat), das heißt die Aufspaltung der wirklichen Existenz, an die sich eine Projektion und Verselbständigung eines »phantastischen Reflexes« anschließen, der manchmal mit den imaginären Schöpfungen der Theologie, manchmal auch mit den Gespenstern der schwarzen Magie verglichen wird. Außerdem greift Marx noch auf die ganz neue Idee zurück, dass die Individualität als Beziehung zu begreifen ist – oder auch als Funktion des gesellschaftlichen Verhältnisses, das sich in der Geschichte unaufhörlich verändert –, deren Geburt (oder auch Wiedergeburt) wir zwischen den »Feuerbach-Thesen« und der *Deutschen Ideologie* verfolgt haben. Wenn wir nun – mit Marx – diese beiden Ideen miteinander kombinieren, erhalten wir die folgende formelle Definition des ideologischen Prozesses: In ihm haben wir es mit der *entfremdeten Existenz der Beziehungen* zwischen den Individuen zu tun (die – wie wir gesehen haben – Marx umfassend mit dem Wort »Verkehr«* bezeichnet, um auf diese Weise zugleich ihre »produktive« und ihre »kommunikative« Seite zu erfassen).[52] Damit ist dann in einem Sinne bereits alles gesagt, aber es kann noch näher ausgeführt werden, das heißt, man kann erzählen, wie sich dies in der Geschichte hat abspielen müssen. Und eben das macht Marx, indem er (zumindest grundsätzlich) die Abfolge der Bewusstseinsformen

52 Wenn wir uns trauen würden, Habermas zu plagiieren, dann könnten wir sagen, dass für den Marx der *Deutschen Ideologie* das Bewusstsein offenbar von vorneherein als »kommunikatives Handeln« begriffen werden kann. Das lässt sich an der Beschreibung beobachten, die er für das Verhältnis zwischen Bewusstsein und Sprache vorschlägt: »Die Sprache ist so alt wie das Bewußtsein – die Sprache *ist* das praktische, auch für andre Menschen existierende, also auch für mich selbst erst existierende wirkliche Bewußtsein, und die Sprache entsteht, wie das Bewußtsein, erst aus dem Bedürfnis, der Notdurft des Verkehrs mit andern Menschen.« (MEW 3, S. 30, vgl. S. 432). Aber dieses Handeln unterliegt *a priori* keinerlei logischer oder moralischer *Norm*. Im Gegenzug bleibt es allerdings untrennbar mit einer inneren Teleologie oder auch Zielorientierung verknüpft, die in dem Zusammenfallen der Begriffe des »Lebens«, der »Produktion«, der »Arbeit« und der »Geschichte« gründet; vgl. Jürgen Habermas, *Theorie des kommunikativen Handelns*, 2 Bde., Frankfurt/M. 1981.

dargestellt hat, die den Entwicklungsstadien der Eigentumsverhältnisse und des Staates entsprechen.

Die fiktive Universalität

Damit gibt es – vom Beginn der Geschichte an – eine Dualität oder auch ein Spannungsverhältnis zwischen dem Denken und der Arbeitsteilung (in der Sprache der Philosophie würde man hier von dem Verhältnis zwischen den Polen der »Interiorität« und der »Exteriorität« sprechen). Dabei bildet die eine ganz einfach die Kehrseite der anderen, nämlich deren Reflexion durch die Individuen. Aus eben diesem Grunde bilden *die Schranken der Kommunikation zwischen den Individuen* (das heißt dessen, was man als ihr praktisches Universum bezeichnen könnte) *zugleich auch die ihres geistigen Universums*. Noch bevor dies eine Frage von Interessen ist, handelt es sich um eine Frage der Situation beziehungsweise der eines Horizonts für die Existenz. Wiederholen wir noch einmal, dass Marx hier keine Theorie des »Klassenbewusstseins« betreibt – im Sinne eines Systems von Ideen, in denen bewusst oder unbewusst die »Zielsetzungen« einer bestimmten Klasse (oder auch die einer anderen) zum Ausdruck kämen. Er hat vielmehr eine Theorie vom Klassencharakter des Bewusstseins entwickelt, das heißt eine Theorie von den Grenzen des geistigen Horizonts des Bewusstseins, die die Grenzen reflektiert oder reproduziert, die der Kommunikation durch die Aufspaltungen der Gesellschaft in Klassen (oder in Nationen usw.) auferlegt werden. Die Grundlage dieser Erklärung liegt in dem Hindernis, das sich der Universalität stellt und das in den Bedingungen des materiellen Lebens eingeschrieben ist, über die hinausgehend nur in der Einbildung gedacht werden kann. Damit wird schon deutlich sichtbar, dass der Widerspruch zwischen dem Imaginären und dem Realen sich in dem Maße zuspitzen muss, wie sich diese Bedingungen ausweiten und der Horizont der Aktivitäten der Menschen (oder ihrer *Austauschverhältnisse*) mit der Totalität der Welt zusammenfällt. Das ideologische Bewusstsein ist zuerst der Traum einer unmöglichen Universalität. Und man sieht, dass das Proletariat sich selber in einer Grenzsituation befindet, nicht so sehr gegenüber der Ideologie als vielmehr an deren Rand, bis zu dem Punkt, an dem sie, da sie kein Äußeres mehr hat, in ein reales historisches Bewusstsein umschlägt. Angesichts der wirklichen Universalität bleibt der fiktiven oder auch abstrakten Universalität nur der Weg in die Selbstvernichtung.

Warum sollten wir dann aber die Ideologie gerade mit den Allgemeinheiten und den Abstraktionen des Bewusstseins identifizieren? Warum sollten wir sie nicht vielmehr gerade als ein unkorrigierbar *partikulares* Bewusstsein begreifen? Marx liefert uns im Wesentlichen zwei Gründe, um begreiflich zu machen, wie eine berufliche, nationale oder soziale Besonderheit in der Form der Universalität idealisiert wird (und warum umgekehrt jedes »abstrakte« Universale auf der Sublimation eines partikularen Interesses beruht). Tatsächlich kommen dann beide zusammen; aber der zweite Grund ist doch viel origineller als der erste.

Der erste Grund, der einen rousseauistischen Stammbaum aufweist, verweist darauf, dass es ohne Institutionen keine historische Arbeitsteilung geben kann, insbesondere nicht ohne einen *Staat* (später wird man sagen: nicht ohne einen *Apparat*). Der Staat ist schon deswegen ein Fabrikant von Abstraktionen, weil er auf der Fiktion der Einheit (oder des Konsenses) beruht, die er gegenüber der Gesellschaft durchzusetzen hat. Die Universalisierung der Besonderheit ist das Gegenstück der Verfasstheit des Staates als einer fiktiven Gemeinschaft, deren Abstraktionsvermögen den wirklichen Mangel an Gemeinschaftlichkeit in den Beziehungen zwischen den Individuen zu kompensieren hat: »Da der Staat die Form ist, in welcher die Individuen einer herrschenden Klasse ihre gemeinsamen Interessen geltend machen und die ganze bürgerliche Gesellschaft einer Epoche sich zusammenfaßt, so folgt, dass alle gemeinsamen Institutionen durch den Staat vermittelt werden, eine politische Form erhalten. Daher die Illusion, als ob das Gesetz auf dem Willen, und zwar auf dem von seiner realen Basis losgerissenen, dem freien Willen beruhe.«[53]

Aber die große Idee, die Marx in seiner Darstellung neu einführt, besteht in der *Teilung von Handarbeit und Kopfarbeit*. Dieser Gedanke wird auf gewisse Weise in die Beschreibung der entfremdeten Kommunikation hineingebracht, indem sie etwas, was tatsächlich nur die virtuelle Möglichkeit einer Herrschaft darstellt, in wirkliche Herrschaft transformiert. Und das hat zur Konsequenz, dass dadurch die Theorie des Bewusstseins verändert wird, indem sie der Zuständigkeit jeglicher Psychologie (sogar noch jeglicher

53 Karl Marx und Friedrich Engels, *Die deutsche Ideologie*, MEW 3, S. 62.

Sozialpsychologie) entzogen und zu einer Frage der politischen Anthropologie gemacht wird.

Die geistige Differenz[54]

Anstatt von der »Teilung von Handarbeit und Kopfarbeit« zu sprechen, also von der Teilung zwischen manueller und geistiger Arbeit, würde ich es vorziehen, ganz allgemein über »geistige Differenz« zu reden. Denn es geht hier zugleich um die Entgegensetzung verschiedener Typen von Arbeit – Marx führt den Handel, die Buchhaltung, die Leitungstätigkeit und andererseits den Typus der ausführenden Tätigkeit an – sowie die Entgegensetzung von Arbeit und Nicht-Arbeit, also ganz allgemein der gesellschaftlich notwendigen Arbeiten und aller »freien« und kostenlosen Tätigkeiten, die zum Privileg und zur Spezialkompetenz einiger Weniger geworden sind. Im Kommunismus werden sie allen zugänglich gemacht und etwas allgemeiner ist überhaupt der Kommunismus undenkbar, ohne dass diese Teilung aufgehoben wird. Dieses Thema sollte bei Marx 1875 in der Kritik des Gothaer Programms erneut ins Zentrum rücken: Es handelt sich hier um eines der seltenen im eigentlichen Sinne utopischen Elemente, die bei Marx – begleitet von Überlegungen über die Erziehung in der Zukunft – eine Rolle spielen.[55] Später wird dann, wie wir sehen werden, die Frage der Erziehung und ihrer Abhängigkeit vom kapitalistischen Arbeitsprozess entscheidende Bedeutung erlangen.

Die Untersuchung der geistigen Differenz bringt uns über die bloß instrumentell verstandene Thematik einer Illusion oder Mystifikation, die im Dienst der materiellen Macht einer Klasse stehen, deutlich hinaus. In ihr wird das Prinzip einer Herrschaft gesetzt, die sich im Feld des Bewusstseins konstituiert und es in sich selbst aufspaltet, wodurch

54 [Im Französischen kann Balibar von *différence intellectuelle* reden, indem er sich auf die Unterscheidung von manueller, körperlicher und geistiger Arbeit als *travail manuel et intellectuel* bezieht.]

55 Vgl. Étienne Balibar, »Division du travail manuel et intellectuel«, in: DCM, Paris 21985, S. 323–332. Der Einfluss Fouriers auf Marx (und Engels) geht hier sehr tief, aber auch der Robert Owens, vgl. Simone Debout, *L'utopie de Charles Fourier,* Paris 1978, [vgl. außerdem das zusammengetragene Material bei Guido Steinacker, *Philanthropie und Revolution: Robert Owens »Rational System of Society« und seine Kritik durch Karl Marx und Friedrich Engels,* Saarbrücken 1997, sowie die Darstellung Owens bei Robert A. Davis und Frank O'Hagan, *Robert Owen,* London 2010].

wiederum materielle Wirkungen ausgelöst werden. Die geistige Differenz dient als ein Schema der Welterklärung (woraus sich die Begriffe des Geistes und der Begründung ergeben) und stellt gleichzeitig einen Prozess dar, der mit der gesamten Geschichte der Arbeitsteilung zusammenfällt. Marx sagt ganz ausdrücklich: »Die Teilung der Arbeit wird erst wirklich Teilung von dem Augenblicke an, wo eine Teilung der materiellen und der geistigen Arbeit eintritt. Von diesem Augenblicke an kann sich das Bewusstsein wirklich einbilden, etwas Andres als das Bewusstsein der bestehenden Praxis zu sein, wirklich etwas vorzustellen, ohne etwas Wirkliches vorzustellen.«[56] Das Bewusstsein weist daher ebenso viele historische Etappen auf wie die Arbeitsteilung selbst. Aber was Marx ganz offensichtlich vor allem interessiert hat, das ist die Verbindung, die hier zwischen den weit zurückliegenden Anfängen der Zivilisation und *gegenwärtigen* Erscheinungen hergestellt werden, wie sie bei der Einrichtung der Sphäre der bürgerlichen Öffentlichkeit auftreten. Es geht ihm also darum, welche Rolle die Ideen und die Ideologen und Ideologinnen in der Politik spielen, und welche Rolle ihre relative Autonomie in der Schaffung einer umfassenden Herrschaft übernimmt, wobei es eben nicht um die Herrschaft dieser oder jener Gruppe von Eigentümern gehen soll, sondern wahrhaft um die Herrschaft einer ganzen Klasse: »Dieser ganze Schein, als ob die Herrschaft einer bestimmten Klasse nur die Herrschaft gewisser Gedanken sei«[57] (und also auch der Sublimierung des Partikularinteresses in Allgemeininteresse), ist das Ergebnis der Tätigkeit von Ideologen und Ideologinnen (Marx spricht von »aktiven konzeptiven Ideologen«).[58] Aber dafür ist es zunächst erforderlich, dass diese Ideologen *sich selber mystifizieren*, und zwar »schon in den Fragen selbst«,[59] das heißt in ihrer Denkweise. Sie können dies nur machen, weil ihre Lebensweise, ihre eigenartige, historisch gewachsene Besonderheit (oder auch »Unabhängigkeit«) ihnen die dafür nötigen Bedingungen liefert. Die Ideologen und Ideologinnen stehen *neben* ihrer eigenen Klasse, ganz wie die von ihnen produzierten Ideen (Vernunft, Freiheit und Humanität) jenseits der gesellschaftlichen Praktiken verortet sind.

56 Karl Marx und Friedrich Engels (1969), *Die deutsche Ideologie*, MEW 3, S. 31.
57 Ebd., S. 48.
58 Ebd., S. 46.
59 Ebd., S. 19.

Sollten wir daher nun sagen, dass Marx'Analyse in eine Skizze der politischen Soziologie der modernen Geistesarbeiterinnen beziehungsweise Intellektuellen einmündet (oder auch einer Soziologie der Erkenntnis in der Art der Wissenssoziologie*),[60] die er dann noch durch eine Geschichte ihrer Herausbildung und ihrer Funktionsweise unterlegt hat? Diese Marxlektüre wäre nicht ganz falsch, aber doch wohl allzu restriktiv. In Wirklichkeit hat Marx eine Differenz vor Augen, die sich durch die gesamte Geschichte hindurchzieht und als solche sowohl die professionellen Intellektuellen als berufsmäßige Träger der geistigen Arbeit, als auch die Nicht-Intellektuellen betrifft. Kein Individuum steht *außerhalb* dieser Arbeitsteilung von Kopf- und Handarbeit (genauso wie keines außerhalb der Differenz der Geschlechter steht). Indem diese Teilung nun ihrerseits die Klassenunterschiede überdeterminiert, wie sie in der Geschichte nacheinander Form angenommen haben, bringt sie damit zugleich die Dimension der Herrschaft zum Ausdruck, die die Klassenteilung von Anfang an begleitet hat und die offenbar untrennbar mit den Institutionen der Kultur und des Staates verknüpft ist. Eben diese Differenz wird daher beständig von den »Ideologen« selber »kultiviert« – dabei ist sie doch eher die historische Existenzbedingung dieser Intellektuellen als deren persönliches Arbeitsergebnis. Um wirklich zu begreifen, wie wichtig dieser Gedanke ist, ist ein Umweg durch die Philosophie Hegels unverzichtbar.

Die Intellektuellen und der Staat

Marx hat das Proletariat als eine »universelle Klasse« beschrieben, als eine *Masse*, die virtuell *jenseits* der Lage einer partikularen *Klasse* verortet ist, da ihre Besonderheit bereits durch ihre Existenzbedingungen negiert wäre. Aber diesen Gedanken hätte er gar nicht so formulieren können, wenn Hegel in seiner Rechtsphilosophie von 1821 nicht seinerseits schon ein Theorem des »allgemeinen Standes«*[61] entwickelt

60 Als deren Begründer im Allgemeinen Karl Mannheim gilt, vgl. Ders., *Ideologie und Utopie*, Bonn 1929, sowie Jürgen Habermas, *Erkenntnis und Interesse*, Frankfurt/M. 1968.

61 Das deutsche Wort »Stand« ist schwer ins Französische oder auch Englische zu übersetzen. Geläufige Übersetzungen sind *ordre*, *statut* und *état*. Zur Rolle der Intellektuellen bei Hegel können die §§ 287–320 seiner *Rechtsphilosophie* herangezogen werden Eine Analyse der weiteren Entwicklung

hätte. Was ist darunter zu verstehen? Es geht um die Staatsbeamten als Funktionsträger des Staates, in der neuen Funktion, die sie sich damals mit seiner Modernisierung im Gefolge der Revolution anzueignen beginnen. Und täuschen wir uns da nicht: Von Hegels Standpunkt ist die Rolle dieser Funktionsträger nicht bloß administrativ, sondern ganz wesentlich geistig, intellektuell. Und dementsprechend können die Intellektuellen, *die Gelehrten* (also die Gebildeten), erst dadurch zu ihrer wahrhaften Bestimmung kommen, dass sie in den Staat – das heißt in den »öffentlichen Dienst« – eingegliedert werden. Denn der Staat ist der Ort, an dem die unterschiedlichen Interessen der bürgerlichen Gesellschaft miteinander vereinbar gemacht und auf die höhere Ebene des Allgemeininteresses übertragen werden müssen, und ihnen der Stoff und die Bedingungen für ihr reflektierendes Handeln zur Verfügung gestellt wird. *Der Staat, der für Hegel »an sich« universal beziehungsweise allgemein ist, befreit die Intellektuellen* (vom Glauben und von unterschiedlichen Formen der persönlichen Abhängigkeit),[62] *damit sie dann in seinem Dienst die Aufgabe übernehmen, in der gesamten Gesellschaft eine Tätigkeit der Vermittlung auszuüben* – oder auch die Tätigkeit der Repräsentation – und derart die noch abstrakte Universalität auf die Ebene des konkret vermittelten »Selbstbewusstseins« zu bringen.

Wir sollten ganz klar anerkennen, dass diese von Hegel entwickelte Theorie durchaus kraftvoll und mit bemerkenswerter Fähigkeit zur Antizipation den Sinn der administrativen, schulischen und universitären Konstruktion, der strukturellen Entwicklung der wissenschaftlichen Forschung und der öffentlichen Meinung ausdrückt, durch die die zeitgenössischen Staaten ihre Fähigkeit zur gesellschaftlichen »Regulation« erwerben sollten, die vom reinen Liberalismus ebenso weit entfernt bleibt wie vom Autoritarismus. Wenn man diese Theorie Hegels nicht im Gedächtnis gegenwärtig hatte, konnte man nicht begreifen, dass es bei Marx' theoretischer Fassung der Ideologie um das genaue Gegenteil ging: Weder das von ihr verfolgte Ziel, noch die von ihr aufgeworfenen Probleme ließen sich sonst verstehen.

dieser Hegel'schen Problematik findet sich bei Cathérine Colliot-Thélène, *Le désenchantement de l'État de Hegel à Max Weber*, Paris 1992.

62 [Wie sie Hegel und sein Freund Friedrich Hölderlin noch als »Hauslehrer« hatten erleben müssen.]

Gramsci — Das Werk Antonio Gramscis (1891–1937), des größten intellektuellen Vordenkers der europäischen kommunistischen Bewegung nach Lenin, besteht aus drei Blöcken von Texten, deren Status sich sehr stark unterscheidet: die *Politischen Schriften* (Artikel und Berichte aus den Jahren 1914 bis 1926, *Gramsci-Reader*, 3 Bde., Hamburg 2004–2012), die *Gefängnishefte*, die von ihm nach seiner Verhaftung durch die italienische faschistische Staatsmacht abgefasst und nach der Befreiung Italiens vom Faschismus veröffentlicht worden sind (Gesamtausgabe in 10 Bden., hg. vom deutschen Gramsci-Projekt, Hamburg 1991–2002, broschiert 2012) und schließlich seine Korrespondenz, darunter die *Briefe aus dem Gefängnis* (*Gefängnisbriefe*, 2 Bde., Hamburg 1995, 2008).

Weit entfernt davon, dass es Mussolini gelungen wäre, zu erreichen, was er sich selbst schmeichlerisch eingeredet hatte, nämlich »dieses Gehirn am Funktionieren zu hindern«, hat die physische und moralische Prüfung vielmehr ein geistiges Monument hervorgebracht, dessen Anregungen längst noch nicht ausgeschöpft werden konnten (vgl. Christine Buci-Glucksmann, *Gramsci und der Staat. Für eine materialistische Theorie der Philosophie*, Köln 1981 [frz. Paris 1975], und André Tosel, *Marx en italiques. Aux origines de la philosophie italienne contemporaine*, Mauvezin 1991). Gramscis Denken lässt sich nicht in ein paar Zeilen zusammenfassen. Ich kann hier nur auf vier große Themen hinweisen, die untereinander in engem Zusammenhang stehen: 1) Der Tradition des »dialektischen Materialismus« völlig fremd, sieht Gramsci im Marxismus eine »Philosophie der Praxis«, die er zunächst, im Augenblick der Russischen Revolution von 1917 und der »Arbeiterräte« von Turin, als Behauptung des Willens – gegen den Fatalismus der offiziellen sozialistischen Organisationen –, später dann aber als eine »Wissenschaft der Politik« interpretiert, die sich von Machiavelli inspirieren ließ, und in der es darum ging, Bausteine für eine *Hegemonie* der Produzenten zu konstruieren. 2) Diese Thematik steht in Zusammenhang mit einer »Erweiterung« der »marxistischen Staatstheorie«, nach der diese zwar nicht die bestimmende Rolle der Klassen aufhebt, aber doch darauf besteht, dass die Kräfteverhältnisse und der »Konsens«, der durch die kulturellen Institutionen erreicht wird, eine komplementäre Rolle spielen. 3) Damit kann man verstehen, dass Gramsci einen beträchtlichen Teil seines unvollendeten Forschungsprogramms einer Geschichte und Funktionsanalyse der unterschiedlichen Typen von Intellektuellen gewidmet hat und zwar in der Perspektive einer strategischen »Reform« der »organischen« Verknüpfung, die sie mit den Massen verbindet, während eine neue soziale Klasse ihren Aufstieg vollzieht. 4) Diese kritische Reflexion schließt auch eine ethische Dimension mit ein, nicht nur dadurch, dass sie auf der Suche nach einer Moral beziehungsweise einem »Gemeinsinn« [*senso commune*] der Werktätigen ist, die diese von der bürgerlichen Hegemonie befreien, sondern durch die Formulierung und Umsetzung eines regulierenden Prinzips des politischen Handelns, das von Grund auf diesseitig ist und sich gegen jegliche Art von messianischer Ideologie richtet (»Optimismus des Willens, Pessimismus der Intelligenz«). Zur anhaltenden Aktualität des Denkens Gramscis sollte man heute den Essay von Giorgio Baratta, *Le rose e i quaderni. Saggio sul pensiero di Antonio Gramsci*, Rom 2000, lesen. [Vgl. auf Deutsch die Pionierarbeiten von Christian Riechers, *Antonio Gramsci. Marxismus in Italien*, Frankfurt/M. 1970, Gerhard Roth, *Gramscis Philosophie der Praxis*, Düsseldorf 1972, sowie die Darstellungen von Karin Priester, *Studien zur Staatstheorie des italienischen Marxismus: Gramsci und Della Volpe*, Frankfurt/M. 1981, Sabine Kebir, *Gramscis Zivilgesellschaft. Alltag, Ökonomie, Kultur, Politik*, Hamburg 1991, und Annegret Kramer, »Gramscis Interpretation des Marxismus«, in: Hans-Georg Backhaus, Hans-Dieter Bahr, Gisela Brandt u.a. (Hg.): *Gesellschaft. Beiträge zur Marxschen Theorie 4*, Frankfurt/M. 1975, S. 65–118, außerdem die Interpretationen von W. F. Haug, *Philosophieren mit Brecht und Gramsci*, Hamburg 1966, ²2006, Ders., »Gramsci und die Politik des Kulturellen«, in: *Das Argument*, Nr. 167, 1988, S. 32–48, und den von Andreas Merkens und Victor Rego Diaz herausgegebenen Sammelband *Mit Gramsci arbeiten. Texte zur politisch-praktischen Aneignung Antonio Gramscis*, Hamburg 2007.]

Vielleicht leistet hier vor allem die Analyse der intellektuellen Differenz eine tiefere Erklärung dessen, was Herrschaftsprozesse ausmacht, unter der Bedingung allerdings, dass sie gleichzeitig im Register der Erkenntnis und in dem der Organisation oder der Macht durchgeführt wird. Es ist gar nicht verwunderlich, dass die meisten Marxisten und Marxistinnen, die wirklich Philosophen gewesen sind (denken wir etwa an so unterschiedliche Gestalten wie Gramsci, Althusser und Sohn-Rethel),[63] die Lösung eben dieser Frage als ein grundlegendes Merkmal des Kommunismus behandelt haben. Denn Marx hat sich nicht damit begnügt, die Hegel'schen Thesen »umzustülpen« und den Intellektuellen eine Funktion der Unterwerfung und der Spaltung zuzuschreiben (der »ideologischen Indoktrinierung«, wie in der 68er-Bewegung gesagt wurde), sondern er ist weiter zurückgegangen bis zur Beschreibung der anthropologischen Differenz, die der intellektuellen Tätigkeit und der Autonomisierung ihrer Funktion zugrunde liegt.

63 Es ist zu bedauern, dass das Buch Sohn-Rethels, *Geistige und körperliche Arbeit. Zur Theorie der gesellschaftlichen Synthesis*, Frankfurt/M. 1970, das zu den seltenen Untersuchungen dieser Frage innerhalb der marxistischen Tradition gehört, nicht in französischer Übersetzung vorliegt.

Diese geistige Differenz ist keine Sache der Natur, denn sie bildet sich innerhalb der Geschichte heraus und transformiert sich historisch. Aber sie ist ebenso wenig eine bloß institutionelle Setzung, die sich aus einfachen politischen Entscheidungen ergeben würde (auch wenn sie durchaus von Institutionen verstärkt, benutzt und reproduziert wird). Sie fällt mit der Kultur der aufeinanderfolgenden Zivilisationen zusammen und schafft einen Faden der Kontinuität zwischen ihnen. Marx verortet diese Differenz näherungsweise auf demselben Niveau wie die Geschlechterdifferenz oder den Unterschied von Stadt- und Landleben. Als ein prägender Bestandteil jeder gesellschaftlichen Organisation der Arbeit spaltet sie alle Praktiken und alle Individuen in sich selbst (denn eine Praktik im vollen Wortsinne, als *Praxis* und als *poiesis*, kann weder rein körperlich, noch rein geistig sein, sondern muss als eine Ergänzung, als ein Wechselwirkungsverhältnis zwischen beiden existieren). Wenn dies nicht der Fall wäre, dann könnten nämlich die darauf spezialisierten Intellektuellen (ganz gleich, ob es sich um Lehrer, Publizistinnen, Gelehrte, Technikerinnen, Verwaltungsfachleute oder Experten handelt) sich nicht zu ausführenden Organen einer andauernden Ungleichheit machen, die in einer institutionellen Hierarchie von »Herrschenden« und »Beherrschten« besteht (oder wie Gramsci es später nennen sollte, von »Regierenden« und »Regierten«). Das heißt, sie wären sonst nicht dazu in der Lage, aus dieser Ungleichheit – während des längsten Teils der Geschichte – eine materielle Bedingung der Arbeit, des Austauschs, der Kommunikation und der Gesellschaftsbildung zu machen.

Die Aporie der Ideologie

Damit bleibt die Frage zu untersuchen, warum Marx auf diesem Weg nicht direkt weitergegangen ist. Ich habe oben schon die Antwort angedeutet: Hier haben bei Marx *interne* Gründe ganz eng mit Gründen zusammengewirkt, die sich aus der äußeren Lage [*conjoncture*] ergeben haben, worin wiederum zum Ausdruck kam, wie sehr die Marx'sche Konstruktion abstrakt oder sogar spekulativ geblieben war, allen seinen Bemühungen zum Trotz, die wirkliche Materialität der Geschichte zu erfassen.

In der Vorstellung, die sich Marx vom Proletariat gemacht hat, hat der Gedanke einer *Ideologie des Proletariats* (oder einer »proletarischen Ideologie«, wie sie später bekanntlich Karriere gemacht hat)[64] offensichtlich keinerlei Sinn. In Wirklichkeit ist nämlich der Begriff des Proletariats gar nicht auf eine besondere »Klasse« bezogen, die von der gesamten Gesellschaft getrennt ist, sondern funktioniert als Begriff für eine *Nicht-Klasse*, deren Bildung unmittelbar vor der Auflösung aller Klassen erfolgt und die den revolutionären Prozess einleitet. Marx benutzt hierfür auch noch lieber seinen Begriff der *Masse*, den er gegenüber dem verächtlichen Gebrauch, den damals die bürgerlichen Intellektuellen von diesem Begriff machten, in sein Gegenteil umfunktioniert. So wie die proletarische Masse von Grund auf »eigentumslos«* ist, ist sie auch in Bezug auf die Realität »illusionslos«*, das heißt, sie steht grundsätzlich außerhalb der Welt der Ideologie, deren abstrakte und idealisierende Vorstellungen in Bezug auf das reale gesellschaftliche Verhältnis einfach »nicht existieren«. Das *Kommunistische Manifest* sollte dann genau dasselbe noch einmal sagen, indem es dafür Formulierungen fand, die schließlich berühmt geworden sind, auch wenn sie heute als lächerlich erscheinen: »Die Arbeiter haben kein Vaterland«,[65] und ebenso haben sie sich von den Glaubensinhalten, den Hoffnungen oder auch den Heucheleien gelöst, die mit der Religion, der Moral und dem bürgerlichen Recht verbunden sind… Aus eben diesem Grund können sie auch keine »Ideologen« haben, die daran arbeiten, sie zu belehren oder anzuleiten, oder, wie Gramsci dies später nennen sollte, keine »organischen Intellektuellen«. (Marx selber hat sich ganz gewiss nicht als ein solcher begriffen – was nicht ohne wachsende Schwierigkeiten abging, auf die er stieß, wenn er die Funktion seiner eigenen *Theorie* in der revolutionären *Praxis* durchdachte. Auch hier hat wiederum Engels den entscheidenden Schritt getan, indem er den Gebrauch des Ausdrucks »wissenschaftlicher Sozialismus« verallgemeinerte.)

Die Ereignisse der Jahre 1848 bis 1850 sollten dann auf grausame Weise unterstreichen, wie groß der Abstand gewesen ist, der diese Vorstellung von der Wirklichkeit trennte. Sie hätten jedenfalls dafür hinreichen sollen, zwar nicht den

64 [Balibar spielt hier auf die Lyssenko-Episode an, in der das Konzept der proletarischen Ideologie auf das einer »proletarischen Wissenschaft« zugespitzt worden ist, vgl. Dominique Lecourt, *Proletarische Wissenschaft?: der »Fall Lyssenko« und der Lyssenkismus,* Berlin 1976 [frz. Paris 1976]].

65 Karl Marx und Friedrich Engels, *Das Manifest der Kommunistischen Partei*, MEW 3, S. 479.

Gedanken einer universalen Rolle aufzugeben, die das Proletariat (im Maßstab der Weltgeschichte und im Hinblick auf die revolutionäre Transformation der gesamten Gesellschaft) zu übernehmen hat – ohne den es keinen Marxismus gäbe –, aber gewiss doch die Vorstellung von einem Proletariat, das als »universelle Klasse« auftritt. Der spannendste Text zu dieser Frage ist der bereits angeführte »Achtzehnte Brumaire des Louis Bonaparte«.[66] Es wäre nötig, diesen Text im Einzelnen zu untersuchen, was wir hier aus Platzgründen nicht tun können. Dort verbindet sich die Suche nach einer Strategie der Arbeiterklasse angesichts der Konterrevolution mit einer neuen Analyse des historischen Abstandes, der zwischen dem besteht, was Marx die »Klasse an sich« nennt, und dem, was er als »Klasse für sich« bezeichnet, das heißt zwischen der einfachen Tatsache vergleichbarer Lebenslagen und der organisierten politischen Bewegung. Dieser Abstand ist nicht etwa als ein einfaches Zurückbleiben des Bewusstseins gegenüber dem Leben zu verstehen, sondern als Auswirkung widersprüchlicher ökonomischer Tendenzen, in Bezug auf die Marx zu begreifen begonnen hat, dass sie *zugleich* die Einheit und die Konkurrenz zwischen den Arbeitern und Arbeiterinnen befördern.[67] Tatsache ist aber, dass die unmittelbare Erfahrung – in Frankreich ebenso wie in Deutschland oder in England – lehren sollte, welche Macht der Nationalismus und die historischen Mythen (republikanischer oder imperialer Ausrichtung) beziehungsweise die religiösen Denkformen über das Proletariat besaßen, und mit welcher Macht die politischen und militärischen Apparate der bestehenden Ordnung auf es einwirkten. Wie konnte man da die theoretische These, dass zwischen den Produktionsbedingungen der Ideologie und der Lage des Proletariats ein Verhältnis der radikalen Äußerlichkeit besteht, mit der Feststellung vereinbaren, dass sich beide tagtäglich wechselseitig durchdringen? Es ist doch äußerst bemerkenswert, dass Marx sich in diesem Punkt niemals auf eine implizit moralische Kategorie wie die des falschen Bewusstseins bezogen hat (die später dann

66 Vgl. Karl Marx, »Der achtzehnte Brumaire des Louis Bonaparte«, MEW 8, S. 198–199. [Eine ausführlichere Analyse Balibars zum »Achtzehnten Brumaire« findet sich in dem Band *Marx et sa critique de la politique*, den er mit André Tosel und Cesare Luporini 1979 bei Maspero herausgegeben hat.]

67 Der »Achtzehnte Brumaire« ist auch der Text, in dem Marx skizzenhaft darauf eingeht, die historische Vorstellungswelt [*l'imaginaire*] der Massen zu beschreiben, vgl. Paul-Laurent Assoun, *Marx et la répétition historique*, Paris 1978, und Pierre Macherey, »Figures de l'homme d'en bas«, in: Ders., *À quoi pense la littérature?*, Paris 1990.

Lukács und andere verwenden sollten). Ebenso wenig hat er jemals von einer proletarischen Ideologie oder einem proletarischen Klassenbewusstsein gesprochen. Vielmehr ist diese Schwierigkeit bei ihm geradezu klaffend offen geblieben, was dazu geführt hat, dass er den Ideologiebegriff verdrängt hat.

Ein weiterer Umstand hat sich in die gleiche Richtung ausgewirkt: es handelt sich um die Schwierigkeit, die Marx damit hatte, die bürgerliche politische Ökonomie als eine »Ideologie« zu definieren, vor allem die der Klassiker, also die von Quesnay, Smith und Ricardo. Denn dieser theoretische Diskurs, der in »wissenschaftlicher« Form auftrat und zweifelsohne den Zweck verfolgte, der liberalen Politik der Kapitaleigner eine Grundlage zu liefern, fiel nicht direkt unter die Kategorie der Ideologie (deren Kennzeichen die Abstraktion und die Verkehrung des Realen waren), aber auch nicht unter die einer materialistischen Geschichte der bürgerlichen Gesellschaft, da sie doch auf dem Postulat der Ewigkeit der bürgerlichen Produktionsverhältnisse beruhte (oder der Invarianz des Verhältnisses von Kapital und Lohnarbeit). Genau um eben diesem Dilemma zu entgehen, sollte Marx sich jahrelang in das Unternehmen einer »Kritik der politischen Ökonomie« stürzen, wobei er sich auf intensive Lektüren von Smith, Ricardo, Hegel und Malthus sowie vieler Statistiker und Historikerinnen gestützt hat… Und eben dieses Unternehmen wird dann auch seinerseits zu einem neuen Begriff für dieses Problemfeld geführt haben, nämlich zum Begriff des *Warenfetischismus*.

Der »Warenfetischismus«

Die Theorie des Fetischismus wird vor allem im ersten Abschnitt des ersten Buchs des *Kapital* dargestellt.[68] Sie bildet nicht nur einen der Höhepunkte der philosophischen Arbeit von Marx, die vollständig in sein »kritisches« und »wissenschaftliches« Werk integriert ist, sondern sie stellt eine der großen theoretischen Konstruktionen der modernen

68 Der vierte Abschnitt über den »Fetischcharakter der Ware und sein Geheimnis« bildet den Abschluss des ersten Kapitels. Er hängt inhaltlich eng mit dem kurzen zweiten Kapitel über den »Austauschprozess« zusammen, in dem das Entsprechungsverhältnis zwischen ökonomischen und juristischen Kategorien dargestellt wird. Beide Abschnitte besetzen damit den in einer hegelianischen Logik wesentlichen Platz der »Vermittlung« zwischen dem »Abstrakten« (»Die Ware«) und dem »Konkreten« (»Das Geld und die Warenzirkulation«).

Philosophie dar. Ihre Schwierigkeit ist berüchtigt, auch wenn ihr Grundgedanke relativ einfach ist.

Karl Marx, »Der Fetischcharakter der Ware und sein Geheimnis« – »Woher entspringt also der rätselhafte Charakter des Arbeitsprodukts, sobald es Warenform annimmt? Offenbar aus dieser Form selbst. Die Gleichheit der menschlichen Arbeiten erhält die sachliche Form der gleichen Wertgegenständlichkeit der Arbeitsprodukte, das Maß der Verausgabung menschlicher Arbeitskraft durch ihre Zeitdauer erhält die Form der Wertgröße der Arbeitsprodukte, endlich die Verhältnisse der Produzenten, worin jene gesellschaftlichen Bestimmungen ihrer Arbeiten betätigt werden, erhalten die Form eines gesellschaftlichen Verhältnisses der Arbeitsprodukte.

Das Geheimnisvolle der Warenform besteht also einfach darin, daß sie den Menschen die gesellschaftlichen Charaktere ihrer eignen Arbeit als gegenständliche Charaktere der Arbeitsprodukte selbst, als gesellschaftliche Natureigenschaften dieser Dinge zurückspiegelt, daher auch das gesellschaftliche Verhältnis der Produzenten zur Gesamtarbeit als ein außer ihnen existierendes gesellschaftliches Verhältnis von Gegenständen. Durch dies Quidproquo werden die Arbeitsprodukte Waren, sinnlich übersinnliche oder gesellschaftliche Dinge. So stellt sich der Lichteindruck eines Dings auf den Sehnerv nicht als subjektiver Reiz des Sehnervs selbst, sondern als gegenständliche Form eines Dings außerhalb des Auges dar. Aber beim Sehen wird wirklich Licht von einem Ding, dem äußeren Gegenstand, auf ein andres Ding, das Auge, geworfen. Es ist ein physisches Verhältnis zwischen physischen Dingen. Dagegen hat die Warenform und das Wertverhältnis der Arbeitsprodukte, worin sie sich darstellt, mit ihrer physischen Natur und den daraus entspringenden dinglichen Beziehungen absolut nichts zu schaffen. Es ist nur das bestimmte gesellschaftliche Verhältnis der Menschen selbst, welches hier für sie die phantasmagorische Form eines Verhältnisses von Dingen annimmt. Um daher eine Analogie zu finden, müssen wir in die Nebelregion der religiösen Welt flüchten. Hier scheinen die Produkte des menschlichen Kopfes mit eignem Leben begabte, untereinander und mit den Menschen in Verhältnis stehende selbständige Gestalten. So in der Warenwelt die Produkte der menschlichen Hand. Dies nenne ich den Fetischismus, der den Arbeitsprodukten anklebt, sobald sie als Waren produziert werden, und der daher von der Warenproduktion unzertrennlich ist.«

Karl Marx, *Das Kapital*, Bd. 1, MEW 23, S. 86f.

Ich halte mich hier nicht mit der Frage nach der Herkunft des Ausdrucks »Fetischismus«, nach dem Verhältnis, in dem er zu den Theorien der Religion im 18. und 19. Jahrhundert steht, oder auch mit der Frage auf, welche Rolle Marx durch sein Wiederaufgreifen dieses Ausdrucks *ganz allgemein* in der Geschichte des Fetischismus gespielt hat.[69] Um die Darstellung insgesamt kurz zu halten, erörtere ich auch nicht die Funktion, die diese Gedankenentwicklung in der Gesamtarchitektur des *Kapital* erfüllt, insbesondere auch nicht in der Erklärung der »verkehrten« Form, in der – wie Marx uns sagt – die Strukturphänomene der kapitalistischen Produktionsweise (die sich alle auf die Art und Weise beziehen, wie der Wertzuwachs des Kapitals in der »lebendigen Arbeit« seine Nahrung findet) an der »Oberfläche« der ökonomischen Beziehungen wahrgenommen werden (das heißt in der Welt der Konkurrenz zwischen den unterschiedlichen Kapitalformen, der Rente, des Profits und des Zinses sowie ihrer jeweiligen Raten im Verhältnis zum Kapital).[70] Was ich dagegen begreiflich zu machen versuche, ist die Frage, wie sich die doppelte Linie von Nachwirkungen, die wir dem Ausdruck des Fetischismus heute rückblickend zuschreiben können, an diesem Text von Marx festgemacht hat: Es handelt sich einerseits um den Gedanken der *Verdinglichung* der bürgerlichen Welt in den Formen des verallgemeinerten »Zur-Ware-Werdens« der gesellschaftlichen Tätigkeiten und andererseits um das Programm einer Analyse des Modus der Subjektivierung im Austauschprozess, das im strukturalistischen Marxismus konsequent ausgeführt worden ist.

Der »Fetischcharakter der Ware«, sagt uns Marx, »besteht also einfach darin, daß [...] er den Menschen die gesellschaftlichen Charaktere ihrer eignen Arbeit als gegenständliche Charaktere der Arbeitsprodukte selbst, als gesellschaftliche Natureigenschaften dieser Dinge zurückspiegelt« beziehungsweise dass sich »daher auch das gesellschaftliche Verhältnis der Produzenten zur Gesamtarbeit als ein [außer ihnen existierendes gesellschaftliches Verhältnis von Gegenständen]« darstellt, als »das bestimmte gesellschaftliche Verhältnis der Menschen selbst, welches hier für sie die phantasmagorische Form eines Verhältnisses von Dingen annimmt« oder »als sachliche Verhältnisse der Per-

69 Alles das findet sich genau und klar in dem kleinen Buch von Alfonso Iacono, *Le fétichisme. Histoire d'un concept*, Paris 1992, auseinandergelegt.
70 Vgl. Karl Marx, *Das Kapital*, Bd. 1, MEW 23, S. 85ff.

sonen und gesellschaftliche Verhältnisse der Sachen«.[71] Aber von welchen »Dingen« beziehungsweise »Sachen« ist hier die Rede und von welchen »persönlichen« und »unpersönlichen« Verhältnissen?[72]

Die produzierten und ausgetauschten Waren, die nützliche materielle Gegenstände sind und die bestimmten individuellen oder kollektiven Bedürfnissen entsprechen, besitzen auch noch eine andere Eigenschaft, die zwar immateriell, aber deswegen nicht weniger gegenständlich ist: nämlich ihren Tauschwert (der allgemein in der Form eines bestimmten Preises Ausdruck findet, das heißt in Gestalt einer bestimmten Geldsumme). Diese Eigenschaft kommt ihnen ganz individuell zu und ist daher unmittelbar quantifizierbar: in derselben Weise wie ein Auto 500 Kilogramm *wiegt, ist* es 10.000.– *wert.* Selbstverständlich variiert diese Quantität für eine gegebene Ware in Zeit und Raum – aufgrund der Wechselfälle der Konkurrenz und anderer Schwankungen, die mehr oder minder langfristig auftreten. Aber diese Variationen der Preise sollten uns nicht verbergen, dass sich hier ein intrinsisches Verhältnis zwischen der Ware und ihrem Wert geltend macht. Vielmehr verleihen sie ihm eine zusätzliche Objektivität: Die Individuen begeben sich freiwillig auf den Markt, aber auf dem Markt vollziehen sich die Fluktuationen der Werte (oder auch der Preise) der Waren nicht aufgrund ihrer individuellen Entscheidungen, sondern es ist umgekehrt, die Fluktuation der Werte entscheidet über die Bedingungen, unter denen die Individuen Zugang zu

71 Unter diesem Gesichtspunkt bietet sich das 48. Kapitel des dritten (von Engels herausgegebenen) Buchs des *Kapital,* »Die trinitarische Formel«, zur Lektüre an, das eine Demarkationslinie zwischen den »klassischen Ökonomen« und den »Vulgärökonomen« zieht und mit der Feststellung schließt: »Im Kapital – Profit, oder noch besser Kapital – Zins, Boden – Grundrente, Arbeit – Arbeitslohn […] ist die Mystifikation der kapitalistischen Produktionsweise, die Verdinglichung der gesellschaftlichen Verhältnisse […] vollendet: die verzauberte, verkehrte und auf den Kopf gestellte Welt, wo Monsieur le Capital und Madame la Terre als soziale Charaktere, und zugleich unmittelbar als bloße Dinge ihren Spuk treiben. Es ist das große Verdienst der klassischen Ökonomie, diesen falschen Schein und Trug, diese Verselbständigung und Verknöcherung der verschiednen gesellschaftlichen Elemente des Reichtums gegeneinander, diese Personifizierung der Sachen und diese Versachlichung der Produktionsverhältnisse, diese Religion des Alltagslebens aufgelöst zu haben […].« (MEW 25, S. 838). – Ich komme weiter unter auf die Frage des »Verdienstes« der klassischen politischen Ökonomie zurück.

72 [Der von Balibar benutzte französische Text, der bekanntlich eine eigenständige Bedeutung hat, da er eine der von Marx durchgesehenen Letztfassungen ist, stellt hier nicht einfach »Menschen« und »Dinge« einander gegenüber, sondern »Personen« und »unpersönliche Dinge«.]

den Waren erhalten. Die Menschen müssen also unter den »objektiven Gesetzen« der Warenzirkulation – die von den Veränderungen der Werte bestimmt werden – die Mittel zur Befriedigung ihrer Bedürfnisse finden und ihre wechselseitige Befriedigung in Dienstleistungs-, Arbeits- oder auch Gemeinschaftlichkeitsverhältnissen suchen, die ihrerseits von ökonomischen Verhältnissen vermittelt sind oder von ihnen abhängen. Diese elementare Objektivität, die in den einfachen Beziehungen zu den Waren auf dem Markt auftritt, sollte Marx dann zu seinem Ausgangspunkt machen und zum Modell der Gegenständlichkeit der ökonomischen Erscheinungen ganz allgemein erheben, sowie die darin wirksamen Gesetze herausarbeiten, die den Gegenstand der politischen Ökonomie bilden und von ihr unaufhörlich mit der Objektivität der Naturgesetze verglichen werden – und das ganz ausdrücklich, indem sie ihrerseits mechanische oder dynamische Modelle aus den Naturwissenschaften verwendet, aber auch implizit aufgrund der mathematischen Methoden, die sie verwendet.

Offensichtlich gibt es einen unmittelbaren Zusammenhang zwischen diesem Phänomen (in dem Sinne, dass die Dinge sich auf diese Weise selbst »darstellen«) und der Funktion des *Geldes*. Der Tauschwert stellt sich als ein Preis dar, das heißt als ein zumindest virtuelles Austauschverhältnis mit einer bestimmten Geldmenge. Diese Beziehung ist nicht grundlegend darauf angewiesen, das wirklich Geld ausgegeben und eingenommen wird (es kann auch durch ein Zeichen vertreten werden, wie dies beim Kreditgeld, bei Banknoten mit Zwangskurs oder ähnlichem geschieht). Letztlich kommt es – vor allem auf dem Weltmarkt (oder dem universellen Markt), den Marx als den Raum bezeichnet, in dem sich das Warenverhältnis erst wahrhaft verwirklicht – darauf an, dass die monetäre Bezugsgröße als solche existiert und »verifizierbar« ist. Das Auftreten des Geldes gegenüber den Waren, das die Bedingung für ihre Zirkulation bildet, fügt der Idee des Fetischismus ein Element hinzu und ermöglicht so erst, Marx' Verwendung dieses Ausdrucks zu verstehen. Wenn die Waren (Nahrungsmittel, Kleidungsstücke, Maschinen, Rohstoffe, Luxusgegenstände, Kulturgüter oder auch die Körper von Prostituierten, kurzum alles, die ganze Welt der menschlichen Gegenstände, die produziert worden sind oder auch konsumiert werden) einen Tauschwert zu *haben* scheinen, scheint das Geld seinerseits der Tauschwert selbst zu *sein* – und damit die Macht zu besitzen, den Waren, die sich »als Tauschwerte aufeinander [beziehen]« und so »als besondre Waren zum Geld als der allgemeinen Ware«[73] verhalten, genau diese Fähigkeit oder Macht mitzuteilen, die es selbst kennzeichnet. Deswegen wird nach dem Geld um seiner selbst willen gestrebt; es wird als Schatz gehortet und als Gegenstand eines universellen Bedürfnisses begriffen, dem Furcht und Achtung beziehungsweise Begehren und Ekel gelten (*auri sacra fames*: »der verdammte Hunger nach Gold«[74], sagt der lateinische Dichter Vergil in einem auch von Marx zitierten Vers, und die biblische Apokalypse identifiziert das Geld ganz offen mit dem »Tier«, das heißt mit dem Teufel).

Dieses Verhältnis des Geldes zu den Waren, in dem sich ihr Wert auf dem Markt »materialisiert«, beruht selbstverständlich auf den individuellen Akten des Kaufens oder Verkaufens, aber es bleibt in Bezug auf die Persönlichkeit der Individuen, die an ihrer Durchführung beteiligt sind, vollständig indifferent, und die Individuen bleiben in dieser Hinsicht vollkommen untereinander austauschbar. Man kann sich daher dieses Verhältnis entweder als Auswirkung einer »übernatürlichen« Macht des Geldes vorstellen, die ihren eigenen unvergänglichen Wert in den vergänglichen Körpern der Waren gleichsam fleischlich vergegenständlicht, oder aber, ganz im Gegenteil, als eine »natürliche« Auswirkung des Verhältnisses der Waren zueinander, durch die ein bestimmter Ausdruck ihrer Werte instituiert wird beziehungsweise durch die sich mittels entsprechender gesellschaftlicher Institutionen die Proportionen regeln, in denen sie miteinander ausgetauscht werden.

In Wirklichkeit sind diese beiden Vorstellungen symmetrisch und hängen wechselseitig voneinander ab: Ihre Entwicklung erfolgt gemeinsam, und sie entsprechen den beiden Momenten der Erfahrung, die die Individuen, als »im Austausch miteinander verkehrende Produzierende«, mit den Phänomenen der Zirkulation und des Marktes machen, welche die allgemeine Form des gesamten ökonomischen Lebens bilden. Marx hat dies im Auge, wenn er beschreibt,

73 Karl Marx, *Das Kapital*, Bd. 1, MEW 23, S. 97 und 104.

74 Das lateinische Wort *sacer* hat die religiöse Doppelbedeutung des Wohltätigen und des Bösartigen [*maléfice*]. Die beste Darstellung der Art und Weise, in der die Zirkulation von Waren und Geld den Schein des Fetischismus erzeugt, findet sich bei Suzanne de Brunhoff, »Le langage des marchandises«, in: Dies., *Les rapports d'argent*, Paris 1979, vgl. außerdem Alain Lipietz, *Le monde enchanté. De la valeur à l'envol inflationniste*, Paris 1981.

wie die Warenwelt als eine Welt der »sinnlich übersinnlichen Ding[e]«[75] wahrgenommen wird, in der auf befremdliche Weise Aspekte des Natürlichen und des Übernatürlichen nebeneinander existieren, und wenn er der Ware einen »mystische[n] Charakter« zuschreibt und sie zu einem »sehr vertrackte[n] Ding« erklärt, »voll metaphysischer Spitzfindigkeit und theologischer Mucken«[76] (womit er ganz direkt anregt, die Sprache der Ökonomie mit dem Diskurs der Religion zu vergleichen). Die moderne Welt ist – ganz im Gegensatz zu dem, was später Max Weber behauptet hat – nicht »entzaubert«, sondern geradezu »verzaubert«, jedenfalls in genau dem Maße, wie sie die Welt der Wertgegenstände und der gegenständlichen Werte ist.

Die Notwendigkeit der Erscheinung

Nachdem jetzt das Phänomen so weit beschrieben ist, stellt sich die Frage, welches Ziel Marx hier verfolgt. Seine Zielsetzung ist eine doppelte: Einerseits geht es ihm darum, durch eine Gedankenbewegung, die sich einer Entmystifizierung beziehungsweise einer Entmythologisierung annähert, dieses Phänomen als solches *aufzulösen*, das heißt in ihm einen bloßen Anschein aufzuzeigen, der letztlich auf einer »Verwechslung« beruht. Man müsste demgemäß also die eben angesprochenen Phänomene (dass der Tauschwert als eine Eigenschaft der Gegenstände erscheint, Verselbständigung der Bewegungen der Waren und der Preise im Austausch) auf eine *wirkliche* Ursache zurückführen, die verborgen [*masquée*] wurde oder deren Wirkung umgekehrt worden ist (wie in einer Dunkelkammer). Diese Untersuchung eröffnet wahrhaft den Zugang zu einer Kritik der politischen Ökonomie: Denn zu der Zeit, als diese noch von einem Projekt wissenschaftlicher Erklärung getragen wurde – Marx denkt hier selbstverständlich an die Vertreter der klassischen politischen Ökonomie, an Adam Smith und vor allem an Ricardo, die er immer sorgfältig von den bloßen »Apologeten« des Kapitals unterschieden hat – und es sich dem gemäß vornahm, das Rätsel der Schwankungen des Wertes zu lösen, indem sie den Wert auf ein »unveränderliches Maß« zurückführte, das in der zur Produktion jeder Ware erforderlichen Zeit besteht,

75 Karl Marx, *Das Kapital*, Bd. 1, MEW 23, S. 85.
76 Ebd.

hat sie zugleich die Rätselhaftigkeit dieses Phänomens noch weiter vertieft, indem sie das Austauschverhältnis der Waren für eine Naturerscheinung hielt (die also in der Konsequenz ewig bestehen würde). Das lag daran, dass die ökonomische Wissenschaft, gemäß dem Forschungsprogramm der Aufklärung auf der Suche nach der *Objektivität* der Phänomene, die Erscheinung als einen Irrtum oder als eine Illusion begreift, als einen Fehler der Vorstellungsweise [*représentation*], der durch Beobachtung (vor allem durch Statistik) und [theoretische] Schlussfolgerungen zu eliminieren wäre. Indem man die ökonomischen Phänomene durch *Gesetze* erklärte, sollte demgemäß die Faszination überwunden werden, die immer noch von ihnen ausging.

In derselben Art und Weise sollte dann Durkheim ein halbes Jahrhundert später davon sprechen, »die soziologischen Tatbestände wie Dinge zu betrachten«.[77]

Nun ist aber andererseits der Fetischismus kein subjektives Phänomen, keine verfälschte Wahrnehmung der Wirklichkeit – wie es eine optische Täuschung oder eine abergläubische Überzeugung wären. Er bildet vielmehr die Art und Weise, in der sich die Wirklichkeit unvermeidlich zur Erscheinung bringt. Und dieses aktive »Sich-zur-Erscheinung bringen« (das *Schein** und *Erscheinung** zugleich ist, das heißt als eine Irreführung und als ein Phänomen auftritt) bildet eine notwendige Vermittlung oder auch Funktion, ohne die sonst unter bestimmten historischen Gegebenheiten das Leben der Gesellschaft schlicht unmöglich wäre. Die Erscheinung zu beseitigen, hieße daher das gesellschaftliche Verhältnis abzuschaffen. Aus diesem Grunde war es Marx besonders wichtig, die zu Beginn des 19. Jahrhunderts unter den englischen und französischen Sozialisten verbreitete utopische Vorstellung zu widerlegen (die dann auch anderswo vielfach wieder aufgekommen ist), dass es genügen werde, das Geld abzuschaffen und an seine Stelle Arbeitsgutscheine oder andere Formen sozialer Umverteilung rücken zu lassen, ohne dass damit irgendeine Transformation des zwischen privaten Produktionseinheiten geltenden Austauschprinzips des Äquivalententauschs verbunden wäre. Die spezifische Struktur von Produktion und Zirkulation, auf deren Grundlage den Arbeitsprodukten ein Wert zukommt, bildet eine Ganzheit, und die Existenz des Geldes als der »entwickelten

77 Émile Durkheim, *Les règles de la méthode sociologique*, Paris 1895, S. 105 [dt. Neuwied 1961].

Form« des allgemeinen Äquivalents der Waren gehört als eine notwendige Funktion mit dazu.

Der erste Moment der Kritik, der darin besteht, den *Anschein der Objektivität* des Tauschwertes aufzulösen, muss daher durch einen zweiten ergänzt werden, der in Wahrheit dessen Voraussetzung und Bedingung bildet – nämlich den Moment, wie sich dieser *Anschein in der objektiven Welt* überhaupt erst konstituiert hat. Das, was sich hier als ein gegebenes quantitatives Verhältnis darstellt, ist in Wirklichkeit Ausdruck eines gesellschaftlichen Verhältnisses: Voneinander unabhängige Einheiten sind nicht dazu in der Lage, den Grad der Notwendigkeit ihrer Arbeiten, den Anteil der gesellschaftlichen Gesamtarbeit anders als *a posteriori* zu bestimmen, das heißt, indem sie ihre Produktion der »Nachfrage« anpassen. Die Praxis des Austausches bestimmt die Proportionen, in denen der Austausch zwischen ihnen stattfindet, aber in den Augen jedes Produzenten oder jeder Produzentin stellt sich der Tauschwert der Waren auf umgekehrte Weise dar, nämlich als eine Eigenschaft, die ihnen als »Dingen« zukommt, anstatt als das Verhältnis, in dem die eigene Arbeit zu der aller anderen Produzierenden steht. Damit wird es unvermeidlich, dass in den Augen der Individuen ihre Arbeit als durch die Wertform vergesellschaftet erscheint, anstatt dass sie sich als Ausdruck einer spezifischen Form der gesellschaftlichen Arbeitsteilung darstellt. Daraus ergibt sich dann im Ergebnis die schon oben zitierte Formulierung: »Den letzteren [den Produzierenden] erscheinen daher die gesellschaftlichen Beziehungen ihrer Privatarbeiten […] als sachliche Verhältnisse der Personen und gesellschaftliche Verhältnisse der Sachen.«[78]

Den Gegenbeweis zu diesem Schein liefert Marx durch ein Gedankenexperiment, das er anstellt. Dabei geht es darum, die Arten und Weisen miteinander zu vergleichen, in denen die Verteilung der gesellschaftlich notwendigen Arbeit in unterschiedlichen »Produktionsweisen« vorgenommen wird – und zwar einerseits in vergangenen Produktionsweisen (wie den primitiven Gesellschaften, die auf einer Art von Subsistenzwirtschaft beruhen, oder in den mittelalterlichen Gesellschaften, deren Grundlagen die Leibeigenschaft ist)

78 Karl Marx, *Das Kapital*, Bd. 1, MEW 23, S. 87. [Im französischen Text wird diese Gegenüberstellung zugespitzt: *rapports impersonnels entre des personnes* vs. *rapports sociaux entre des choses impersonnelles* (»unpersönliche Verhältnisse zwischen den Personen« vs. »gesellschaftliche Verhältnisse zwischen unpersönlichen Sachen«).]

und andererseits in imaginären (wie der häuslichen »Wirtschaft« Robinsons auf seiner Insel) oder hypothetisch angenommenen Gesellschaften (wie einer kommunistischen Gesellschaft der Zukunft [*avenir*],[79] in der die Verteilung der Arbeit bewusst geplant wird). Bei diesem Vergleich wird deutlich, dass diese Produktionsverhältnisse entweder auf Freiheit und Gleichheit beruhen oder aber auf einer Unterdrückung, welcher gesellschaftliche Kräfteverhältnisse zugrundeliegen. In allen diesen Fällen erscheinen aber die gesellschaftlichen Beziehungen ihrer »Privatarbeiten« zumindest »als unmittelbar gesellschaftliche Verhältnisse der Personen in ihren Arbeiten selbst« und sind nicht als »sachliche Verhältnisse der Personen und gesellschaftliche Verhältnisse der Sachen«[80] verkleidet. Mit anderen Worten sind diese Gesellschaften zunächst einmal Gesellschaften gleicher oder ungleicher Menschen und nicht Gesellschaften der Waren (oder auch »Marktgesellschaften«), in denen die Menschen selbst immer nur bloß vermittelnde Momente des gesellschaftlichen Prozesses darstellen.

Die Genese der Idealität

Ein derartiges Gedankenexperiment kann offensichtlich nicht als Ersatz für eine wirkliche Beweisführung dienen. Es kann nicht mehr erreichen, als deren Notwendigkeit aufzuzeigen. Diese Beweisführung stellt nun wiederum eines der beiden Ergebnisse dar – neben der Erhellung des Umstandes, dass das Wachstum des Kapitals auf dem Prozess der Ausbeutung der Lohnarbeit durch das Kapital beruht –, durch die Marx seinen wissenschaftlichen Ruf begründet sehen wollte, auch wenn er dafür anscheinend niemals eine vollständig endgültige Darstellungsform gefunden hat. Diese Beweisführung fällt faktisch mit dem ersten Abschnitt des *Kapital* zusammen (das heißt mit den Kapiteln eins, zwei und drei der dritten und vierten Auflage). Ich beschränke mich im Folgenden darauf, sie in ihren Grundlinien nachzuzeichnen.

Erstens geht es darum, im Ausgang vom »Doppelcharakter« der Arbeit zu zeigen, wie die Waren selber zu

79 [Im Französischen ist es möglich, zwischen der Zukunft als Zeitdimension im Verhältnis zu Vergangenheit und Gegenwart – *futur* – und der Zukunft als zu antizipierender historischer oder auch biographischer Zeit – *avenir* – zu unterscheiden.].

80 Karl Marx, *Das Kapital*, Bd. 1, MEW 23, S. 87.

»verdoppelten« Gegenständen werden. Dieser Doppelcharakter der Arbeit besteht darin, dass sie einerseits als spezialisierte technische Tätigkeit fungiert, die die Natur transformiert, um dadurch bestimmte Gebrauchsgegenstände hervorzubringen und andererseits ganz allgemein als Verausgabung der physischen oder geistigen Kraft von Menschen fungiert,[81] also auf dem beruht, was Marx mit der Unterscheidung von abstrakter Arbeit und konkreter Arbeit bezeichnet, die offensichtlich zwei unterschiedliche Seiten der gleichen Realität darstellen, von denen die eine auf der individuellen Ebene und die andere auf einer transindividuellen oder kollektiven Ebene wirkt. Die Verdopplung der Waren besteht darin, dass sie einerseits – als *Gebrauchswerte* – einen konkreten Nutzen zur Befriedigung bestimmter Bedürfnisse aufweisen und andererseits mit einem Wert versehen sind, deren »Substanz« von der Arbeit gebildet wird, die zu ihrer Produktion gesellschaftlich notwendig ist.

Zweitens geht es darum, zu zeigen, wie die Wertgröße einer Ware durch die Quantität einer anderen Ware *zum Ausdruck gebracht* werden kann, die dann im eigentlichen Sinne den »Tauschwert« darstellt. Dieser Punkt erschien Marx ganz besonders schwierig und auch ganz besonders wichtig, denn er machte es möglich, die Konstitution eines »allgemeinen Äquivalents« von hier aus abzuleiten, das heißt die Herausbildung einer »universellen« Ware, die aus der Zirkulation *heraustritt* – und zwar dergestalt, dass *alle* anderen Waren in ihr ihren eigenen Wert ausdrücken, und sie umgekehrt ganz automatisch dazu in der Lage ist, eben weil sie sich »in der Form unmittelbarer Austauschbarkeit mit allen anderen Waren«[82] befindet, an die Stelle aller anderen Waren zu treten oder sie zu »kaufen«.

Schließlich geht es noch *drittens* darum, zu zeigen (die Notwendigkeit dieses dritten Punktes wird allzu häufig vergessen, weil man meint, von Marx' Standpunkt aus genüge es schon, in aller Form die Notwendigkeit eines allgemeinen Äquivalentes abgeleitet zu haben, um das Geld zu erklären), wie diese Funktion durch eine bestimmte Art von Gegenständen (die Edelmetalle) *materiell verkörpert* werden kann. Anschließend wird dann das Geld durch seine unterschiedlichen ökonomischen Verwendungsweisen (als Recheneinheit, als Zahlungsmittel, als Gegenstand der Schatzbildung oder

81 Vgl. ebd., S. 56f.
82 Ebd., S. 82.

des Aufbaus von »Reserven« usw.) beständig reproduziert beziehungsweise in seiner Funktion aufrechterhalten. Die andere Seite dieser Materialisierung des Geldes bildet ein beständiger Prozess der Idealisierung des Geldmaterials, das dazu dient, eine universelle Form oder eine »Idee« unmittelbar zum Ausdruck zu bringen.

Unbestreitbar stellen diese Überlegungen von Marx, trotz ihres eher fachspezifischen Ansatzes und trotz aller Schwierigkeiten, die darin enthalten sind, eine der bedeutenden philosophischen Darstellungen des Prozesses dar, in dem »Idealitäten« oder auch »Universalien« gebildet werden, und auch noch des Verhältnisses, in dem diese abstrakten Wesenheiten zu den menschlichen Praktiken stehen. Darin sind sie durchaus mit dem vergleichbar, was Platon, Locke oder Hegel (der gesagt hat, die Logik sei »das Geld *des* Geistes«)[83] zu dieser Frage geschrieben haben, oder auch damit, was später Husserl oder Frege dazu beigetragen haben. Von Marx' Standpunkt sind allerdings zwei Punkte von besonderer Bedeutung.

Der *erste* Punkt bezieht sich darauf, dass sich in seiner Theorie – in ihrem beständigen Gegensatz zum *Monetarismus* – die gesamte klassische politische Ökonomie vollendet: Dabei geht es im Kern um den Beweis, dass das »Rätsel des Geldfetischs [...] nur das sichtbar gewordne, die Augen blendende Rätsel des Warenfetischs«[84] ist. Mit anderen Worten, es geht um den Beweis, dass die im Verhältnis der Waren zur Arbeit enthaltene abstrakte Form bereits *genügt*, um die Logik der monetären Erscheinungen (und selbstverständlicherweise darüber hinaus auch noch die Erscheinungen des Kapitalismus und des Finanzwesens usw.) zu erklären. Wir haben allen Grund zu der Annahme, dass in Marx' Augen in dieser Haltung, die er mit den klassischen politischen Ökonomen grundlegend teilte, die Garantie dafür bestanden hat, dass deren Theorie einen »wissenschaftlichen« Charakter aufwies. Umgekehrt erklärt sich von hier aus auch größtenteils, warum sie alle gemeinsam in Verruf geraten sind, seit die offizielle Wirtschaftswissenschaft den Begriff des *Arbeitswerts* zurückgewiesen hat.

Der *zweite* Punkt bezieht sich auf Marx' Begründung der *Kritik* der politischen Ökonomie: Es geht um den Gedanken, dass es sich bei den Bedingungen, die die »fetischistische«

83 G.W.F. *Hegel, Wissenschaft der Logik*, Bd. 2, Frankfurt/M. *1986*, S. 37.
84 Karl Marx, *Das Kapital*, Bd. 1, MEW 23, S. 108.

Vergegenständlichung des gesellschaftlichen Verhältnisses notwendig machen, ganz und gar um historische Bedingungen handelt. Sie treten erst mit der Entwicklung einer Produktion »für den Markt« auf, deren Produkte ihren endgültigen Bestimmungsort (das heißt ihre Konsumtion in allen ihren Formen) ausschließlich durch Akte des Kaufs und Verkaufs erreichen. Dabei geht es um einen Prozess, der sich in Tausenden von Jahren vollzogen hat und der nur langsam einen Produktionszweig nach dem anderen und eine gesellschaftliche Gruppe nach der anderen ergreift. Allerdings hat sich mit dem Kapitalismus (und Marx zufolge war das entscheidende Element, dass die menschliche Arbeitskraft zu einer Ware wurde, und damit die Lohnarbeit aufkam) eben dieser Prozess rasch und irreversibel universalisiert. Dabei wird ein Punkt erreicht, von dem aus keine Rückkehr mehr möglich ist, was nicht bedeutet, dass nicht noch weitergegangen werden könnte: Aber das einzige Fortschreiten, das von hier aus noch möglich ist, besteht in der Planung der Produktion, das heißt in der Übernahme einer »gesellschaftlichen Beherrschung und Kontrolle« der Verausgabung von Arbeitskraft durch die gesamte Gesellschaft (oder auch durch die assoziierten Werktätigen), deren universelle Quantifizierung in der kapitalistischen Wirtschaft genau dafür die technischen Voraussetzungen schafft. Die Durchsichtigkeit der gesellschaftlichen Beziehungen stellt sich daher nicht mehr – wie in den so genannten primitiven Gesellschaften (in denen, wie Marx klarstellt, die Naturkräfte in mythischer Gestalt vorgestellt werden, sich also ungefähr das vollzieht, was Auguste Comte *seinerseits* als »Fetischismus« bezeichnet hat) – als eine spontan entstehende soziale Lage dar, sondern wird zu einer bewussten kollektiven Konstruktion. Der Warenfetischismus kann in dieser Perspektive als ein langfristiger Übergangsprozess von der Herrschaft der Natur über den Menschen zur Herrschaft des Menschen über die Natur erscheinen.

Marx und der Idealismus – zum Zweiten

Unter dem Gesichtspunkt der Kritik der politischen Ökonomie könnte man an dieser Stelle stehen bleiben. Damit würde man aber eben das verfehlen, was – wie ich oben gesagt habe – die philosophische Bedeutung dieses Texts von Marx ausmacht und auch dessen erstaunliche Wirkungsgeschichte

erklärt. Sie lässt sich in unterschiedliche Linien einteilen, die aber alle auf der Feststellung beruhen, dass es keine Theorie der Objektivität ohne eine Theorie der Subjektivität geben kann. Marx hat nun, indem er den Konstitutionsprozess der gesellschaftlichen Objektivität neu durchdacht hat, zugleich, *uno actu*, den Begriff des »Subjektes« zumindest virtuell revolutioniert. Er hat also in die Erörterung des Verhältnisses, das zwischen Subjektivierung / Untergebenheit [*sujétion*], Subjektwerdung / Unterwerfung [*assujettissement*] und Subjektivität existiert, ein neues Element hineingebracht.[85]
An dieser Stelle ist es nötig, sich daran zu erinnern, dass in der Tradition des deutschen Idealismus seit Kant das Subjekt vor allem als ein universales Bewusstsein gedacht worden ist, das sowohl *oberhalb* der besonderen Individuen angesiedelt ist (woraus sich die Möglichkeit ergibt, es mit der Vernunft der Menschheit zu identifizieren), als auch *jedem von ihnen innewohnt*. Genau das hat Foucault später als »empirisch-transzendentale Dublette« bezeichnet,[86] und Marx in seinen »Thesen über Feuerbach« als eine bloße Variation des Essenzialismus angeprangert. Ein derartiges Bewusstsein »konstituiert die Welt«, das heißt, es macht sie – vermittels der ihm eigenen Kategorien oder auch Vorstellungsformen (Raum, Zeit und Kausalität) – überhaupt erst verständlich.[87] *Diesseits* dieser subjektiven Konstitution der Welt sollte Kant den Bereich der »notwendigen Illusionen« der Metaphysik beziehungsweise der reinen Vernunft aussondern, denen kein Bezug in der Erfahrung entspricht. Diese stellten gleichsam das unvermeidliche Lösegeld dafür dar, Abstraktionen bilden zu können, ohne sich dabei auf die Erfahrung zu beziehen. *Jenseits* dieser Konstitution siedelte er eine »reine praktische Vernunft« an, die den Zwängen der Natur und der Erfahrung entgeht, das heißt eine unbedingte moralische Freiheit, die darauf aus ist, ein »Reich der Zwecke« zu konstituieren, das auf dem wechselseitigen Respekt der Personen beruht (die

85 [Die im Französischen semantisch erhaltene Nähe von Handlungsträger und Untertan im Begriff des *sujet* ist im Deutschen nur durch entsprechende Wortpaare nachzubilden. Das wirft selbstverständlich die Frage auf, ob man davon ausgehen kann, dass diese Verhältnisse auch unabhängig von ihren unterschiedlichen sprachlichen Fassungen bestehen – wie dies in der Marxschen »Warenanalyse« implizit behauptet wird.]
86 Vgl. das neunte Kapitel, »Der Mensch und seine Doppel«, in Michel Foucault, *Die Ordnung der Dinge. Eine Archäologie der Humanwissenschaften,* Frankfurt/M., 1974, S. 384–389.
87 Vgl. Immanuel Kant, *Kritik der reinen Vernunft*, Werkausgabe, Bd. 3 und 4, Frankfurt/M. 1974.

zugleich um so unerbittlicher dem inneren Gesetz der Pflicht unterworfen werden, nämlich dem viel besprochenen »kategorischen Imperativ«). Und wenn Hegel dann auch diese Trennung der moralischen von der natürlichen Welt zurückgewiesen und in der historischen Erfahrung den wahrhaften Ort aufgezeigt hat, an dem die Erfahrung des Bewusstseins stattfindet, beherrscht doch dieses Schema der Konstitution der Welt weiterhin seine Philosophie. Es erlaubt uns, zu begreifen, warum schlussendlich der Geist oder die Vernunft, nachdem sie sich in den Formen der Natur und der Kultur verloren oder entfremdet haben, in allen ihren unterschiedlichen Erfahrungen nichts anderes tun, als zu sich selbst zurückzukehren, zu der Betrachtung ihrer eigenen Struktur und ihrer eigenen »Logik«.

Nun können wir aber feststellen, dass sich – wie dieser Text von Marx ausweist – die Frage der Objektivität als von Grund auf neu durchdacht findet, auf dem anscheinend kontingenten Umweg der Analyse der gesellschaftlichen Formen der Warenzirkulation und der Kritik ihrer ökonomischen Darstellung. Der Mechanismus des Fetischismus stellt in einem gewissen Sinne die Konstitution einer Welt dar: die von den Austauschbeziehungen strukturierte gesellschaftliche Welt nämlich, die offensichtlich das Wesentliche der »Natur« bildet, innerhalb derer heute die menschlichen Individuen leben, denken und handeln. Aus diesem Grunde schreibt Marx, dass »die Kategorien der bürgerlichen Ökonomie [...] gesellschaftlich gültige, also objektive Gedankenformen«[88] sind. Lange bevor sie Regeln oder Imperative formulieren, bringen sie eine bestimmte Wahrnehmung von Erscheinungen zum Ausdruck – der Art, wie die Dinge »da sind« –, ohne dass es möglich wäre, daran nach Belieben etwas zu ändern.

Aber in dieser Wahrnehmung sind das Reale und das Imaginäre unmittelbar miteinander verknüpft (in dem, was Marx als »sinnlich übersinnlich« bezeichnet oder als die »phantasmagorische Form« der zu »eignem Leben«[89] verselbständigten Waren, die ihrerseits ihre Produzenten beherrschen), oder auch die *Gegebenheit* der Erfahrungsgegenstände mit der Verhaltensnorm, zu deren Befolgung sie auffordern. In der volkswirtschaftlichen Gesamtrechnung – die auf der unübersehbaren Schicht von Messungen, Buchhaltungen und Bewertungen beruht, die die in der Warenwelt

88 Karl Marx, *Das Kapital*, Bd. 1, MEW 23, S. 90.
89 Ebd. S. 85.

eingetauchten Individuen tagtäglich ausführen –, wird diese Dualität exemplarisch sichtbar gemacht, da sie nämlich zugleich auf der Tatsache beruht, dass die Gegenstände der Ökonomie *immer schon quantifizierbar* sind (»das ist eben so«, das ist ihr Wesen [*nature*]), und auf dem gesellschaftlichen Imperativ, diese Waren einer endlosen Quantifizierung oder Rationalisierung zu unterwerfen, die über jede vorab fixierte Schranke hinweggeht, ganz gleich, ob sie von »natürlicher« oder »moralischer« Art ist.

Die Genese der Subjektivität

Vom Standpunkt des deutschen Idealismus aus könnte es den Anschein haben, dass Marx ganz einfach eine Vereinigung von drei Gesichtspunkten vollzogen habe (bei der es sich auch um eine Konfundierung handeln könnte), die jeweils der Wissenschaft (Erkennbarkeit der Erscheinungen), der Metaphysik (notwendige Illusionen des reinen Denkens) und der Moral beziehungsweise der »praktischen Vernunft« (Imperativ für das Verhalten) entsprechen. Aber dieser Vergleich lässt sofort die Originalität dieser Theorie der Weltkonstitution im Verhältnis zu den Theorien hervortreten, die ihr in der Geschichte der Philosophie vorausgegangen waren (und die Marx natürlich genau gekannt hat): Ihre Originalität besteht darin, dass die Weltkonstitution sich keineswegs aus der Aktivität irgendeines Subjekts ergibt, jedenfalls keines Subjektes, das nach dem Modell des Bewusstseins zu denken wäre. Dagegen konstituiert dieser Prozess Subjekte oder auch Subjektivitäts- und Bewusstseinsformen innerhalb des Feldes der Objektivität selbst. Damit hat sich der Ort der Subjektivität von einer Position der Transzendenz oder auch von einer transzendentalen Position aus in eine Position der Auswirkung, des Ergebnisses des gesellschaftlichen Prozesses verlagert.

Das einzige »Subjekt«, von dem Marx ausdrücklich spricht, ist ein praktisches, zugleich multiples und anonymes Subjekt, das sich definitionsgemäß seiner selbst nicht bewusst ist. In der Tat handelt es sich um ein Nicht-Subjekt, nämlich um »die Gesellschaft«, das heißt die Gesamtheit aller Tätigkeiten der Produktion, des Austauschs und der Konsumtion, deren Wirkung, zusammengenommen, von jedem einzelnen als etwas wahrgenommen wird, das ihm von außen – als eine »natürliche« Eigenschaft der Dinge – gegenübertritt. Und eben dieses Nicht-Subjekt oder diese Gesamtheit von Tätigkeiten bringt dann zugleich mit den vorzustellenden *Gegenständen* die gesellschaftlichen *Vorstellungen* [*représentations*] über diese Gegenstände hervor. Die Ware ist nun auf herausragende Weise – ganz wie das Geld (und dann kommen noch das Kapital und seine unterschiedlichen Formen dazu) – zugleich eine Vorstellung und ein Gegenstand, sie ist ein Gegenstand, der immer schon in der Form einer Vorstellung gegeben ist.

Wenn nun aber, das können wir hier wiederholen, die Konstitution der Gegenständlichkeit im Fetischismus nicht davon abhängt, das vorab schon ein Subjekt, ein Bewusstsein oder auch eine Vernunft gegeben sind, konstituiert sie doch Subjekte, die ein Bestandteil der gegebenen Gegenständlichkeit selbst sind, das heißt, sie sind in der Erfahrung *neben den »Dingen«*, also neben den Waren, gegeben und zugleich *in Bezug auf sie*. Diese Subjekte fungieren nicht als konstituierende Momente, sondern als konstituierte Gegenstände: Es handelt sich einfach um »ökonomische Subjekte«, oder – genauer formuliert – geht es darum, dass in der bürgerlichen Gesellschaft alle Individuen zunächst ökonomische Subjekte sind (als Verkäufer und als Käufer und daher als Eigentümer, sei es auch nur ihrer eigenen Arbeitskraft, das heißt also als *Eigentümer und Verkäufer ihrer selbst als Arbeitskräfte*, was übrigens wiederum eine ganz verblüffende Phantasmagorie darstellt, die aber ebenfalls ganz und gar »natürlich« geworden ist). Damit hat Marx eine vollständige Umkehrung der gesamten Problematik vollzogen: Die von ihm konzipierte Konstitution der Welt ist nicht das Werk eines Subjekts, sie ist vielmehr die Genesis einer Subjektivität (*einer* historisch bestimmten Form der Subjektivität) als ein Bestandstück (und zugleich als ein Gegenstück) der gesellschaftlichen Welt der Gegenständlichkeit.

Von hier aus konnten diese Überlegungen nun auf zwei unterschiedliche Weisen fortgesetzt werden, die dann auch historisch alle beide vorgeschlagen und ausgeführt worden sind.

Lukács – Der lange und dramatische Lebenslauf des György Lukács (1885 in Budapest geboren, aus dem jüdischen Adel stammend, hat er sich auch Georg [von] Lukács genannt und sein gesamtes Werk auf Deutsch verfasst) lässt sich in vier große Zeitabschnitte einteilen. In seiner Jugend hat er in Deutschland bei Neukantianern und Max Weber Philosophie und Soziologie studiert und eine vom Geist der »antikapitalistischen Romantik« erfüllte Ästhetik entwickelt (*Die Seele und die Formen*, Berlin 1911 [frz. Paris 1966]) und sich zugleich für die jüdische Mystik interessiert (vgl. Michael Löwy, *Erlösung und Utopie. Jüdischer Messianismus und libertäres Denken. Eine Wahlverwandtschaft*, Berlin 1997 [frz. Paris 1988]). Lukács wird im Ersten Weltkrieg zum Marxisten, vor allem unter sehr starkem Einfluss von Rosa Luxemburg und der deutschen Spartakus-Bewegung. Dies führt ihn dann dazu, sich aktiv an der ungarischen Räte-Revolution von 1919 zu beteiligen, in der er »Kommissar für die Volksbildung« in der Regierung von Béla Kun wird. Sein Sammelband *Geschichte und Klassenbewusstsein*, der 1923 in Berlin erscheint [frz. Paris 1960], stellt den äußerst erstaunlichen Versuch dar, die Hegel'sche Idee einer dialektischen Synthese von Objektivität und Subjektivität zu aktualisieren, indem er sie ganz und gar in das Feld des »Klassenbewusstseins« und der revolutionären Praxis des Proletariats überträgt, in der sich die gesamte Geschichte vollendet. Auch wenn dieses Buch vom offiziellen Marxismus verurteilt wurde (zusammen mit dem gleichzeitig in Leipzig erschienenen und in vielen Hinsichten vergleichbaren Buch von Karl Korsch über *Marxismus und Philosophie* [frz. Paris 1964]) ist es doch, auch wenn es von seinem Verfasser verleugnet worden war, offen oder auch verdeckt zur Quelle eines großen Teils des »kritischen Marxismus« westlicher Prägung geworden. Im Anschluss daran hat Lukács den anspruchsvollen Versuch unternommen, den inneren »Zusammenhang« des Denkens Lenins zu formulieren (1924) – noch bevor unter Stalins Händen der »Leninismus« kanonisiert wurde – und den revolutionären Aktivismus, den er 1923 artikuliert hatte, gegen sowjetische Kritiker zu verteidigen (*Chvostismus und Dialektik*, Budapest 1996 [vermutlich 1925 verfasst] [engl. *A Defence of History and Class Consciousness. Tailism and the dialectics*, London 2000]. Ende der 1920er Jahre wurde Lukács aufgrund der von ihm vorgelegten *Blum-Thesen* (1928), in denen er den Gedanken einer demokratischen »Diktatur des Proletariats« formulierte, innerhalb der KPD zur »Selbstkritik« gezwungen. Nachdem er Anfang der 1930er Jahre in Moskau untergekommen (vgl. Georg Lukács, Johannes R. Becher, Friedrich Wolf u.a., *Die Säuberung – Moskau 1936: Stenogramm einer geschlossenen Parteiversammlung*, Reinbek 1991) und nach 1945 in das sozialistische Ungarn zurückgekehrt war, hat Lukács ein »orthodoxeres« Werk entfaltet, in dem er sich gelehrt und systematisch vor allem zu Fragen des »kritischen Realismus« in der Ästhetik (*Essays über Realismus*, Berlin 1948 [frz., in anderer Zusammenstellung, *La signification présente du réalisme critique*, Paris 1960], *Der historische Roman*, Berlin 1955 [zuerst russ. 1937, frz. Paris

1972]), der Philosophiegeschichte (*Der junge Hegel*, Zürich und Wien 1948 [verfasst 1938][frz. Paris 1981]) und der politisch-philosophischen Polemik (*Die Zerstörung der Vernunft*, Berlin 1953 [frz. Paris 1962], eine Untersuchung des Irrationalismus in der deutschen Philosophie und ihrer Rolle bei der intellektuellen Vorbereitung des Nationalsozialismus) geäußert hat. Im Jahr 1956 schließt sich Lukács der ungarischen Revolution von Imre Nagy an und steht anschließend unter strenger polizeilicher Aufsicht. Zwei große Werke markieren seine letzte Schaffensphase: die *Ästhetik* (4 Bde., Darmstadt und Neuwied 1972–1976) und vor allem *Zur Ontologie des gesellschaftlichen Seins* (posthum veröffentlicht, Darmstadt und Neuwied 1983 [ungar. 1976]), in der das »Selbstbewusstsein der menschlichen Gattung« als »Auflösung des Verhältnisses von Teleologie und Kausalität« auf der Grundlage von Entfremdung und Entfremdungsüberwindung der Arbeit untersucht wird (vgl. Nicolas Tertullian, »Ontologie des gesellschaftlichen Seins«, in: *Kritisches Wörterbuch des Marxismus* (KWM), Bd. 5, Hamburg 1986, S. 949–955).

Die »Verdinglichung«

Die erste dieser möglichen Fortsetzungen lässt sich an Lukács' Buch *Geschichte und Klassenbewusstsein* exemplifizieren, das er zwischen 1919 und 1923 verfasst hat. Darin wird die große Entgegensetzung von »Verdinglichung« und »Klassenbewusstsein des Proletariats« dargestellt.[90] Damit legt Lukács zugleich eine geniale Interpretation und Extrapolation der Marx'schen Texte vor, durch die deren romantische Seite deutlich hervortritt (zweifellos ist dies auch anderen Einflüssen geschuldet, denen Lukács ausgesetzt war, insbesondere dem Einfluss Georg Simmels, des Autors der *Philosophie des Geldes* von 1900, dem Max Webers, aber auch dem seiner eigenen Haltung in den Jugendwerken). Aus dem Abschnitt über den Fetischismus liest Lukács eine *totale* Philosophie heraus, das heißt in einem und zugleich eine Auffassung der Erkenntnis, der Politik und der Geschichte: Dabei wird die Kategorie der Totalität von Lukács als die

90 *Geschichte und Klassenbewusstsein* war 1923 in Berlin erschienen. Die erste französische Ausgabe wurde auf Betreiben von Kostas Axelos 1960 in Paris veröffentlicht, der sich an der Übersetzung beteiligte und ein programmatisches Vorwort schrieb (Neuauflage mit Axelos' Vorwort und Lukács' Nachwort, Paris 1974). Deutsche Raubdrucke der Ausgabe von 1923 erschienen dann seit der Mitte der 1960er Jahre, so dass sich Lukács dazu gezwungen sah, 1967 eine Neuausgabe – mit distanzierendem Vor- und Nachwort – zu autorisieren.

typische Kategorie der dialektischen Denkweise angegeben – im Gegensatz zum »analytischen« Denken des abstrakten Verstandes, dessen Herausbildung durch die Theorie der Verdinglichung eben genau begreiflich wird.

Auch wenn sie von ihrem eigenen Urheber nach dem Zurückweichen der revolutionären Erfahrung der 1920er Jahre und seiner eigenen Einreihung in die marxistische Orthodoxie der III. Internationale widerrufen und verleugnet worden ist, hat die Lukács'sche Theorie der Verdinglichung erheblichen Einfluss auf die Philosophie des 20. Jahrhunderts ausgeübt. Denn auf der einen Seite lag in ihr der Ursprung eines guten Teils der *kritischen Marxismen* des 20. Jahrhunderts (insbesondere zahlreicher Lieblingsthemen der Frankfurter Schule von Horkheimer und Adorno bis zu Habermas, die die Kritik der modernen (oder auch »bürgerlichen«) Rationalität betreffen, aber auch die Kritik der Technik und Wissenschaft als Projekte einer Naturalisierung von Geschichte und »Lebenswelt«). Auf der anderen Seite hat Lucien Goldmann in einer nach seinem Tode publizierten Vorlesung überzeugend begründen können, dass in den letzten, der Geschichtlichkeit gewidmeten Absätzen des (unvollendet gebliebenen) Buchs *Sein und Zeit* von Heidegger wörtliche Bezugnahmen auf *Geschichte und Klassenbewusstsein* enthalten sind.[91] Demgemäß müsste man davon ausgehen, dass dies einerseits eine Antwort auf den »revolutionären Historismus« darstellt, der in der Theorie der Verdinglichung zum Ausdruck kommt, andererseits aber auch vielleicht den Ansatz einer Wiederaufnahme gewisser Themen von Lukács bildet, die sich insbesondere in seiner Theorie der gesellschaftlichen Anonymität (das »Man«) finden, die für Heidegger das »uneigentliche« Leben kennzeichnet, und später dann in seiner Theorie der Fassung der Welt als »Gestell«[92] durch die utilitaristische Technik.

91 Vgl. Lucien Goldmann, *Lukács und Heidegger. Nachgelassene Fragmente*, Neuwied 1975 [frz. Paris 1973]. Eine gute Erörterung der Beziehungen zwischen Heidegger und dem Marxismus findet sich im Werk von Jean-Marie Vincent, *Critique du travail. Le faire et l'agir*, Paris 1987. [Thomas Heinrich, *Zeit der Uneigentlichkeit. Heidegger als Philosoph des Fordismus*, Münster 1999, geht auf diese französische Debatte nicht ausführlich ein, vgl. dafür aber Heinz Dieter Kittsteiner, *Mit Marx für Heidegger – mit Heidegger für Marx*, München 2004.]

92 [Die im Französischen geläufige Übersetzung als *arraisonnement* verwandelt das Wort in die Kennzeichnung einer Tätigkeit und bringt einen Bezug auf die Vernunft / den Verstand [*raison*] hinein, die das von Heidegger benutzte Wort nicht transportiert.]

Lukács' Theorie der Verdinglichung beruht auf dem Gedanken, dass in der Welt der Warenwerte auch die Subjekte selbst bewertet und damit in »Dinge« verwandelt werden, was dann im Begriff »Verdinglichung«[93] zum Ausdruck kommt, der bei Marx noch nicht diese Rolle gespielt hat. Marx hatte gesagt, dass die Verhältnisse zwischen Waren (Äquivalenz, Preise, Austausch) mit einer Eigenständigkeit versehen sind, aufgrund derer sie nicht nur an die Stelle personaler Verhältnisse treten, sondern diese repräsentieren. Lukács kombiniert dabei zwei unterschiedliche Gedanken: *zunächst* den Gedanken, dass die Warengegenständlichkeit – das heißt die Gegenständlichkeit der ökonomischen Kategorien und der durch sie ermöglichten Operationen – das *Modell jeglicher Gegenständlichkeit* bildet, und zwar namentlich der »Objektivität« der Wissenschaften in der bürgerlichen Welt.[94] Das macht es dann zu begreifen möglich, warum die quantitativen Naturwissenschaften (die Mechanik und die Physik) sich in der Neuzeit zur gleichen Zeit entwickelt haben, als sich die Warenverhältnisse verallgemeinerten. Sie projizierten eine Unterscheidung zwischen dem Subjektiven und dem Objektiven auf die Natur, deren Ursprung in der Praxis des Austausches liegt. *Anschließend* dann bringt er den Gedanken auf, dass sich diese Objektivierung oder auch diese Rationalisierung als Berechnung und Messung des Werts auf *alle menschlichen Aktivitäten* ausweiten, das heißt, dass die Ware zum Modell und zur Formbestimmung jedes gesellschaftlichen Gegenstandes wird.

Auf diese Weise beschreibt Lukács eine Paradoxie: Die auf die Wissenschaft ausgeweitete Warenrationalität beruht auf einer Trennung der objektiven von der subjektiven Seite der Erfahrung (was dann möglich macht, den subjektiven Faktor – Bedürfnisse, Begehren und Bewusstsein – aus der Welt der natürlichen Gegenstände und ihrer mathematischen Gesetze *herauszuziehen*. Aber darin liegt nur ein Vorspiel zur Einverleibung jeglicher Subjektivität in die Objektivität (oder auch deren *Reduktion* auf den Status eines Objektes, was wiederum durch die »Sozialwissenschaften« als Techniken des Managements des »menschlichen Faktors«

93 [Die sprachliche Verdopplung, die im Französischen durch die beiden Übersetzungsmöglichkeiten als *réification* (eher »Versachlichung«) und *chosification* (ganz eng »Dingwerdung«) gegeben ist, hat anscheinend noch keinen Anlass zu philosophischen Unterscheidungen gegeben.]

94 [Im Französischen ist der im Deutschen naheliegende Unterschied zwischen »Gegenständlichkeit« und »Objektivität« nicht formulierbar.]

beispielhaft vollzogen wird, die sich fortschreitend auf die gesamte Gesellschaft ausweiten). In Wirklichkeit kommt in dieser Paradoxie die äußerste Steigerung der Entfremdung zum Ausdruck, zu der die Menschheit im Kapitalismus gelangt ist. Das macht es für Lukács möglich, auf die Thesen vom unmittelbaren Bevorstehen des revolutionären Umsturz zurückzukommen, die denen nahestehen, die Marx in der *Deutschen Ideologie* formuliert (die Lukács aber noch nicht gelesen haben konnte, da dieser Text erst 1932 veröffentlicht wurde). Er artikuliert diese Thesen allerdings in einer sehr viel spekulativeren (hegelianischen und schellingianischen) Sprache und fügt dem noch ein Moment des politischen Messianismus hinzu: Das Proletariat, dessen Verwandlung in ein Objekt total ist, ist eben deswegen dazu bestimmt, zum Subjekt der Umwälzung zu werden, das heißt zum »Subjekt der Geschichte« (eine von Lukács erfundene Formulierung): Indem es seine eigene Entfremdung abschafft, führt das Proletariat die Geschichte an ihr Ende (oder bringt sie an einen neuen Anfang, nämlich als Geschichte der Freiheit), indem sie die philosophische Idee der menschlichen Gemeinschaft beziehungsweise der Gemeinschaft der Menschheit *praktisch* verwirklicht. Auf diese Weise würde sich die Philosophie in ihrer eigenen Vernichtung selbst verwirklichen, womit wir zu einem sehr alten Schema des mystischen Denkens zurückgekehrt wären (das Ende der Zeiten besteht in der Rückkehr zum »Nichts« als Schöpfer aller Ursprünge).

Der Austausch und die Verpflichtung: das Symbolische bei Marx

Die von Lukács vorgenommene theoretische Extrapolation ist an sich bedeutend und sogar brillant – aber sie hat den Nachteil, dass sie die Beschreibung des Fetischismus vollständig aus dem theoretischen Kontext, den sie im *Kapital* findet, *herauslöst.* Dieser legt aber eine gänzlich andersartige Interpretation nahe, die sich zentral auf die Fragen des Rechts und des Gelds bezieht und auf diese Weise in etwas einmündet, was wir heute als eine Analyse der symbolischen Strukturen bezeichnen würden (mit einer Terminologie, deren Marx sich noch nicht hat bedienen können, die es aber erlaubt, explizit zu machen, was eigentlich der Einsatz seiner Beschreibungen der doppelsinnigen oder verdoppelten Sprache, die das »Warenuniversum« spricht, ist – der Sprache der Äquivalenz, des

Maßes, die vom Geldzeichen formell artikuliert wird, und der Sprache der Verpflichtung, des Vertrags, die im Recht formell artikuliert wird. Auf diesem Gebiet liegt das zweite philosophische Erbe von Lukács, auf das ich oben verwiesen habe.

Ich führe dazu zwei Arbeiten an, die sich im Hinblick auf ihre Absichten und die Bedingungen ihrer Abfassung stark unterscheiden. Bei der ersten handelt es sich um das Buch des sowjetischen Juristen Eugen Paschukanis, eines Parteigängers des »Absterbens des Staates«, der während des Stalin'schen Terrors hingerichtet worden ist, *Allgemeine Rechtslehre und Marxismus*, das 1924 etwa zeitgleich mit dem Buch von Lukács veröffentlicht wurde.[95] Es ist deswegen hochinteressant, weil Paschukanis darin von der Marx'schen Analyse der Wertform ausgeht, um aber eine genau symmetrische Analyse der Konstitution des »Rechtssubjektes« innerhalb der modernen bürgerlichen Gesellschaft durchzuführen (für Paschukanis, der sich in gewisser Weise der Tradition des Naturrechts anschließt und gegen einen Rechtspositivismus stellt, der jede juristische Norm als vom Staat gesetzt begreift, besteht die Grundlage des gesamten Rechtsgebäudes im Privatrecht, das sich genau in seiner Entsprechung zur Warenzirkulation begreifen lässt): Auf eben dieselbe Weise, wie die individuellen Waren von Natur aus als Träger von Wert erscheinen, stellen sich die am Austausch teilnehmenden Individuen von Natur aus als Träger eines Willens und einer Subjektivität dar. Auf eben dieselbe Weise, in der es einen ökonomischen Fetischismus der *Dinge* gibt, gibt es auch einen juristischen Fetischismus der *Personen*. In Wirklichkeit sind beide ein und dasselbe, denn der Vertrag ist nur die andere Seite des Austauschs, und jede dieser beiden Seiten setzt die andere voraus. Die Welt, wie sie im Ausgang vom Wertausdruck erlebt und wahrgenommen wird, ist daher in der Tat eine ökonomisch-juristische Welt (Marx hatte darauf bereits hingewiesen und dies zum Einsatz seiner kritischen Neulektüre der Hegel'schen *Rechtsphilosophie* gemacht, die im *Kapital* überall im Hintergrund wirkt).

Aufgrund jüngerer Analysen, insbesondere denen, die Jean-Joseph Goux vorgelegt hat, können wir dies noch

95 Vgl. Eugen Paschukanis, *Allgemeine Rechtslehre und Marxismus. Versuch einer Kritik der juristischen Grundbegriffe*, Nachdruck der ersten deutschen Ausgabe von 1929, hg. und mit einem Anhang versehen von Hermann Klenner und Leonid Mamut, Berlin und Freiburg 1991 [frz. mit einem Vorwort von Jean-Marie Vincent und einer Einführung von Karl Korsch, Paris 1970].

genauer fassen:[96] Die dem ökonomischen, (moralischen) und juristischen Fetischismus gemeinsame Grundstruktur ist die einer *verallgemeinerten Äquivalenz*, durch die die Individuen auf abstrakte und gleiche Weise der Form einer Zirkulation (als Zirkulation von Werten beziehungsweise als Zirkulation von Verpflichtungen) unterworfen werden. Diese Struktur setzt einen *Code* oder ein *Maß* voraus, die sowohl materialisiert als auch idealisiert sind und angesichts derer sich das individuelle Bedürfnis in Nichts auflösen soll. In einem Fall wird dabei die Individualität einfach nach außen gewendet, indem sie zum Gegenstand oder zum Wert wird, während sie im anderen Fall nach innen gewendet wird, indem sie zum Subjekt oder zum Willen wird, wodurch jede dieser beiden Seiten als Vervollständigung der jeweils anderen auftreten kann. Auf diesem Wege gelangt man nicht zu einer Theorie des Subjekts der Geschichte oder auch zu einer Theorie des Übergangs von der Ökonomie (der Welt der Privatindividuen) zur Gemeinschaft der Zukunft wie bei Lukács und den ihm nachfolgenden Autoren. Aber man kann bei Marx so die Grundlagen für eine Analyse der *Subjektions- oder Subjektivierungsweisen* finden – zu denen auch der ökonomisch-juristische Fetischismus gehört –, in der es um das Verhältnis der menschlichen Praktiken zu der in ihrer Geschichte jeweils gegebenen symbolischen Ordnung geht. Halten wir hier noch fest, dass eine derartige strukturalistisch inspirierte Lektüre (die selbstverständlich ebenfalls eine theoretische Extrapolation vollzieht) der Kritik an der Vorstellung vom menschlichen Wesen als einer allgemeinen Eigenschaft, die in den Individuen »enthalten« ist, wie sie die »Feuerbach-Thesen« formuliert hatten, sehr viel näher kommt als Lukács Lektüre. Dagegen macht sie es erforderlich, den Überlegungen von Marx Schritt für Schritt die Ergebnisse der Kulturanthropologie, der Rechtsgeschichte und der Psychoanalyse gegenüberzustellen.

Die Frage der »Menschenrechte«

Wie kann es dazu kommen, dass im Ausgang von ein und demselben Text derart unterschiedliche Interpretationen möglich werden? In der Antwort auf diese Frage geht es

96 Vgl. Jean-Joseph Goux, *Freud, Marx, Ökonomie und Symbolik*, Frankfurt/M. 1975 [frz. Paris 1973].

insgesamt um die Vorstellung und den Begriff, die man sich von der »Kritik der politischen Ökonomie« bei Marx macht. Vor allem würde sie es erforderlich machen, den doppelten Gebrauch näher zu untersuchen – der von Grund auf »ambivalent« bleibt, wie die Philosophen sagen würden –, den Marx von dem Ausdruck »Person« macht: Auf der einen Seite sind die *Personen*, die den »Dingen« (den Waren und dem Geld) gegenüberstehen, die *wirklichen Individuen*, die bereits vor dem Austausch existieren und sich mit anderen zusammen in einer gesellschaftlichen Tätigkeit der Produktion engagieren; auf der anderen Seite sind sie – *zusammen mit* eben diesen »Dingen« – Funktionen des Austauschverhältnisses oder auch, wie Marx sagt, *juristische »Masken«, die die Individuen sich aufsetzen müssen*, um zu »Trägern« der Warenverhältnisse werden zu können. Das führt dann zu einer ziemlich speziellen fachlichen Erörterung, die vielleicht sogar langweilig werden könnte. Aber wir können hier schon unmittelbar klarstellen, dass es um einen großen politischen Einsatz geht: Es handelt sich nämlich darum, wie die Menschenrechte zu interpretieren sind.

In diesem Punkt hat sich Marx' Position ganz offensichtlich entwickelt und verändert. In den Texten seiner »Jugend« (vor allem im *Kreuznacher Manuskript von 1843* und in der *Judenfrage* von 1844, in der sich die berühmte Interpretation der »Erklärungen der Menschen- und Bürgerrechte« befindet), hat sich – wie Bertrand Binoche[97] überzeugend gezeigt hat – ein von Hegel übernommener Grundgedanke (Kritik an der metaphysischen Abstraktion der »Menschenrechte«, von denen postuliert wird, dass sie seit aller Ewigkeit und für alle Gesellschaften gelten) mit einem von Babeuf und den egalitären Kommunisten übernommenen Grundgedanken verbunden (Kritik an dem bürgerlichen Charakter des universalen »Menschen«, der von diesen Erklärungen unterstellt wird, dem gemäß sich alle Rechte auf die Unantastbarkeit des Eigentums zurückbeziehen und jede Pflicht zur sozialen Solidarität ausgeschlossen wird). Die von den Bürgerrechten getrennten Menschenrechte erschienen auf dieser Grundlage als ein spekulativer Ausdruck der Aufspaltung des menschlichen Wesens zwischen der Wirklichkeit der Ungleichheiten und der Fiktion der Gemeinschaft.

Diese Auffassung sollte sich tiefgehend verändern, insbesondere unter dem Einfluss von Marx' Polemik gegen

97 In seinem kleinen Buch *Critiques des droits de l'homme*, Paris 1989.

Proudhon und seiner Kritik des Liberalismus. In den *Grundrissen*[98] ist eine wichtige Weiterentwicklung nachzuvollziehen, in denen Marx die Gleichsetzung von Freiheit und Gleichheit, die das Herzstück der bürgerlichen Ideologie bildet, mit einer idealisierten Vorstellung von der Warenzirkulation und dem Geld identifiziert, die deren »wirkliche Basis« darstellten. Die strenge Gegenseitigkeit, die in modernen Gesellschaften zwischen Gleichheit und Freiheit besteht – die in den Gesellschaften der Antike noch unbekannt war und in den Gesellschaften des Mittelalters negiert wurde, während die modernen Gesellschaft darin geradezu die Wiederherstellung der menschlichen Natur sieht – lässt sich aus den Bedingungen ableiten, unter denen sich jedes einzelne Individuum dem anderen auf dem Markt als Träger des Universellen präsentiert, das heißt als Träger von Kaufkraft als solcher: der Mensch »ohne besondere Eigenschaften« – ganz unabhängig von seinem ansonsten bestehenden sozialen Status (als König oder als Hilfsarbeiter) oder auch von der Größe seines eigenen Geldvermögens (als Bankier oder als einfacher Lohnabhängiger)…

Freiheit, Gleichheit, Eigentum

Dieser herausgehobene Zusammenhang zwischen der Form der Zirkulation und dem »System von Freiheit und Gleichheit« findet sich wohlgemerkt im *Kapital* beibehalten. Denn genau diese »Eigenschaften«*, die das Recht den Individuen zuteilt (beginnend mit der Eigenschaft, Eigentümer* zu sein, also wiederum jenes elementare Wortspiel, das uns bei Stirner begegnet war) sind für die Zirkulation der Waren als unendliche Kette von Austauschakten »zwischen Äquivalenzen« erforderlich, und sie werden im politischen Diskurs der Bourgeoisie zu einem Ausdruck des Wesens des Menschen universalisiert. Man kann daher die Auffassung nahelegen, dass die allgemeine Anerkennung dieser Rechte in einer »bürgerlichen Gesellschaft«, die allmählich den Staat in sich auflöst – ein »wahres Eden der angebornen Menschenrechte«, in dem »allein […] Freiheit, Gleichheit, Eigentum und Bentham«[99] herrschen (das heißt das Prinzip des individuellen Nutzens) –, der universellen Ausbreitung des

98 Vgl. Karl Marx, *Grundrisse der Kritik der politischen Ökonomie*, MEW 42, Berlin 1983, S. 73–90 und 139–148.
99 Karl Marx, *Das Kapital*, Bd. 1, MEW 23, S. 189.

Warenaustauschs entspricht (das heißt dem, was die Klassiker der politischen Ökonomie als »die große Republik des Handels« bezeichnet hatten).

Marx interessiert sich jetzt für die Widersprüche, die gerade die Universalität dieser Form hervorbringt. In der Sphäre der Produktion, in die die Lohnarbeiter aufgrund eines Vertrags als freie Verkäufer ihrer eigenen Arbeitskraft eintreten, kommt unmittelbar ein Kräfteverhältnis zum Ausdruck, und das nicht nur aufgrund der unbestimmt langen Reihe von Gewalttätigkeiten, die sie anspricht und verdeckt, sondern als Mittel, um das Kollektiv der Produzierenden (das in der großen Industrie technisch erforderlich ist) in ein erzwungenes Nebeneinander voneinander getrennter Individualitäten zu zerlegen. Es geht dabei durchaus darum, wie wir – Rousseau plagiierend – sagen können, »die Individuen dazu zu zwingen, frei zu sein«. Zugleich beschreibt Marx die Bewegung des Kapitals als die eines großen »Automaten«, der von den Individuen unabhängig ist, der unaufhörlich Mehrarbeit aus ihnen herauspumpt, um sich selbst zu verwerten, und in Bezug auf den die Kapitalisten nichts weiter sind als dessen »bewusste« Instrumente. Damit wird die grundlegende Bezugnahme der Menschenrechte auf den freien Willen der Individuen vollständig annulliert, ganz genau so wie auch die gesellschaftliche Nützlichkeit jeder einzelnen Arbeit annulliert worden war. Auf dieselbe Weise, wie der Wert »an sich« in den Körper des Geldes projiziert wurde, wird nun die Tätigkeit, die Produktivität und die physische und intellektuelle Handlungsmacht [*puissance*] in diesen neuen Leviathan projiziert, den das gesellschaftliche Kapital darstellt, dem diese Macht in einer quasi theologischen Art und Weise »von Natur aus« zuzukommen scheint, weil die Individuen nur aufgrund ihrer Zugehörigkeit zum Kapital über diese Macht verfügen.

Allerdings ist es ganz unvermeidlich, dass die Betonung dieser Widersprüche sich auch auf die Bedeutung der »Menschenrechte« auswirkt, da diese von hier aus betrachtet zugleich als die Sprache erscheinen, durch die sich die Ausbeutung maskiert, und als diejenige, in der der Klassenkampf der Ausgebeuteten seinen Ausdruck findet. Es handelt sich also eher um einen *Einsatz*, der auf dem Spiel steht, als um eine Wahrheit oder eine Illusion. Und in der Tat ironisiert *Das Kapital* – in seinem Kapitel über den »Arbeitstag«,[100] in

100 Vgl. Ebd., S. 245–320.

dem über die ersten Episoden des »Bürgerkriegs zwischen der Kapitalistenklasse und der Arbeiterklasse«[101] berichtet wird – den »prunkvollen Katalog der »unveräußerlichen Menschenrechte«[102] und wertet dagegen die »bescheidne Magna Charta eines gesetzlich beschränkten Arbeitstags« auf, in der »die Arbeiter [...] als Klasse ein Staatsgesetz erzwingen, ein übermächtiges gesellschaftliches Hindernis, das sie selbst verhindert, durch freiwilligen Kontrakt mit dem Kapital sich und ihr Geschlecht in Tod und Sklaverei zu verkaufen«.[103] Aber Marx hat, aufgrund seiner revolutionären Perspektive der Überwindung des Kapitalismus nicht mit dieser Negation der individuellen Freiheit und Gleichheit geschlossen, sondern ist weitergegangen zur »Negation der Negation«, das heißt zur Wiederherstellung des »individuelle[n] Eigentums auf Grundlage der Errungenschaft der kapitalistischen Ära«[104] (in anderen Worten, zur Vergesellschaftung der Produktionsmittel).

Vom Idol zum Fetisch

Können wir jetzt schon Bilanz ziehen, was dieser Durchgang erbracht hat, der – Marx' eigenem Schwanken folgend – uns von der Ideologie zum Fetischismus und zu den unterschiedlichen Interpretationsmöglichkeiten dieser Konzepte geführt hat? Jeder Vergleich muss selbstverständlich zugleich berücksichtigen, welche Elemente die beiden Darstellungen gemeinsam haben, und welcher Abstand sie voneinander trennt: Auf der einen Seite steht ein provisorischer, niemals veröffentlichter Text, die *Deutsche Ideologie* (auch wenn sich überall bei Marx Spuren seiner Formulierungen finden lassen); auf der anderen Seite haben wir es mit einer lange Zeit überarbeiteten Darstellung zu tun, die ihr Autor an einer strategischen Stelle seiner »Kritik der politischen Ökonomie« platziert hat, die Fetischismusanalyse im *Kapital*. Zwischen beiden liegt eine vollständige »Umschmelzung« von Marx' wissenschaftlichem Vorhaben, ein Wechsel des Terrains, wenn nicht sogar der Zielsetzung, eine Berichtigung der Perspektiven der sozialen Revolution, die von etwas unmittelbar Bevorstehenden zu einer Sache der langen Dauer werden.

101 Ebd., S. 316.
102 Ebd., S. 320.
103 Ebd.
104 Ebd., S. 791.

Den Theorien der Ideologie und des Fetischismus ist offensichtlich die Tatsache gemeinsam, dass sie es unternehmen, die Lage der Individuen, die durch die universelle Ausdehnung der Arbeitsteilung und der Konkurrenz voneinander getrennt sind, mit der Konstitution und dem Inhalt der in der bürgerlichen Epoche »herrschenden« *Abstraktionen* (oder auch *Allgemeinheiten* beziehungsweise *Universalien*) in Beziehung zu setzen. Außerdem ist ihnen gemeinsam, dass sie den inneren Widerspruch zu analysieren versuchen, der sich im Kapitalismus zwischen der praktischen Universalität der Individuen (die Vielfalt ihrer gesellschaftlichen Verhältnisse, die mit der modernen Technik gegebenen Möglichkeiten einer Entfaltung ihrer singulären »Fähigkeiten«) und der theoretischen Universalität der Begriffe der Arbeit, des Wertes, des Eigentums und der Person entwickelt (die die Tendenz hat, alle Individuen auf austauschbare Repräsentanten ein und derselben Art beziehungsweise eines »Wesens« zu reduzieren). Schließlich ist da noch die Benutzung eines großen logischen Schematismus, den Marx von Hegel und Feuerbach übernommen und beständig überarbeitet, aber niemals aufgegeben hat: der der *Entfremdung.*[105]

Entfremdung bedeutet das Vergessen des wirklichen Ursprungs der Ideen oder der Allgemeinheiten, aber auch die Verkehrung des »wirklichen« Verhältnisses zwischen den Individuen und der Gemeinschaft. Auf die Aufspaltung der wirklichen Gemeinschaft der Individuen folgt eine Projektion oder auch Transposition des gesellschaftlichen Verhältnisses in ein äußerliches »Ding« als drittes Glied des Verhältnisses. Nur ist ganz einfach im ersten Fall, dem der *Deutschen Ideologie*, dieses Ding ein »Idol«, also eine abstrakte Vorstellung, die durch sich selbst, aus eigener Kraft, im Himmel der Ideen zu existieren scheint (die Freiheit, die Gerechtigkeit, die Menschlichkeit und das Recht), während es im zweiten Fall, im *Kapital*, ein »Fetisch« ist, also ein materielles Ding, das ganz irdisch zu sein und zur Natur zu gehören scheint, auch wenn es auf die Individuen eine unwiderstehliche Macht ausübt (die Ware und vor allem das Geld).

Aber dieser Unterschied bringt bemerkenswerte Konsequenzen mit sich, die sich dann sowohl bei Marx selbst als auch bei allen denen, die ihm nachgefolgt sind (als Marxistinnen

105 [Vgl. die Untersuchungen von Joachim Israel, *Der Begriff Entfremdung,* Hamburg 1972, István Mészáros, *Der Entfremdungsbegriff bei Marx,* München 1973, und Rahel Jaeggi, *Entfremdung. Zur Aktualität eines sozialphilosophischen Problems,* Frankfurt/M. 2005.]

oder auch als Nicht-Marxisten), entfalten. Wir können sie schematisch zusammenfassen, indem wir festhalten, dass in der *Deutschen Ideologie* eine Theorie der Konstituierung von *Macht* umrissen wird, während im *Kapital* mittels seiner Definition des Fetischismus ein Mechanismus der *Subjektion beziehungsweise Subjektivierung* [*sujétion*] beschrieben wird. Selbstverständlich sind diese beiden Probleme nicht gänzlich voneinander unabhängig. Sie lenken unsere Aufmerksamkeit aber auf unterschiedliche gesellschaftliche Prozesse und haben eine ganz unterschiedliche Bedeutung für unser Nachdenken über die Befreiung.

Diese Alternative können wir in einer ganzen Reihe von Registern darstellen, etwa im Hinblick auf die Art der Bezugnahme auf die Arbeit und die Produktion: Von Seiten der Ideologietheorie wird die Verleugnung oder auch das Vergessen der materiellen Produktionsbedingungen sowie der von ihnen ausgehenden Zwänge betont. Im Bereich der Ideologie wird jegliche Produktion verleugnet oder nur sublimiert aufgefasst, so dass sie zu einer freien »Schöpfung« wird. Aus diesem Grunde ist für diesen Bereich das Nachdenken über die Teilung von körperlicher und geistiger Arbeit beziehungsweise über die »intellektuelle Differenz« von zentraler Bedeutung. Wir haben gesehen, wie sie es Marx ermöglicht hat, den Mechanismus zu erklären, aufgrund dessen sich eine ideologische Klassenherrschaft reproduzieren und legitimieren kann. Von Seiten der Fetischismustheorie wird dagegen die Art und Weise betont, in der jegliche Produktion der Reproduktion des Tauschwertes untergeordnet wird. Was dabei ins Zentrum rückt, ist die Form der Warenzirkulation und die sich für jeden ihrer Grundbegriffe durchsetzende eindeutige Entsprechung zwischen ökonomischen und juristischen Auffassungen: etwa in Gestalt der egalitären Form des Austausches und der entsprechenden Form des Vertrages oder auch in Gestalt der »Freiheit«, zu kaufen oder zu verkaufen, und ihrer Entsprechung in der persönlichen »Freiheit« der Individuen.

Wir könnten auch noch zeigen, dass die Erscheinungsformen der Entfremdung, mit denen wir es hier zu tun haben, sich gleichsam in umgekehrter Richtung entwickeln: Einerseits beruhen sie auf einem Glauben – sie haben mit dem »Idealismus« der Individuen zu tun (der sich auf die transzendenten Werte bezieht, auf die sie sich berufen, also auf Gott, auf die Nation, auf das Volk und sogar auf die Revolution) –; andererseits beruhen sie auf ihrer Wahrnehmung – sie ergeben sich aus dem Realismus beziehungsweise »Utilitarismus« der Individuen (mit ihren Evidenzen des Alltagslebens: dem Nutzen, dem Preis der Dinge und den Regeln des »normalen« Verhaltens). Allein das schon kann nicht ohne politische Konsequenzen bleiben, denn wir wissen doch, dass die Politik (einschließlich der revolutionären Politik) zugleich eine Frage der Ideale und eine Frage der Gewohnheiten ist.

Staat oder Markt

Aber dieser Unterschied führt uns letztlich zu dem großen Gegensatz, zu dem sich alle zuvor angesprochenen zusammenfassen: Die Theorie der Ideologie ist grundlegend eine *Theorie des Staates* (das heißt der Form der Herrschaft, die den Staat ausmacht), während die Theorie des Fetischismus in genauso grundlegendem Ausmaß eine *Theorie des Marktes* darstellt (das heißt der Form der Subjektion und Subjektivierung oder der Konstitution der »Welt« von Subjekten und Objekten, die der Organisation der Gesellschaft als Markt und ihrer Beherrschung durch die Mächte des Warenverkehrs zugrunde liegt). Dieser Unterschied lässt sich zweifellos durch die verschiedenen Momente und sogar die Orte erklären (Paris und London, die Hauptstadt der Politik versus die Hauptstadt der Geschäftswelt), in denen Marx sie jeweils ausgearbeitet hat, sowie durch die unterschiedlichen Vorstellungen, die er sich dabei über die Bedingungen und Ziele des revolutionären Kampfs gemacht hat. Von dem Gedanken eines Umsturzes der bürgerlichen Klassenherrschaft, die in Widerspruch zu der Entwicklung der modernen bürgerlichen Gesellschaft getreten ist, wird der Übergang vollzogen zu dem Gedanken einer Auflösung des Widerspruchs, der in der vom Kapitalismus produzierten *Vergesellschaftungsweise* enthalten ist.

Dieser Unterschied lässt sich auch – aber beide Aspekte sind offensichtlich miteinander verbunden – aufgrund der Hauptquellen seines Nachdenkens erklären, die zugleich den Gegenstand seiner Kritik bilden. Die Fetischismusanalyse ist als Kontrapunkt zur Kritik der politischen Ökonomie ausgearbeitet worden, weil Marx bei Smith und vor allem bei Ricardo eine »Anatomie« des Wertes vorgefunden hatte, die ganz und gar auf der Quantifizierung der Arbeit und auf der »liberalen« Auffassung der automatischen Selbstregulierung des Marktes im Zusammenspiel der individuellen

Austauschakte beruhte. Dagegen hat er die Ideologie in Abhängigkeit vom Problem des Staates bearbeitet, weil Hegel – wie wir gesehen haben – eine ganz erstaunliche Begriffsbestimmung des Rechtsstaates als einer Form der Hegemonie, die über die Gesellschaft ausgeübt wird, vorgelegt hatte.

Von dieser Feststellung aus können wir auch die sehr bemerkenswerte Tatsache besser verständlich machen, dass all diejenigen zeitgenössischen Theoretiker, die der Marx'schen Auffassung der Ideologie etwas Wesentliches zu verdanken haben, vor allem auch seiner Konzeption der Produktionsbedingungen der Ideologie beziehungsweise der Ideen, unvermeidlich auf Fragen stoßen, deren Ursprung bei Hegel liegt: die Frage der »organischen Intellektuellen« (Gramsci), der »ideologischen Staatsapparate« (Althusser), des »Staatsadels« und der »symbolischen Gewalt« (Bourdieu). Aber schon Engels hatte sich, als er 1888 (in seinem Text über *Ludwig Feuerbach und den Ausgang der klassischen deutschen Philosophie*) das Marx'sche Konzept der Ideologie wiederentdeckte, zu zeigen vorgenommen, was den Staat zur »ersten ideologischen Macht« macht, und zugleich das Gesetz zu enthüllen, das die historische Abfolge der »Weltanschauungen« beziehungsweise der Formen der herrschenden Ideologie bestimmt, die den Klassenstaaten ihre (religiöse oder juristische) Legitimität verleiht. Dagegen können wir in der Nachfolge der Fetischismusanalyse sowohl die Phänomenologien des von der Logik der Ware oder von der Symbolik des Wertes beherrschten »Alltagslebens« finden (die Frankfurter Schule, Henri Lefebvre, Guy Debord und Agnes Heller) als auch die Untersuchungen des gesellschaftlichen Imaginären, das von der »Sprache« des Geldes und des Gesetzes strukturiert ist (Maurice Godelier, Jean-Joseph Goux oder Castoriadis, der an die Stelle des Strukturbegriffs den der Institution setzt, und sogar noch Jean Baudrillard, der einfach nur Marx in gewisser Weise *umkehrt*, indem er einen »Fetischismus des Gebrauchswertes« untersucht, anstatt sich an den »Fetischismus des Tauschwertes« zu halten.).

IV. Zeit und Fortschritt: noch eine weitere Philosophie der Geschichte?

Die voranstehenden Erörterungen laufen Gefahr, den Eindruck zu vermitteln, dass die Philosophie bei Marx im Grunde immer nur die Bedeutung von *etwas Vorläufigem* hat. Wenn wir die Proklamation eines unmittelbaren Ausstiegs aus der Philosophie einmal hinter uns lassen, was finden wird dann tatsächlich bei Marx vor? Die Ideologiekritik und die Fetischismusanalyse. Nun ist aber die eine die Voraussetzung der Rückkehr zu den Sachen selbst, der Weg durch das abstrakte Bewusstsein hindurch, das im Vergessen seiner Ursprünge in der Arbeitsteilung gründet, während die andere gleichsam die Rückseite der Kritik der politischen Ökonomie darstellt, die den Schein der Objektivität der Warenformen aufhebt, um auf deren gesellschaftliche Konstitution zurückzugehen und die »Substanz« des Werts frei zu legen: die »lebendige Arbeit«.

Bedeutet dies, dass sich von Marx' Standpunkt aus die Philosophie in einer Kritik der soziologischen, ökonomischen und politischen Vernunft (oder auch der entsprechenden Unvernunft) erschöpft? Das ist es ganz offensichtlich nicht, was er vorhat. Die Ideologiekritik oder auch die Fetischismusanalyse sind bereits ein Bestandteil der Erkenntnis. Sie bilden ein Moment in der Anerkennung der Historizität der gesellschaftlichen Verhältnisse (und in der Konsequenz daher auch – wenn wir uns an die programmatische Gleichung erinnern, die in der sechsten These über Feuerbach vertreten wird – der Historizität des »menschlichen Wesens«). Sie vertreten die Auffassung, dass sich die Arbeitsteilung, die Entwicklung der Produktivkräfte und der Klassenkampf als ihr eigenes Gegenteil manifestieren. Das in der Ideologie als autonom gesetzte theoretische Bewusstsein und die spontane Vorstellung von Subjekten und Objekten, die von der Warenzirkulation ausgelöst wird, haben dieselbe allgemeine Form: Sie konstruieren die Fiktion eines »Wesens« [*nature*], sie negieren die historische Zeit, und sie negieren ihre eigene Abhängigkeit von vergänglichen Bedingungen – oder sie entziehen sich ihnen zumindest, indem sie diese Momente ihrer Historizität in die Vergangenheit wegsperren.

Im *Elend der Philosophie* wurde dies 1847 so formuliert: »Die Ökonomen verfahren auf eine singuläre Art. Es gibt für sie nur zwei Arten von Institutionen, künstliche und natürliche. Die Institutionen der Feudalität sind [für sie] künstliche

Institutionen, die der Bourgeoisie natürliche Institutionen. Sie ähneln darin den Theologen, die auch zwei Sorten von Religionen unterscheiden. Jede Religion, die nicht die ihre ist, ist eine Erfindung der Menschen, während ihre eigene Religion ein Ausfluss Gottes ist. Indem die Ökonomen sagen, daß die gegenwärtigen Verhältnisse – die bürgerlichen Produktionsverhältnisse – natürliche sind, so geben sie damit zu verstehen, daß dies hier Verhältnisse sind, in denen die Erzeugung des Reichtums und die Entwicklung der Produktivkräfte sich gemäß der Natur vollziehen. Somit sind diese Verhältnisse selbst von der Existenz der Zeit unabhängige Naturgesetze. Es sind ewige Gesetze, welche stets die Gesellschaft zu regieren haben. Somit hat es eine Geschichte gegeben, aber es gibt keine mehr.«[106]

Der kritische Moment in Marx' Arbeit verweist also auf eine Entgegensetzung zwischen der Natur als Wesen (oder auch des »metaphysischen« Standpunktes) und der Geschichte (Gramsci sollte von einem »absoluten Historismus« reden). Und die Philosophie von Marx – unabhängig davon, ob sie fertig geworden ist oder nicht – stellt sich selbst die Aufgabe, die Materialität der historischen Zeit zu denken. Diese Fragestellung ist aber wiederum – wie wir es gleichermaßen gesehen haben – untrennbar von einer Beweisführung, die von Marx immer wieder von Neuem in Angriff genommen wird – nämlich dass der Kapitalismus, die »bürgerliche Gesellschaft«, in sich selbst die Notwendigkeit des Kommunismus enthalten. Sie sind, wie Leibniz gesagt hätte, schwanger mit der Zukunft. Und diese Zukunft ist *morgen*. Die Zeit ist allem Anschein nach nur ein anderer Name für den Fortschritt, sofern sie nicht einfach dessen formelle Bedingung der Möglichkeit ist. Dieser Frage müssen wir, um zum Schluss zu kommen, nachgehen.

Die Negation der Negation

Man erinnert sich an die berühmten Sätze des Vorwortes von *Zur Kritik der politischen Ökonomie* (1859): »[…] In der

106 Karl Marx, *Das Elend der Philosophie*, MEW 4, Berlin 1972, S. 139. [Die deutsche Übersetzung der MEW ist hier anhand des von Balibar zitierten französischen Originaltextes korrigiert, vgl. Karl Marx, *Misère de la philosophie. Réponse à la Philosophie de la misère de M. Proudhon*, »II. La métaphysique de l'économie politique«, »1. La méthode, septième et dernière observation«, Paris 1961, S. 129.]

gesellschaftlichen Produktion ihres Lebens gehen die Menschen bestimmte, notwendige, von ihrem Willen unabhängige Verhältnisse ein, Produktionsverhältnisse, die einer bestimmten Entwicklungsstufe ihrer materiellen Produktivkräfte entsprechen. [...] Auf einer gewissen Stufe ihrer Entwicklung geraten die materiellen Produktivkräfte der Gesellschaft in Widerspruch [mit den vorhanden Produktionsverhältnissen oder, was nur ein juristischer Ausdruck dafür ist,] mit den Eigentumsverhältnissen, innerhalb derer sie sich bisher bewegt hatten. Aus Entwicklungsformen der Produktivkräfte schlagen diese Verhältnisse in Fesseln derselben um. Es tritt dann eine Epoche der sozialen Revolution ein. Mit der Veränderung der ökonomischen Grundlage wälzt sich der ganze ungeheure Überbau langsamer oder rascher um. [...] Eine Gesellschaftsformation geht nie unter, bevor alle Produktivkräfte entwickelt sind, für die sie weit genug ist, und neue höhere Produktionsverhältnisse treten nie an die Stelle, bevor die materiellen Existenzbedingungen derselben im Schoß der alten Gesellschaft selbst ausgebrütet worden sind. Daher stellt sich die Menschheit immer nur Aufgaben, die sie lösen kann, denn genauer betrachtet wird sich stets finden, daß die Aufgabe selbst nur entspringt, wo die materiellen Bedingungen ihrer Lösung schon vorhanden oder wenigstens im Werden begriffen sind. In großen Umrissen können asiatische, antike, feudale und moderne bürgerliche Produktionsweisen als progressive Epochen der ökonomischen Gesellschaftsformation bezeichnet werden.«[107]

Lesen wir anschließend erneut noch einmal einige schlagende Formulierungen des *Kapital* (1867): »Aus dem Fabriksystem [...] entsproß der Keim der Erziehung der Zukunft, welche für alle Kinder über einem gewissen Alter produktive Arbeit mit Unterricht und Gymnastik verbinden wird, nicht nur als eine Methode zur Steigerung der gesellschaftlichen Produktion, sondern als einzige Methode zur Produktion vollseitig entwickelter Menschen.«[108] »Die moderne Industrie betrachtet und behandelt die vorhandne Form eines

107 Karl Marx, »Zur Kritik der politischen Ökonomie. Einleitung«, MEW 13, Berlin 1961, S. 8f.

108 Karl Marx, *Das Kapital,* Bd. 1, MEW 23, S. 507f. [Balibar zitiert hier das *Kapital* nach der Ausgabe in den *Éditions Sociales,* Paris 1960, die auf der Übersetzung von E. Roy beruht, die einen eigenen Bearbeitungsstand des *Kapital*-Textes darstellt (vgl. Werner Krause: »Zur Vorgeschichte der französischen Ausgabe des ersten Bandes des *Kapitals* von 1872 bis 1875«, in: *Beiträge zur Marx-Engels-Forschung.* Neue Folge, Bd. 20, Berlin 2012, S. 20–33). Ich gebe den allgemein verbreiteten Text der MEW wieder, der sich in den

Produktionsprozesses nie als definitiv. Ihre technische Basis ist daher revolutionär, während die aller früheren Produktionsweisen wesentlich konservativ war.«[109] »Andererseits reproduziert sie in ihrer kapitalistischen Form die alte Teilung der Arbeit mit ihren knöchernen Partikularitäten. Man hat gesehn, wie dieser absolute Widerspruch [...] im ununterbrochenen Opferfest der Arbeiterklasse, maßlosester Vergeudung der Arbeitskräfte und den Verheerungen gesellschaftlicher Anarchie sich austobt. Dies ist die negative Seite. Wenn aber der Wechsel der Arbeit sich jetzt nur als überwältigendes Naturgesetz und mit der blind zerstörenden Wirkung eines Naturgesetzes durchsetzt, das überall auf Hindernisse stößt, macht die große Industrie [...] selbst es zur Frage von Leben und Tod, [...] die Ungeheuerlichkeit einer elenden, für das wechselnde Exploitationsbedürfnis des Kapitals in Reserve gehaltenen, disponiblen Arbeitsbevölkerung zu ersetzen durch die absolute Disponibilität des Menschen für wechselnde Arbeitserfordernisse; das Teilindividuum, den bloßen Träger einer gesellschaftlichen Detailfunktion, durch das total entwickelte Individuum, für welches verschiedne gesellschaftliche Funktionen einander ablösende Betätigungsweisen sind.«[110] »[...] unterliegt es keinem Zweifel, daß die unvermeidliche Eroberung der politischen Gewalt durch die Arbeiterklasse auch dem technologischen Unterricht, theoretisch und praktisch, seinen Platz in den Arbeiterschulen erobern wird. Es unterliegt ebensowenig einem Zweifel, daß die kapitalistische Form der Produktion und die ihr entsprechenden ökonomischen Arbeiterverhältnisse im diametralen Widerspruch stehn mit solchen Umwälzungsfermenten und ihrem Ziel, der Aufhebung der alten Teilung der Arbeit. Die Entwicklung der Widersprüche einer geschichtlichen Produktionsform ist jedoch der einzig geschichtliche Weg ihrer Auflösung und Neugestaltung.«[111]

Und um zum Schluss zu kommen, zitieren wir noch die abschließenden Sätze des ersten Bandes des *Kapital*, die wir oben bereits angeführt haben:[112] »[...] Sobald dieser

zitierten Passagen nicht signifikant von der von Balibar zitierten Fassung unterscheidet.]

109 Ebd. S. 510f.

110 Ebd., S. 511.

111 Ebd., S. 512.

112 Vgl. das 24. Kapitel, »Die sogenannte ursprüngliche Akkumulation«, »7. Geschichtliche Tendenz der kapitalistischen Akkumulation«. [Es folgt zwar noch – womöglich, um die preußischen Zensur zu überlisten – ein eher wenig aufregendes 25. Kapitel, »Die moderne Kolonisationstheorie«, aber inhaltlich

Umwandlungsprozeß nach Tiefe und Umfang die alte Gesellschaft hinreichend zersetzt hat, sobald die Arbeiter in Proletarier, ihre Arbeitsbedingungen in Kapital verwandelt sind, sobald die kapitalistische Produktionsweise auf eignen Füßen steht, gewinnt die weitere Vergesellschaftung der Arbeit und weitere Verwandlung der Erde und anderer Produktionsmittel in gesellschaftlich ausgebeutete, also gemeinschaftliche [...] eine neue Form. Was jetzt zu expropriieren ist, ist nicht länger der selbstwirtschaftende Arbeiter, sondern der viele Arbeiter exploitierende Kapitalist. Diese Expropriation vollzieht sich durch das Spiel der immanenten Gesetze der kapitalistischen Produktion selbst, durch die Zentralisation der Kapitale.«[113] »Mit der beständig abnehmenden Zahl der Kapitalmagnaten, welche alle Vorteile dieses Umwandlungsprozesses usurpieren und monopolisieren, wächst die Masse des Elends, des Drucks, der Knechtschaft, der Entartung, der Ausbeutung, aber auch die Empörung der stets anschwellenden und durch den Mechanismus des kapitalistischen Produktionsprozesses selbst geschulten, vereinten und organisierten Arbeiterklasse. Das Kapitalmonopol wird zur Fessel der Produktionsweise, die mit und unter ihm aufgeblüht ist. Die Zentralisation der Produktionsmittel und die Vergesellschaftung der Arbeit erreichen einen Punkt, wo sie unverträglich werden mit ihrer kapitalistischen Hülle. Sie wird gesprengt. Die Stunde des kapitalistischen Privateigentums schlägt. Die Expropriateurs werden expropriiert.«[114] »Aber die kapitalistische Produktionsweise erzeugt mit der Notwendigkeit eines Naturprozesses ihre eigne Negation. Es ist Negation der Negation.«[115]

Zweideutigkeit der Dialektik

Wie kann es da noch einen Zweifel daran geben, dass Marx im 19. Jahrhundert – zwischen Saint-Simon und Jules Ferry – ein typischer Vertreter des Gedankens (oder auch der Ideologie)

hat das Ende des 24. Kapitels abschließenden Charakter. Bemerkenswert an dem, was folgt, ist der Absatz, in dem die »Verwandlung des auf eigner Arbeit der Individuen beruhenden, zersplitterten Privateigentums« als ein »Prozeß« charakterisiert wird, der »ungleich mehr langwierig, hart und schwierig« ist, als die »Verwandlung des tatsächlich bereits auf gesellschaftlichem Produktionsbetrieb beruhenden kapitalistischen Eigentums in gesellschaftliches« (S. 791).]

113 Ebd., S. 790.

114 Ebd., S. 790f.

115 Ebd., S. 791.

des *Fortschritts* gewesen ist? Robert Nisbet schreibt in seiner *History of the Idea of Progress*: »Es gibt nur wenige derart fantastische Behauptungen wie die These derjenigen westlichen Marxisten, die Marx heute aus der evolutionistischen und progressistischen Tradition des 19. Jahrhunderts herauslösen wollen.«[116] Für Marx ist ganz einfach der Fortschritt weder mit der Modernität noch mit dem Liberalismus gleichzusetzen und erst recht nicht mit dem Kapitalismus. Sondern er besteht vielmehr, durchaus »dialektisch«, im Kapitalismus, insofern er den Sozialismus unvermeidlich werden lässt, und umgekehrt entsprechend im Sozialismus, insofern er die Widersprüche des Kapitalismus löst…

Darin liegt zweifellos eine der Ursachen für den philosophischen Misskredit, in den heute die »materialistische Geschichtsauffassung« geraten ist, mit der der Name von Marx verbunden ist. Denn wir erleben heute den Niedergang der Idee des Fortschritts, um eine Formulierung von Georges Canguilhem aufzunehmen.[117] Die Konzeption [*notion*] der Dialektik – in ihrer Hegel'schen (Dialektik des »Geistes«), Marx'schen (Dialektik der »Produktionsweisen«) oder post-Engels'schen (Dialektik der »Natur«) Fassung – nimmt in dieser Hinsicht eine von Grund auf zweideutige Position ein. Für manche stellt sie eine Alternative zum Positivismus des Fortschritts dar. In der Tat stellt sie dem Schema einer kontinuierlichen, einförmig aufsteigenden Bewegung – »der Fortschritt ist die Entwicklung der Ordnung«, wie es Auguste Comte formuliert hat, der seinerseits einräumte, dass er diesen Gedanken der Aufklärung und insbesondere Condorcet verdankte – die Vorstellung von Krisen, von »unversöhnlichen« Konflikten und von »der Gewalt in der Geschichte« entgegen. Andererseits kann sie aber auch als die vollendete Verwirklichung der Ideologie des Fortschritts (ihrer unwiderstehlichen *Macht* [*puissance*]) bezeichnet werden, da sie doch darauf abzielen würde, all das »Negative« in einer höheren Synthese zusammenzufassen, um ihm einen Sinn zu verleihen und um es »in letzter Instanz« in den Dienst eben dessen zu stellen, dem es zu widersprechen scheint.

116 Robert Nisbet, *History of the Idea of Progress,* New York 1980. [Für eine genauere Untersuchung vgl. auch Denis Mäder, *Fortschritt bei Marx,* Berlin 2010.]

117 Vgl. Georges Canguilhem, »Der Niedergang der Idee des Fortschritts«, in: Ders., *Wissenschaft, Technik, Leben. Beiträge zur historischen Epistemologie*, Berlin 2006, S. 123–156.

Dieses Kapitel verfolgt das Ziel, zu zeigen, dass sich die Sachlage nicht derart einfach darstellt, wie dies eine einfache Umkehrung der Bewertung annehmen ließe. Schon bei Marx selber (bei dem hier an erster Stelle nicht die bloßen Meinungen von Bedeutung sind, sondern seine Überlegungen und Untersuchungen) liegt die Sache nicht so einfach. Das ist auch aufgrund der Vielfalt an Fragen der Fall, die von der allzu hastigen Vorstellung eines »Paradigmas« des Fortschritts verdeckt werden. Anstatt also bei Marx die »Exemplifizierung« einer allgemeinen Idee nachlesen zu wollen, ist es eher von Interesse, ihn gleichsam wie eine »Entwicklungsflüssigkeit« zu nutzen, als jemanden der durch seine Analysen dazu beiträgt, die in einer derartigen Idee angelegten Probleme zu enthüllen.

Die marxistischen Fortschrittsideologien

Aber wir müssen uns zunächst das ganze Ausmaß des Raumes klar machen, das der Marxismus – als Theorie und als Massenbewegung beziehungsweise Massen-»Glauben« – in der Sozialgeschichte des Fortschrittsgedankens einnimmt. Wenn es denn bis weit in unsere eigene Epoche hinein nicht bloß mehr oder minder einflussreiche Fortschrittslehren gegeben hat (und wer sagt, dass diese nicht immer noch existieren?), sondern geradezu einen kollektiven »Mythos« des Fortschritts, dann verdanken wir dies doch zu einem wesentlichen Teil dem Marxismus. Denn er ist es vor allem gewesen, der den Gedanken dauerhaft verankert hat, dass »die von unten« eine aktive Rolle in der Geschichte spielen, indem sie sich selbst voranbringen und damit auch die Geschichte »nach oben« vorantreiben. In dem Maße, wie die Idee des Fortschritts mehr als eine Hoffnung zum Inhalt hat, nämlich eine antizipierte Gewissheit, ist diese Vorstellung für ihn ganz unverzichtbar – und man könnte das 20. Jahrhundert gar nicht verstehen, wenn man von ihr absehen würde. Zumindest seit der schweren Prüfung des Ersten Weltkriegs »wissen« die Zivilisationen, wie Valéry schrieb, »dass sie sterblich sind«, und es ist eigentümlich unwahrscheinlich geworden, dass der Fortschritt von selbst, spontan, eintritt… Nur noch der Gedanke, dass er auf revolutionäre oder reformistische Weise von den nach ihrer eigenen Befreiung strebenden Massen errungen wird, kann dieser Vorstellung noch Glaubwürdigkeit verleihen. Eben dazu hat der Marxismus gedient, und man sollte sich dann auch nicht darüber wundern, dass er gleichzeitig in seinem eigenen Inneren der herausragenden Bedeutung dieser Vorstellung des Fortschritts immer mehr Gewicht verliehen hat.

Es ist richtig, in diesem Zusammenhang vom Marxismus zu sprechen und nicht nur vom Sozialismus. Die These vom gesellschaftlichen Fortschritt (von seiner Unvermeidlichkeit und seiner Positivität) ist zwar gewiss ein Bestandteil der gesamten sozialistischen Tradition – in ihrer »utopischen« ebenso wie in ihrer »wissenschaftlichen« Strömung. Hierher gehören etwa: Saint-Simon, Proudhon, Henry George (dessen *Progress and Poverty* im Jahre 1879 in San Francisco publiziert wird). Aber der Marxismus hat dann *faktisch* eine dialektische Version dieses Gedankens vorgebracht (wodurch der Inhalt dieser Idee gewissermaßen verdoppelt) und deren Verbreitung unter den großen sozialen und politischen Bewegungen der unterschiedlichen europäischen und außereuropäischen »Welten« sichergestellt wurde.

Benjamin — Geboren in Berlin im Jahre 1892 und gestorben in Port-Bou im Jahre 1940 (wo er sich aus Furcht, von der franquistischen Polizei der Gestapo ausgeliefert zu werden, selbst tötete) [vgl. dazu auch Ingrid Scheurmann und Konrad Scheurmann, *Für Walter Benjamin*, Bonn 1992, Ingrid Scheurmann, *Neue Dokumente zum Tode Walter Benjamins*, Bonn 1992, sowie »Portbou, Terminus«, in: *Libération*, 8. August 2006]. Walter Benjamin wird oft zu Unrecht als ein Vertreter der Frankfurter Schule (Adorno, Horkheimer, der frühe Marcuse und später Habermas) betrachtet, auf die er sich nur als ein im Schatten gebliebener und schlecht verstandener »Weggefährte« bezogen hat. In seiner Jugend war er stark von Georges Sorel beeinflusst worden, Autor des Buches *Über die Gewalt* (Innsbruck 1928, Frankfurt/M. 1969, Lüneburg 2007, [frz. *Réflexions sur la violence*, Paris 1908, Erstveröffentlichung in der Zeitschrift *Mouvement socialiste,* 1906]), sowie von Franz Kafka. Er ist eng befreundet mit dem Theoretiker und Historiker der jüdischen Mystik Gershom Scholem. Später sollte er von seiner Gefährtin Asja Lacis, einer litauischen Revolutionärin, zum Kommunismus bekehrt werden und war einige Jahre sehr eng mit Bertolt Brecht verbunden, dessen Projekte einer eingreifenden Literatur er teilte. Seine Doktorarbeit *Der Begriff der Kunstkritik in der deutschen Romantik* (1919), Bern 1920 [frz. Paris 1986] und sein späteres Werk über den *Ursprung des deutschen Trauerspiels*, Berlin 1928, das er 1925 als Habilitationsschrift hatte zurückziehen müssen, eröffnen ihm keinen Zugang zur Universitätslaufbahn, was ihn zu einer – durch die Machtübernahme der Nazis noch weiter verschärften –

Prekarität verurteilte. Der wesentliche Teil seiner aus Fragmenten und Versuchen bestehenden Arbeiten, von denen sich einige auf Baudelaire als die große Inspiration seines reifen Werks bezogen haben (vgl. Walter Benjamin, »Über einige Motive bei Baudelaire«, in: *Zeitschrift für Sozialforschung*, 1939, sowie die Bände IV.1 und IV.2 der *Gesammelten Schriften*, Frankfurt/M. 1972–1999,[1] und vor allem das aus dem *Passagenwerk* ausgegliederte Baudelaire-Fragment, das unter dem Titel *Charles Baudelaire – Ein Lyriker im Zeitalter des Hochkapitalismus*, Frankfurt/M. 1974, veröffentlicht wurde [frz. Paris 1982]) sollte dazu dienen, ein historisches, philosophisches und ästhetisches Werk über die »Pariser Passagen« zu bilden, in dem die Kombination von Fantastik und Rationalität untersucht wird, die die moderne »Alltäglichkeit« ausmacht (vgl. die Bände V.1 und V.2 in Benjamins *Gesammelten Schriften*, [frz., übersetzt von J. Lacoste, Paris 1989], vgl. außerdem Christine Buci-Glucksmann, *La raison baroque de Baudelaire à Benjamin*, Paris 1984, Susan Buck-Morss, *The Dialectics of Seeing: Walter Benjamin and the Arcades Project*, Boston 1991, [Michael Löwy, *Walter Benjamin. Avertissement d'incendie*, Paris 2000, Beatrice Hanssen (Hg.) *Walter Benjamin and the Arcades Project*, London 2006]).[2] Nach seiner Distanzierung von der Sowjetunion und im tragischen Kontext des Nazismus zielt seine Kritik der Ideologien des Fortschritts, vor allem in seinen Thesen »Über den Begriff der Geschichte« von 1940 darauf ab, eine zugleich politische und religiöse Reflexion der *Jetztzeit** in Gang zu setzen, die als Augenblick des Bruchs in der Geschichte begriffen wird, in dem sich Zerstörung und Erlösung gegenübertreten.

[1] [vgl. Friedrich Engels, »Die Rolle der Gewalt in der Geschichte«, MEW 21, Berlin 1962.]

[2] [Vgl. Walter Benjamin, *Gesammelte Schriften*, unter Mitwirkung von Theodor W. Adorno und Gershom Scholem, hg. von Rolf Tiedemann und Hermann Schweppenhäuser, Frankfurt/M. 1972–1999, revidierte Taschenbuch-Ausgabe, Bände I–VII, Frankfurt/M. 1991. Seit 2008 erscheint bei Suhrkamp eine 21-bändige Kritische Gesamtausgabe Benjamins unter dem Titel *Werke und Nachlaß*. Die Fragen, was zum Passagen-Projekt gehört und ob und wann Benjamin es aufgegeben hat, beziehungsweise was dieses »Aufgeben« bedeutet hat, sind immer noch strittig, vgl. Irving Wohlfarth, »Die Passagenarbeit«, in Burkhardt Lindner (Hg.), Benjamin-Handbuch. Leben – Werk – Wirkung, Stuttgart 2006, S. 251–274.]

Walter Benjamin und Antonio Gramsci haben dann – mit einigen Jahren an Zeitabstand und jeder auf seine Weise – den Marxismus ohne jede Nachsicht von innen kritisiert, und zwar gerade aus diesem Grunde. In seinen Gefängnisheften hat Gramsci den »Ökonomismus« der II. und III. Internationale als Fatalismus beschrieben, mit dem sich die Werktätigen und ihre Organisationen eine »subalterne« Weltanschauung bastelten, die die Emanzipation zur unvermeidlichen Konsequenz der Entwicklung der Techniken macht.

Und Walter Benjamin hat in seinem letzten Text, den 1940 verfassten Thesen »Über den Begriff der Geschichte«[118] einen sozialdemokratischen »Fortschrittsbegriff« (These XIII) kritisiert, der von der »Vorstellung ihres [der Geschichte] eine homogene und leere Zeit durchlaufenden Fortgangs nicht abzulösen« ist, und der damit nicht nur dazu beitrug, die deutsche Arbeiterschaft mit der »Meinung [zu korrumpieren], sie schwimme mit dem Strom«, sondern ganz grundsätzlich die »Einfühlung in den Sieger« zu übernehmen, wie sie den »Geschichtsschreiber des Historismus« kennzeichnet (These VII) – und damit die für die Herrschenden charakteristische kontinuistische und kumulative Sichtweise der Geschichte, was dann auf eine marxistische Version eben jenes »Historismus« hinausläuft, dem nach Benjamin der »historische Materialismus« doch gerade entgegenzutreten hätte. Diese Beschreibung (die nicht ohne Anspielungen an gewisse Formulierungen Nietzsches auskommt) trifft unbestreitbar ins Schwarze.

Erinnern wir uns daran, worin die drei großen Errungenschaften des marxistischen »Progressismus« bestanden haben:
1) zunächst in der Ideologie der deutschen Sozialdemokratie, und genereller der II. Internationale. Ihre internen Differenzen (epistemologischer Art: denn sie ist von Anfang an gespalten zwischen einer naturalistischen Konzeption, in der die von Marx erteilte Lehre sich mit der von Darwin verbindet, und einer ethischen Konzeption, in der Marx eher mit der Brille von Kant erneut gelesen wird; sowie politischer Art: mit der Entgegensetzung zwischen dem Revisionismus – Bernstein, Jaurès – und der Orthodoxie – Kautsky, Plechanow, Labriola) lassen nur ihre wesentliche Übereinstimmung noch deutlicher hervortreten: die Gewissheit des Sinns der Geschichte;
2) dann in der Ideologie des sowjetischen Kommunismus und des »realen Sozialismus«. Von Althusser als »posthume

118 Vgl. Walter Benjamin, »Über den Begriff der Geschichte«, *Gesammelte Schriften,* Bd. I/2 Frankfurt/M., S. 691–704, sowie Ders., *Werke und Nachlaß,* Bd. 19, hg. von Gérard Raulet, Berlin 2010, S. 93–106. [Die hier versammelten Überlegungen sind auch als »Geschichtsphilosophische Thesen« bekannt geworden.]

Rache der II. Internationalen«[119] bezeichnet, hat auch sie ihre eigenen Debatten hervorgebracht: die um den Stalin'schen ökonomischen Voluntarismus, um den nachstalinschen Marxismus, der sich mehr und mehr in die Richtung einer bloßen Verwaltung des *Status quo* verschoben hat und sich zugleich in zwei Interessenskreise aufteilte, die die gelegentlich antagonistischen Interessen des »sozialistischen Lagers« und der »internationalen kommunistischen Bewegung« verfolgten. Die interessanteste Aufgabe wäre hier, die auf das äußerste gesteigerte Spannung zu untersuchen, die diese Ideologie gekennzeichnet hat (und die zweifellos auch zu einem guten Teil ihren Einfluss begründet hat) – zwischen einem Projekt des Widerstandes gegen die kapitalistische Modernisierung (ja sogar einer *Rückkehr* zu den kommunitären Lebensweisen, die sie zerstört) und einem Projekt der *Ultra-Modernität* oder des Überholens dieser Modernität durch einen »Sprung nach vorne« in die Zukunft der Menschheit (nicht allein »die Sowjets und die Elektrifizierung« gemäß der Losung Lenins aus dem Jahre 1920, sondern auch die Utopie des neuen Menschen und die Erforschung des Kosmos);

3) schließlich in der Ideologie der *sozialistischen Entwicklung*, die in der Dritten Welt selbst entwickelt worden ist und nach deren Entkolonisierung zugleich von außen auf sie projiziert worden ist. Wichtig ist hier die Feststellung, dass es eine marxistische und eine nichtmarxistische Variante der Idee der Entwicklung gibt. Aber ihre Grenzen stehen nicht fest; es geht vielmehr um einen permanenten intellektuellen und politischen Wettstreit. Indem er im 20. Jahrhundert ein Entwicklungsprojekt für die Peripherie der kapitalistischen Wirtschaftswelt geworden ist (von China bis zu Cuba, auf dem Weg über Algerien oder Mozambik) – auch hier erneut mit seinen reformistischen und revolutionären Varianten, seinen Hoffnungen und Katastrophen – hat der Marxismus am deutlichsten gezeigt, wie tief er mit den gemeinsamen Grundlagen der progressiven ökonomischen Ideologie verbunden geblieben ist, die vom Denken der Aufklärung erarbeitet worden war – von Turgot und Adam Smith bis zu Saint-Simon. Aber ebenso wenig lässt es sich bestreiten, dass die Theorien der Wirtschaftsplanung und des Staates, die auf die Dritte Welt angewandt wurden, ohne die teilweise reale, teilweise auch nur imaginäre Herausforderung, die

119 Louis Althusser, »Anmerkung zur Kritik des ›Personenkults‹«, in: Ders., *Was ist revolutionärer Marxismus*?, Berlin 1973, S. 106f. [frz. Paris 1973].

die »marxistische Lösung« bildete, sich nicht als alternative Theorien der *sozialen* Entwicklung dargestellt hätten. Das ist deutlich sichtbar geworden, seit der monetaristische Liberalismus – und als dessen Gegenstück die »humanitäre Intervention« – ungeteilt regieren.

Es war wichtig, an diese Geschichte zu erinnern – und sei es auch nur in diesen sehr ungefähren Andeutungen, denn sie veranlasst uns dazu, die Kritik des Fortschritts zu relativieren oder zumindest nicht allen ihren vermeintlichen Selbstverständlichkeiten ohne Misstrauen zu begegnen. Die Tatsache, dass die jüngste der Errungenschaften des marxistischen Fortschrittsdenkens eine Ideologie des Herauskommens aus der Unterentwicklung gewesen ist, die zugleich etatistisch, rationalistisch und populistisch war, sollte uns davon abhalten, leichtfertig von Europa aus – und ganz allgemein aus dem Zentrum (oder auch aus dem »Norden«) heraus – das »Ende der Illusionen des Fortschritts« zu verkünden – als ob es wieder einmal an uns läge, zu bestimmen, wo, wann und durch wen die Rationalität, die Produktivität und der Wohlstand zu suchen wäre. Die Frage, welche Funktionen in der Geschichte der Arbeiterbewegung von dem Bild des Vorwärtsmarschs der Menschheit erfüllt worden sind und der Hoffnung, eines Tages zu erleben, wie die individuelle Erfüllung und das kollektive Heil zusammenfielen, wartet noch auf eine detaillierte Untersuchung.[120]

Der Gesamtzusammenhang der Geschichte

Die Kritik des Fortschritts, wie sie gegenwärtig von den postmodernen Philosophen und Philosophinnen banalisiert wird,[121] hält auch noch andere Fußangeln bereit. Das lässt sich in den meisten Fällen bereits an einer Sprache erkennen, die selbst historistisch ist: als Kritik an einer herrschenden Vorstellung, die ein »Paradigma« durch ein anderes ersetzt. Nun sind aber derartig undifferenzierte Vorstellungen mehr

120 Zu der Art und Weise, wie der Marxismus die revolutionäre Idee der Vergesellschaftung in eine evolutionistische Sprache übersetzt hat, vgl. Jean Robelin, *Marxisme et socialisation*, Paris 1989. Über die sozialistischen Zukunftsbilder im 19. und im 20. Jahrhundert vgl. Marc Angenot, *L'utopie collectiviste*, Paris 1993.

121 Vgl. Jean-François Lyotard, *Das postmoderne Wissen*, Wien 1986 [Paris 1979].

als zweifelhaft. Gibt es denn überhaupt *eine Vorstellung, ein Paradigma* des Fortschritts, das seit der Philosophie der Aufklärung bis hin zum Sozialismus und zum Marxismus geherrscht hätte? Nichts ist weniger gewiss. Keine Erörterung dieses Punktes kann es sich ersparen, eine Analyse der Bestandteile der Idee des Fortschritts zu leisten, deren Verbindung eben nicht automatisch erfolgt.

Die Vorstellungen vom Fortschritt, die sich am Ende des 18. Jahrhunderts herausbildeten, stellen sich vor allem als Theorien (oder eher noch als Ideen) über den Gesamtzusammenhang der Geschichte [*l'intégralité de l'histoire*] dar, und zwar nach dem Modell eine raumzeitlichen Kurve, was dann zu unterschiedlichen Alternativen führt. Der Gesamtzusammenhang der Geschichte kann in der Unterscheidung ihrer »Stadien« erfasst werden und in der »Logik« ihrer Abfolge. Oder er kann in dem entscheidenden Charakter eines privilegierten Augenblicks (Krise, Revolution und Umsturz) erfasst werden, der die Gesamtheit der gesellschaftlichen Verhältnisse und das Geschick der Menschheit betrifft. Ebenso kann er als ein unbestimmter Prozess begriffen werden, von dem alleine die Ausrichtung bestimmt werden kann (Bernstein, der Vater des »Revisionismus« sollte in einem berühmt gewordenen Satz sagen: »Das Endziel ist nichts, die Bewegung ist alles.«).[122] Oder sie kann im Gegenteil als ein Prozess definiert werden, der zu einem Endzustand führt – einem »stationären Zustand« der Homogeneität und des Gleichgewichts (wie bei Cournot oder bei Stuart Mill) oder sogar dem »Ultra-Imperialismus« Kautskys – noch weit mehr als bei Hegel, so sehr auch alle diese Konservativen, Liberale und Sozialistinnen dasselbe Bild einer endgültigen Auflösung der Spannungen und der Ungleichheiten miteinander teilen.

Vor allem aber haben alle diese unterschiedlichen Arten und Weisen, sich die Geschichte als eine Teleologie vorzustellen, zur Voraussetzung, dass zwei Thesen miteinander kombiniert werden, die eigentlich voneinander unabhängig sind. Die eine vertritt den Gedanken der *Irreversibilität* und der Linearität der Zeit. Deswegen wird hier jeder Gedanke an eine kosmische Zeit, die zyklisch oder auch aleatorisch verläuft, verworfen (und als mythisch oder auch metaphorisch

122 Dies ist die allgemein Bernstein zugeschriebene Formulierung, vgl. Eduard Bernstein, *Die Voraussetzungen des Sozialismus und die Aufgaben der Sozialdemokratie*, Stuttgart 1899 [frz. Paris 1977]. [Das Buch beruht auf zwei in der von Karl Kautsky herausgebenen Zeitschrift *Neue Zeit* 1897 und 1899 erschienenen Artikeln.]

dargestellt) sowie auch jede Vorstellung einer entsprechenden politischen Geschichte. Halten wir hier bereits fest, dass sich die Irreversibilität nicht mit Notwendigkeit auf Prozesse des Aufstiegs bezieht: Indem sie zum Teil auf physikalische Modelle der »Dissipation der Energie« zurückgreifen, hat ein guter Teil der Historiker und Historikerinnen des 19. Jahrhunderts sich dazu in der Lage gesehen, der Idee des Fortschritts die des Niederganges entgegenzuhalten – auch wenn sie sich dabei im Rahmen derselben Voraussetzungen bewegt haben. (Denken wir nur an Gobineaus *Essai sur l'inégalité des races humaines*, der von 1853 an erscheint und der später dafür benutzt wird, gegenüber dem Schema des »Klassenkampfs« dem des »Rassenkampfs« Glaubwürdigkeit zu verschaffen). Zu der Idee der Irreversibilität muss daher noch ein weiterer Gedanke hinzutreten: der Gedanke der technischen oder moralischen *Vervollkommnung* (oder auch der einer Kombination der beiden Arten der Vervollkommnung). Vervollkommnung bedeutet dabei nicht bloß den Übergang von weniger zu mehr oder vom Schlechteren zum Besseren, sondern ist mit dem Gedanken einer positiven »Bilanz« verbunden, in der die Vorteile die Nachteile überwiegen, also das, was man heute ein Optimum nennen würde. (Denken wir an dieser Stelle an die Art und Weise, wie sich das Leibniz'sche Schema der »besten aller möglichen Welten« in der fortschrittsorientierten Tradition des Liberalismus wiederfindet: von Bentham mit seiner Definition der Nützlichkeit als das Maximum an Befriedigung für die größtmögliche Anzahl bis heute zu Rawls mit seinem »Unterschiedsprinzip«, in dem er die Auffassung vertritt, dass allein jene Ungleichheiten gerecht sind, welche die Lage der am wenigsten Begünstigten verbessern.)[123]

Schließlich kann eine Vorstellung der Geschichte als Fortschritt den Gedanken der Veränderung mit dem einer *immer weiter gesteigerten Fähigkeit* verknüpfen, weitere Veränderungen herbeizuführen – und an dieser Stelle kann aus dem Inneren des Fortschrittsgedankens heraus der Bildungsgedanke betont werden. Damit geht man dann zu einem vierten Bestandteil der klassischen Fortschrittstheorien über, der in einem gewissen Sinne politisch am wichtigsten ist, der zugleich aber auch philosophisch am problematischsten ist: der Gedanke, dass die Transformation, an die beim

123 Vgl. John Rawls, *Eine Theorie der Gerechtigkeit*, Frankfurt/M. 1979, S. 96–101 [engl. 1971].

Fortschritt gedacht wird, eine Transformation *seiner selbst* [*transformation de soi*] ist und daher eine *Selbsttransformation* [*auto-transformation*] und noch schöner: eine *Selbst-Erzeugung*, in der sich die Autonomie des Subjekts verwirklicht.[124] Selbst noch die Beherrschung der Naturkräfte und die Eroberung der Ressourcen des Planeten Erde müssen letztlich in dieser Perspektive betrachtet werden. Wie Marx es in seinen *Manuskripten von 1844* formuliert hat, bilden die Industrie »das *aufgeschlagne* Buch der menschlichen Wesenskräfte«.[125] Damit sehen wir in der Konsequenz das Problem der Praxis wieder auftauchen, genau in dem Sinne, dass es nicht darum geht, eine individuelle, sondern eine kollektive Transformation zu denken. Das stellt definitionsgemäß ein säkulares [*laïque*] Problem dar beziehungsweise in jedem Fall eines, das im Gegensatz zu jeder Vorstellung der Geschichte als Ergebnis eines göttlichen Willens steht. Das aber nicht notwendigerweise mit den unterschiedlichen Transpositionen theologischer Schemata des »Plans« oder der »Ökonomie« der Natur unvereinbar ist. Die Schwierigkeit liegt einfach darin, diese Transformation auf eine immanente Weise zu denken, das heißt ohne auf eine Kraft oder ein Prinzip zurückzugreifen, das dem Prozess äußerlich bleibt.

Eine Theorie der Evolution?

Die Theoretiker und Theoretikerinnen des 19. Jahrhunderts waren auf der Suche nach den »Gesetzen« der Veränderung oder auch des historischen Überganges und verorteten derart die moderne Gesellschaft zwischen einer *Vergangenheit*, die die »Revolutionen« (die industrielle, politische und sogar religiöse) in eine Vorgeschichte der Modernität zurückverlagert hatten, und der mehr oder minder nahe bevorstehenden Zukunft, die gegenwärtige Instabilitäten und Spannungen vorausahnen lassen. Die überwältigende Mehrheit dieser Theoretiker hat sich dafür entschieden, dieses

124 Vgl. Karl Marx, *Ökonomisch-philosophische Manuskripte* aus dem Jahr 1844, MEW 40, S. 546: »Indem aber [für den sozialistischen Menschen] die *ganze sogenannte Weltgeschichte* nichts anderes ist als die Erzeugung des Menschen durch die menschliche Arbeit, als das Werden der Natur für den Menschen, so hat er also den anschaulichen, unwiderstehlichen Beweis von seiner Geburt durch sich selbst, von seinem Entstehungsprozess.«
125 Ebd., S. 542.

Problem dadurch zu lösen, dass sie sich evolutionistische Schemata zu eigen machten. Der Evolutionismus war, um dies wiederum in der Terminologie Canguilhems zu formulieren, die »wissenschaftliche Ideologie« par excellence des 19. Jahrhunderts – das heißt ein Ort, an dem der *Austausch* zwischen den wissenschaftlichen Forschungsprogrammen und dem theoretischen und sozialen Imaginären (dem »unbewussten Bedürfnis nach einem direkten Zugang zur Totalität«) stattfindet.[126] In diesem Sinne ist es praktisch unmöglich, im 19. Jahrhundert kein Evolutionist zu sein, es sei denn man würde erneut eine theologische Alternative zur Wissenschaft vertreten. Selbst Nietzsche, der 1888 im *Antichrist* geschrieben hat, »der ›Fortschritt‹ ist bloss eine moderne, das heißt eine falsche Idee«[127] ist sehr weit davon entfernt, ihm zu entkommen.

Aber das bedeutet eben auch, dass der Evolutionismus das intellektuelle Element bildet, innerhalb dessen sich die Konformismen und die Angriffe auf die etablierte Ordnung entgegentreten. Alle Evolutionismen in die gleiche Ecke zu stecken, würde daher bedeuten, in der Geschichte der Ideen – gemäß einem Wort Hegels – nichts weiter zu sehen als eine weit ausgedehnte »Nacht […], worin […] alle Kühe schwarz sind«.[128] Wichtig ist dagegen genau das, wodurch sie sich unterscheiden, in welchen Punkten einer Häresie sie zueinander in Gegensatz treten. Der *Klassenkampf* ist nicht der *Rassenkampf*, ebensowenig, wie die Dialektiken Hegels, Fouriers oder auch Marx' nicht das Spencer'sche Gesetz der wachsenden »Differenzierung« (als Evolution vom Einfachen zum Komplexen) sind – oder auch das Gesetz der »Rekapitulation« der Evolution in der Entwicklung der Individuen, das Haeckel allen anthropologischen Disziplinen auferlegt hat, die sich am biologischen Evolutionismus ausgerichtet haben.

126 Vgl. Georges Canguilhem, »Qu'est-ce qu'une idéologie scientifique?«, in: Ders., *Idéologie et rationalité dans l'histoire des sciences de la vie*, Paris 1977. Eine ausgezeichnete Darstellung des Evolutionismus vor und nach Darwin findet sich in Georges Canguilhem, Georges Lapassade, Jacques Piquemal und Jacques Ulmann (Hg.), *Du développement au XIXe siècle*, Paris ²1985, vgl. gleichermaßen *De Darwin au darwinisme: science et idéologie*, hg. von Yvette Conry, Paris 1983.

127 Friedrich Nietzsche, *Der Fall Wagner, Götzen-Dämmerung, Der Antichrist, Ecce homo, Dionysos Dithyramben, Nietzsche contra Wagner*, Kritische Studienausgabe (KSA), Bd. 6, München 1999, S. 171.

128 G.W.F. Hegel, *Phänomenologie des Geistes*. »Vorrede«, Werke, Bd. 3, Frankfurt/M. 1970, S. 22.

Damit können wir uns jetzt wieder Marx zuwenden. Der spezifische Gegenstand, auf den er die Schemata der Evolution angewandt hat, war die Geschichte der »Gesellschaftsformationen« und zwar daraufhin betrachtet, wie sie durch ihre »Produktionsweise« determiniert werden. Es gibt in ihm, wie wir oben gesehen haben, eine progressive *Linie der Evolution* der Produktionsweisen. In dieser Evolution werden alle Gesellschaften nach einem intrinsischen Kriterium klassifiziert: dem der Vergesellschaftung, das heißt der Fähigkeit der Individuen, kollektiv ihre eigenen Existenzbedingungen unter ihre Kontrolle zu bringen. Und diese Linie ist einzigartig – was nicht nur bedeutet, dass sie es erlaubt, die Fortschritte und das Zurückbleiben eindeutig zu bestimmen (nicht nur *zwischen* verschiedenen Gesellschaften, sondern auch im Verlauf ihrer politischen Geschichte) – sondern vor allem einen notwendigen Zusammenhang zwischen den »Anfängen« und dem »Endziel« [*fin*] der Geschichte zu etablieren (auch wenn dann dieses Endziel, der Kommunismus, selber als der Anfang einer anderen Geschichte begriffen wird).

Diese Auffassungen haben sich rund um die Welt verbreitet, und Marx hat in seinen Darstellungen derart durchschlagende Formulierungen dafür gefunden, die die marxistische Tradition dann nur noch gelehrt kommentiert hat. Ich habe an einige dieser Auffassungen oben schon erinnert. Ihr Vergleich zeigt ganz eindeutig, dass die Idee der progressiven Evolution bei Marx völlig untrennbar ist von einer These über die Rationalität der Geschichte oder, wenn man das vorzieht, der Intelligibilität ihrer Formen, ihrer Tendenzen und ihrer Lagen.

Ein Kausalitätsschema (Dialektik I)

Diese These kommt zunächst dadurch zum Ausdruck – wie es der Text des Vorworts zur *Kritik der politischen Ökonomie* zeigt –, dass sie die Form eines Schemas der historischen Kausalität annimmt. Dieses Schema, das selbst keine Erkenntnis ist, sondern ein Untersuchungs- und Erklärungsprogramm, wird in qualitativen, ja sogar metaphorischen Begriffen formuliert: »Basis« und »Überbau«, »Produktivkräfte« und »Produktionsverhältnisse« sowie »materielles Leben« und »Selbstbewusstsein« – das sind nicht an sich und als solche »Realitäten«, das sind Kategorien, die für eine konkrete

Anwendung *bereitstehen*. Einige von ihnen stammen direkt aus der Geschichte und aus der politischen Ökonomie, andere sind aus der philosophischen Tradition importiert. Dieses Kausalitätsschema ist in seiner Bedeutung mit anderen Innovationen in der Erklärungsweise der Wirklichkeit vergleichbar: so mit dem aristotelischen Schema der »vier Ursachen«, mit dem Newton'schen Schema der Anziehungskraft der Materie (Kraft der »Trägheit«) und der Leere, mit dem Darwin'schen Schema der individuellen Variabilität und der »natürlichen Selektion« oder auch dem Freud'schen Schema der Instanzen des »psychischen Apparates«.

Festzuhalten ist, dass dieses Schema in der Form, in der wir es hier antreffen, ein fast unerträgliches Spannungsverhältnis enthält. Denn es vollzieht gleichzeitig eine vollständige *Unterordnung* des historischen Prozesses unter eine präexistierende Teleologie[129] und behauptet dennoch, dass der Motor dieser Transformation nichts anderes sind als die »wissenschaftlich feststellbaren« Widersprüche des materiellen Lebens. Man braucht sich also gar nicht darüber zu wundern, dass dieses Schema beständig zwischen auseinandergehenden Interpretationen umkämpft geblieben ist und dass in der Geschichte des »historischen Materialismus« immer wieder seine gründliche Neubearbeitung in Angriff genommen worden ist.

129 Vgl. Karl Marx, *Zur Kritik der politischen Ökonomie.* »Vorwort«, MEW 13, S. 9: »Die bürgerlichen Produktionsverhältnisse sind die letzte antagonistische Form des gesellschaftlichen Produktionsprozesses, antagonistisch nicht im Sinn von individuellem Antagonismus, aber die im Schoß der bürgerlichen Gesellschaft sich entwickelnden Produktivkräfte schaffen zugleich die materiellen Bedingungen zur Lösung dieses Antagonismus. Mit dieser Gesellschaftsformation schließt daher die Vorgeschichte der menschlichen Gesellschaft ab.«

Determination in letzter Instanz – Der Text des Vorworts von *Zur Kritik der politischen Ökonomie* ist lange Zeit die kanonische Darstellung der »materialistischen Geschichtsauffassung« gewesen, auch wenn er ganz ausdrücklich nur ein Programm enthält. Die Marxisten und Marxistinnen haben ihm Tausende von Seiten der Kommentierung gewidmet – die vom Allerbesten bis zum Allerschlechtesten reichen. Die Redewendung von der »Determination« oder der »Bestimmung in letzter Instanz«, für deren Erhellung man gewöhnlich zu diesem Text greift, kommt dort im Wortlaut gar nicht vor. Sie sollte später von Engels geprägt werden: »Nach materialistischer Geschichtsauffassung ist das in letzter Instanz entscheidende Moment in der Geschichte die Produktion und Reproduktion des wirklichen Lebens.« (Friedrich Engels, »Brief an Bloch vom 21. September 1890«, MEW 37, Berlin [3]1978, S. 463). Wenn wir diese beiden Texte – und ihre Wirkungsgeschichte – miteinander in Beziehung setzen, dann drängt sich der Eindruck auf, dass in der von Engels gefundenen Formulierung noch ein Element der klaren Abgrenzung gegenüber dem Ökonomismus (oder erst recht gegenüber dem Technologismus) *fehlt* – denn diese »Abweichungen« sind unaufhörlich bei der Anwendung des Marx'schen Schemas der Determination durch verschiedene Ebenen oder Instanzen der gesellschaftlichen Praxis aufgetreten. Das hängt offensichtlich mit der Tatsache zusammen, dass die »Determination in letzter Instanz« – wie subtil auch immer die dialektisierten Verhältnisse oder Wechselwirkungen sein mögen, die sie zwischen der umfassenden globalen Gesellschaft (der »Gesellschaftsformation«) und der Produktionsweise ausweist, zwischen der »ökonomischen Basis« und dem »politisch-ideologischen Überbau« beziehungsweise zwischen Produktivkräften und Eigentumsformen – letztlich doch nur den Effekt hat, die Teleologie der historischen Entwicklung noch absoluter hervortreten zu lassen. Da versteht man, warum Althusser, zur selben Zeit als er schrieb, »die Stunde der letzten Instanz schlägt nie«, den Vorschlag gemacht hat, die Begriffe der Wechselwirkung und der Rückwirkung der Überbauten auf die Basis durch den der »Überdetermination« zu ersetzen, die die irreduzible Komplexität des »gesellschaftlichen Ganzen« zum Ausdruck bringt, wie sie von der materialistischen Dialektik vertreten wird. [vgl. Louis Althusser, »Widerspruch und Überdetermination«, in: *Für Marx*, Frankfurt/M. 2011, S. 105–144].

Man wird noch sehen, dass die im *Kapital* vorgelegten theoretischen Entwicklungen dieses Schema – wenn sie es denn nicht korrigieren – zumindest mit einem höheren Grad der Komplexität versehen. Tatsächlich stellen sie den »Prozess« oder auch die »Entwicklung« der gesellschaftlichen

Verhältnisse auf *drei Ebenen* mit abnehmendem Allgemeinheitsgrad dar.

Zunächst gibt es, wie schon vorher, die Linie des Fortschritts der aufeinander folgenden Produktionsweisen (asiatische, sklavenhalterische, feudale oder grundherrschaftliche, kapitalistische und kommunistische), die ein Prinzip der Intelligibilität für die Abfolge der konkreten Gesellschaftsformationen liefert. Dieses Niveau ist am offensichtlichsten *finalistisch* angelegt: Es leitet sich – ohne eine andere Veränderung als eine »materialistische Umkehrung« – von der Art ab, in der Hegel und andere Geschichtsphilosophen die Epochen der Universalgeschichte geordnet hatten (der »orientalische Despotismus« wird zur »asiatischen Produktionsweise«, die »antike Welt« wird zur »sklavenhalterischen Produktionsweise« usw.). Aber diese Ebene ist auch am ausgeprägtesten deterministisch: nicht allein wegen ihrer Linearität, sondern aufgrund der Art und Weise, wie sie die Irreversibilität der Zeit der Geschichte auf ein Gesetz der ununterbrochenen Weiterentwicklung der Produktivität der menschlichen Arbeit begründet. Halten wir allerdings fest, dass es sich hier um eine globale Determination handelt, die im Einzelnen durchaus keine Blockierungen oder Stagnationen und nicht einmal einen Rückfall ausschließt.

Auf dieser Ebene tritt der Klassenkampf nicht als Erklärungsprinzip auf, sondern als Gesamtergebnis dieser Ebene. Jeder Produktionsweise entsprechen bestimmte Eigentumsformen, eine bestimmte Art und Weise der Entwicklung der Produktivkräfte und der Beziehungen zwischen Staat und Wirtschaft – und daher dann auch eine bestimmte Form des Klassenkampfs. Dieser vollzieht sich zwischen den Feudalherren und ihren Leibeigenen (beziehungsweise Halbpächtern und -pächterinnen) nicht auf dieselbe Weise wie zwischen den Kapitalisten und den Arbeitenden.[130] Letztlich ist das Ende oder auch die Überwindung des Klassenkampfs in einer kommunistischen Gesellschaft nichts weiter als eine der Konsequenzen, die diese Entwicklung neben anderen nach sich zieht. Damit finden wir die vergleichende Tabelle, die in der Analyse des Warenfetischs aufgemacht worden war, in der Gestalt wieder, in der sie nach zeitlicher Abfolge angeordnet wird.

130 Vgl. Karl Marx, *Das Kapital*, Bd. 1, MEW 23, S. 249ff.; es handelt sich um den 3. Abschnitt, 8. Kapitel, »*Der Arbeitstag*«, »2. Der Heißhunger nach Mehrarbeit«, »Fabrikant und Bojar«.

Die Instanz des Klassenkampfs

Im *Kapital* hat Marx sich nun aber auf einen sehr viel spezifischeren Gegenstand konzentrieren wollen – und dies aus gutem Grund: denn bei diesem Gegenstand geht es um die Notwendigkeit der Revolution. Es geht dabei um den »Widerspruch« zwischen den Produktionsverhältnissen und der Entwicklung der Produktivkräfte und zwar in der Form, den er im Kapitalismus annimmt. Man muss hier die Texte wirklich sehr aufmerksam lesen. Die von der Orthodoxie beglaubigten Formulierungen – im Anschluss an Engels im *Anti-Dühring* (aber auch an Marx selber im *Elend der Philosophie* oder im *Kommunistischen Manifest*) – müssen aufgegeben werden. Es geht offensichtlich nicht darum, der Festigkeit des bürgerlichen Eigentums die als solche schon progressive Beweglichkeit der Produktivkräfte entgegenzusetzen (in gleicher Weise, wie etwa Keynes oder Schumpeter den Unternehmer oder auch den Industriellen dem Finanzspekulanten entgegenstellen sollten). Es geht vielmehr um den zunehmenden Widerspruch zwischen *zwei Tendenzen*: der zur Vergesellschaftung der Produktion (Konzentration, Rationalisierung, Verallgemeinerung der Technologie) und der zur Zerstückelung der Arbeitskraft, zur Überausbeutung und zur Unsicherheit für die Arbeiterklasse. Der Klassenkampf greift hier auf ganz entscheidende Weise ein, indem er den Prozess der Auflösung des Widerspruchs in Gang setzt und in dieser Funktion unverzichtbar wird. Allein dieser Kampf, der sich im Ausgang vom »Elend« organisiert und die »Unterdrückung« beziehungsweise den »Zorn« der Proletarier und Proletarierinnen zum Ausgangspunkt nimmt, kann die »Expropriation der Expropriateure« zustande bringen und damit schließlich zur »Negation der Negation« führen – das heißt dazu, dass die Proletarier und Proletarierinnen sich ihre eigenen Kräfte wieder aneignen, die von der unaufhörlichen Bewegung der Selbstverwertung des Kapitals aufgesogen worden waren.

Dieser Punkt ist deswegen umso wichtiger, als Marx hier von Notwendigkeit spricht und sogar von einer unabwendbaren Notwendigkeit. Man sieht ohne Weiteres, dass dies keine Notwendigkeit ist, die der Arbeiterklasse von außen auferlegt würde, sondern eine, die sich in ihrer eigenen Aktivität oder auch Praxis der Befreiung erst konstituiert. Dabei wird der politische Charakter dieses Prozesses dadurch unterstrichen, dass die Französische Revolution implizit zum Modell erhoben wird: Bis auf den Punkt, dass die Herrschaft, die zu »sprengen« ist, nicht die einer monarchischen Macht über die Gesellschaft darstellt, sondern die des Kapitals in der Organisation der gesellschaftlichen Produktion. Auch wenn das Kapital als Unterdrücker fungiert, steht es doch nicht »außerhalb« des von ihm unterdrückten Volks. Es produziert vielmehr »seine eigenen Totengräber«. Also eine durchaus erhellende, aber auch problematische Analogie.

Schließlich widmet Marx zahlreiche Analysen einer dritten Ebene seiner Gedankenentwicklung, die noch eigenartiger ist: der Transformation, die dieser Produktionsweise als solcher zu eigen ist, oder eben, wenn man will, der Bewegung der Akkumulation. In den zentralen Kapiteln des *Kapital*, die mit der »Produktion des absoluten und relativen Mehrwerts«[131] befasst sind, mit dem Kampf um die Länge des Arbeitstages und mit den Etappen der industriellen Revolution (Manufaktur, Maschinerie, große Industrie), interessiert er sich nicht bloß für das einfache quantitative Ergebnis dieser Prozesse (die wachsende Kapitalisierung von Geld und Produktionsmitteln), sondern er interessiert sich für die Art und Weise, wie sich die Qualifikation der Arbeitenden, die Fabrikdisziplin, der Antagonismus zwischen Lohnarbeit und kapitalistischer Leitung und das Verhältnis von Beschäftigung und Erwerbslosigkeit (und damit auch die Konkurrenz unter den potenziellen Werktätigen) entwickeln. Der Klassenkampf greift hier auf eine noch spezifischere Weise ein und zwar *auf beiden Seiten zugleich*. Auf der Seite der Kapitalisten sind alle »Methoden der Produktion des relativen Mehrwerts« Methoden, um auf die »notwendige Arbeit« und auf den Grad der Autonomie der Arbeitenden im Arbeitsprozess Druck auszuüben. Auf der Seite der Proletarier veranlassen ihre widerständigen Reaktionen auf ihre Ausbeutung das Kapital dazu, unaufhörlich nach neuen Methoden zu suchen. Mit dem Ergebnis, dass der Klassenkampf – in aller wissenschaftlichen Strenge – selber zu einem Faktor der Akkumulation des Kapitals wird – wie wir es anhand der Rückwirkung der Begrenzung des Arbeitstages auf die Methoden der »wissenschaftlichen« Arbeitsorganisation und

131 Das Wort *survaleur*, das in der neuesten französischen Übersetzung an die Stelle des traditionell eingeführten, aber uneindeutigen Ausdrucks *plus-value* getreten ist, entspricht dem deutschen Wort »Mehrwert« genau, einem von Marx geprägten Neologismus, der *den Zuwachs des Wertes des Kapitals* bezeichnet, der der *Mehrarbeit*, *surtravail*, der Arbeitenden entspringt [engl. *surplus value*, *surplus labour*].

die technologischen Interventionen beobachten können, also in dem, was Marx den Übergang vom »absoluten« zum »relativen Mehrwert« nennt.[132] Der Klassenkampf greift sogar noch von einer *dritten Seite* in den Verwertungsprozess ein, nämlich von der Seite des *Staates*, der den Einsatz der Kräfteverhältnisse zwischen den Klassen bildet und der von der Verschärfung des Widerspruchs dazu veranlasst wird, in den Arbeitsprozess durch eine »gesellschaftliche Regulierung« zu intervenieren, die immer »organisierter« wird.[133]

Ich bin auf diese etwas fachtechnischer angelegten Überlegungen eingegangen, um den Leser und die Leserin davon zu überzeugen, dass die Probleme der Geschichtsphilosophie bei Marx nicht auf der Grundlage seiner allgemeinsten Deklarationen erörtert werden sollten, sondern auf der Grundlage seiner konkreten Untersuchungen, die zugleich die Ebene bilden, auf der seine Begriffe am deutlichsten expliziert sind. Durch dieses Vorgehen nehmen wir ganz einfach Marx als Theoretiker ernst: Was für die Gestalten des Bewusstseins bei Hegel gilt, das gilt bei Marx für die Produktionsweise. Die Aufgabe, »das Kapital zu lesen«, steht immer noch auf der Tagesordnung. Aber ich möchte von dieser Feststellung noch zu folgender Überlegung kommen: Dass nämlich die Rationalität einer historischen Erklärung eben dadurch konstituiert wird, dass diese drei Analyseebenen miteinander verknüpft werden – die der Linie der Entwicklung der gesamten Gesellschaft, die der Mechanismen der Kapitalakkumulation und die der alltäglichen Antagonismen im Arbeitsprozess. Um dies noch einmal in philosophischen

132 [Das Verhältnis dieses systematischen Übergangs zu den in den modernen Gesellschaftsformationen vollzogenen historischen Übergängen bedürfte der näheren Untersuchung, vgl. einführend Ellen Meiksins Wood, *The origin of capitalism,* London 2002.]

133 Vgl. Karl Marx, *Das Kapital*, Bd. 1, MEW 23, S. 504; es handelt sich um das 13. Kapitel, »Maschinerie und große Industrie«, »9. Fabrikgesetzgebung«, »(Gesundheits-Erziehungsklauseln)«, »Ihre Verallgemeinerung in England«. – Die Schule des so genannten Operaismus in Italien hat diese Seite des Marx'schen Denkens am energischsten unterstrichen, vgl. Mario Tronti, *Arbeiter und Kapital*, Frankfurt/M. 1974 [ital. Turin 1966] und Antonio Negri, *Proletari e stato*, Mailand 1976 [dt. teilweise in: *Massenautonomie gegen Historischen Kompromiß*, München 1977]. Siehe auch die Debatte über die »relative Autonomie des Staates« im Klassenkampf, in der sich Nicos Poulantzas (*Politische Macht und gesellschaftliche Klassen,* Frankfurt/M. 1968 [frz. Paris 1968]) und Ralph Miliband (*Der Staat in der kapitalistischen Gesellschaft,* Frankfurt/M. 1972 [engl. London 1969]) entgegengetreten sind. [vgl. Nicos Poulantzas und Ralph Miliband, *Kontroverse über den kapitalistischen Staat*, Westberlin 1976, sowie Nicos Poulantzas, *The Poulantzas Reader: Marxism, Law and the State*, hg. von James Martin, London 2008.]

Ausdrücken zu formulieren, führt dies zu dem Ergebnis, dass Marx immer weniger auf vorab bereits existierende Erklärungsmodelle zurückgegriffen hat und sich stattdessen mehr und mehr ein Modell der Rationalität *konstruiert* hat, für das es kein wirkliches Vorbild gab. Dieses Modell der Rationalität ist weder das der Mechanik, noch das der Physiologie beziehungsweise der biologischen Evolution, noch das einer formalen Theorie des Konflikts und der Strategiebildung, auch wenn es bei entsprechenden Gelegenheiten durchaus derartige Bezüge nutzt. Der Klassenkampf – mit der unaufhörlichen Veränderung der Bedingungen, unter denen, und der Formen, in denen er stattfindet – stellt für sich selbst sein eigenes Modell dar.

Genau darin liegt auch die erste Bedeutung, die wir der Idee der Dialektik geben können – als einer Logik beziehungsweise Erklärungsform, die sich spezifisch dafür eignet, das bestimmende Eingreifen des Klassenkampfes in das Gewebe der Geschichte zu denken. Althusser hatte in dieser Hinsicht Recht, wenn er darauf bestand, welcher Transformation Marx die vorangehenden Formen der Dialektik unterzogen hatte und zwar ganz besonders die Hegel'schen Formen (sei es nun die Konfrontation von »Herr und Knecht« in der *Phänomenologie des Geistes* oder die »Spaltung von Subjekt und Objekt« in der *Logik*).[134] Dabei verhält es sich keineswegs so, dass er diesen nichts zu verdanken hätte (er hat ihnen, ganz im Gegenteil, alles zu verdanken, da er doch unaufhörlich an ihnen gearbeitet hat), sondern so, dass er das Verhältnis *umkehrt*, in dem die spekulativen »Gestalten« zur »konkreten Analyse der konkreten Situation« stehen, wie Lenin das formulieren sollte. Die einzelnen Situationen dienen nicht der exemplarischen Bebilderung vorher bereits existierender Momente der Dialektik. Sie sind vielmehr selber als Typen von Prozessen beziehungsweise von dialektischen Entwicklungen zu begreifen, deren Reihe als offen zu verstehen, Marx uns nicht verbietet. Zumindest ist das die *Richtung*, in die sich Marx' theoretische Arbeit bewegt hat.[135]

134 [Die Herr-Knecht-Dialektik wurde von Alexandre Kojève ins Zentrum der Debatte gerückt, vgl. seine von Raymond Queneau herausgebene *Introduction à la lecture de Hegel*, Paris 1947 [dt. Teilübersetzung, *Hegel. Eine Vergegenwärtigung seines Denkens,* Stuttgart 1958, Frankfurt/M. 2005.] Die Subjekt-Objekt-Spaltung bildete einen zentralen Ausgangspunkt für Lukács' Überlegungen in *Geschichte und Klassenbewusstsein*.]

135 [In diesem Sinne sind in Deutschland die wenig beachteten Untersuchungen, die Heinz Kimmerle inspiriert hat, immer noch mit Gewinn zu lesen,

Aber durch diese Umkehr der Perspektive tritt nur noch deutlicher hervor, worin die Schwierigkeiten und sogar Aporien liegen, in die sich dieses Projekt der Rationalität erneut verwickelt. Wir müssen deren Bedeutung herausarbeiten, bevor wir darauf zurückkommen können, wie sich bei Marx schlussendlich die Beziehungen entwickelt haben, in denen »Fortschritt« und »Dialektik« zueinander stehen.

Dabei können wir auf eine schlagende Formel als Leitfaden zurückgreifen: »Die schlechte Seite ist es, [...] welche die Geschichte macht.«[136] Marx hatte sie in seinem *Elend der Philosophie* gegen Proudhon verwendet, der sich darum bemühte, an jeder Kategorie oder gesellschaftlichen Form die »gute Seite« zu finden, die zu einem Fortschreiten der Gerechtigkeit führt.[137] Aber diese Formel hat sich aus der ursprünglichen Verwendung herausgelöst und gegen ihren Urheber gewendet: Schon zu seinen Lebzeiten ist Marx' eigene Theorie mit der Tatsache konfrontiert worden, dass die Geschichte über ihre schlechte Seite fortschreitet, also über die Seite, die sie nicht vorhergesehen hatte, und damit über diejenige Seite, die ihre Vorstellungen von Notwendigkeit in Frage stellt,[138] und damit letztlich auch ihre Gewissheit, dass die Geschichte überhaupt *Fortschritte macht* und nicht etwa bloß – wie das Leben nach den Worten von Shakespeares Macbeth – »ein Mährchen [ist], das ein Dummkopf erzählt, voll Schall und Bombast, aber ohne Sinn«.[139]

Wenn Marx hier auf Kosten Proudhons zur Ironie greift, geht es ihm darum, eine *moralistische* und *optimistische* Geschichtsauffassung zurückzuweisen, die sich letztlich als konformistisch erweist. Proudhon hatte als erster den Versuch unternommen, die Hegel'schen Schemata auf die Entwicklung

vgl. Heinz Kimmerle (Hg.), *Modelle der materialistischen Dialektik. Beiträge der Bochumer Dialektik-Arbeitsgemeinschaft*, Den Haag 1978.]

136 Karl Marx, *Das Elend der Philosophie*, MEW 4, S. 140; vgl. auch Karl Marx, »Marx an Kugelmann – 17. März 1868«, MEW 32, S. 541.

137 Ebd., S. 140: »[...] dass es stets die schlechte Seite ist, welche schließlich den Sieg über die gute Seite davonträgt. Die schlechte Seite ist es, welche die Bewegung ins Leben ruft, welche die Geschichte macht, dadurch, dass sie den Kampf zeitigt.« [Hier ist daran zu erinnern, dass Marx *Misère de la philosophie* direkt auf Französisch verfasst hat.]

138 [Dies war das große Thema von Étienne Balibars Untersuchungen über *Violence et civilité*, Paris 2010, wie Pierre Macherey in seinem Vorwort betont.]

139 [»[...] a tale/ Told by an idiot, full of sound and fury,/ Signifying nothing«, sagt Macbeth im fünften Aufzug, im Text in der Übersetzung von Christoph Martin Wieland wiedergegeben.]

der »ökonomischen Widersprüche« und die schließliche Thronbesteigung der Gerechtigkeit anzuwenden. Seine Auffassung vom Fortschritt der Gerechtigkeit beruhte auf dem Gedanken, dass die Werte der Solidarität und der Freiheit sich allein aufgrund der in ihnen dargestellten Universalität durchsetzen würden. Marx war es (im Jahre 1846) demgegenüber wichtig, ihn daran zu erinnern, dass Geschichte nicht über deren »gute Seite« gemacht wird, das heißt aufgrund der intrinsischen Kraft und inhaltlichen Vortrefflichkeit humanistischer Ideale – und schon gar nicht aufgrund der Kraft, die von moralischer Überzeugung und Erziehung ausgeübt wird –, sondern aufgrund des »Schmerzes des Negativen«, der Konfrontation von Interessen beziehungsweise der Gewaltsamkeit von Krisen und Revolutionen. Die Geschichte ist nicht so sehr ein Heldenlied des Rechts, sondern vielmehr das Drama eines Bürgerkrieges zwischen den Klassen, selbst wenn letzterer nicht notwendigerweise militärische Formen annimmt. Das aufzuzeigen, entspricht vollkommen dem Geist Hegels, den Proudhon und andere Vordenker des Reformismus an diesem Punkt sehr schlecht verstanden hatten.

Diese Beweisführung zwingt uns wiederum dazu, unsere Frage erneut zu stellen. Denn nichts entspricht der Idee einer vorab garantierten Veränderung weniger als eine derartige Dialektik der »schlechten Seite« im hier umrissenen Sinn. Ihre Funktion besteht eben darin, aufzuzeigen – und das ist durchaus auch bei Hegel der Fall –, dass und wie der rationale *Endzweck* [*fin*] der historischen Entwicklung (ganz gleich, ob man ihn als Auflösung, Versöhnung oder Synthese bezeichnet) stark genug dafür ist, *den Weg über sein Gegenteil einzuschlagen* – also über die »Unvernunft« (Gewalt, Leidenschaft und Elend) – und in diesem Sinne dieses Gegenteil abzubauen beziehungsweise sich einzuverleiben. Man wird sogar im Sinne einer zirkulären Selbstbegründung sagen können, dass es eben diese Fähigkeit der Dialektik ist, auch noch den Krieg, das Leiden und die Ungerechtigkeit in Faktoren des Friedens, der Wirtschaftsblüte und der Gerechtigkeit »umzufunktionieren«, durch die sie ihre Kraft und ihre universale Geltung beweisen kann. Wenn wir heute bei Hegel etwas anderes lesen können als eine breit ausgewalzte »Theodizee« (diesen Ausdruck hat er nach seinen eigenen Worten von Leibniz übernommen), nämlich als eine Beweisführung dafür, dass das »Schlechte« in der Geschichte[140] immer etwas Partikulares und damit Relatives ist, während der vom historischen Prozess vorbereitete Endzweck seinerseits immer von universaler und auch absoluter Bedeutung ist, dann ist zu fragen, ob wir diese wichtige Klärung auch noch der Art und Weise verdanken, wie Marx diese gesamte Problematik umgebaut hat. Und noch mehr der Art und Weise, wie diese marxistische Transformation der Dialektik historisch auf ihre eigenen Grenzen gestoßen ist.[141]

Den Extrempunkt der hierzu innerhalb des Marxismus vollzogenen kritischen Bewegung finden wir in einer Formulierung Walter Benjamins in seinen oben bereits zitierten »Geschichtsphilosophischen Thesen«, und zwar in der These IX: »Der Engel der Geschichte muß so aussehen. Er hat das Antlitz der Vergangenheit zugewendet. Wo eine Kette von Begebenheiten vor *uns* erscheint, da sieht *er* eine einzige Katastrophe, die unablässig Trümmer auf Trümmer häuft und sie ihm vor die Füße schleudert. Er möchte wohl verweilen, die Toten wecken und das Zerschlagene zusammenfügen. Aber ein Sturm weht vom Paradiese her, der sich in seinen Flügeln verfangen hat und so stark ist, daß der Engel sie nicht mehr schließen kann. Dieser Sturm treibt ihn unaufhaltsam in die Zukunft, der er den Rücken kehrt, während der Trümmerhaufen vor ihm zum Himmel wächst. Das, was wir den Fortschritt nennen, ist *dieser* Sturm.«[142]

Die Geschichte schreitet nicht nur *über* die »schlechte Seite« voran, sie geht dabei *von* der »schlechten Seite« aus, von der Seite der Herrschaft und des Unterganges. An Benjamins Text müssen wir verstehen, mit welcher – weit über den »Vulgärmarxismus« und auch weit über Marx hinausgehenden – schrecklichen Ironie er insbesondere gegen jene Passage in Hegels Einleitung zu den *Vorlesungen über die Philosophie der Geschichte* vorgeht, in der der Untergang

140 [Die im Deutschen geläufige Unterscheidung zwischen »Bösem« und »Schlechten« hat im Französischen keine unmittelbare Entsprechung. Wir können aber davon ausgehen, dass mit dem substantivierten *le mal* zumeist das »Böse« gemeint ist – außer in medizinischen Wendungen, in denen es ein bestimmtes Übel als etwas Schlechtes bezeichnet. Dennoch ist hier »das Schlechte« gemeint – in seiner ganzen Relativität und Wandelbarkeit.]

141 [Marx selber hatte bereits auf die »Grenzen der dialektischen Darstellung« hingewiesen, vgl. F.O. Wolf, »Marx' Konzept der ›Grenze der dialektischen Darstellung‹«, in: Jan Hoff u.a. (Hg.), *Das Kapital neu lesen,* Münster 2006, S. 159–188.]

142 Walter Benjamin, »Über den Begriff der Geschichte«, *Gesammelte Schriften,* Bd. I/2 Frankfurt/M., S. 697f.

der Zivilisationen der Vergangenheit als Bedingung dafür beschrieben wird, dass sich der Fortschritt des Geistes vollzieht, damit eben dasjenige *bewahrt* werden kann, was in ihrem »Prinzip« an Universellem enthalten war. Die Vorstellungen der proletarischen Ideologie würden demzufolge auf der mörderischen Illusion gründen, eben diese Bewegung wieder aufnehmen und fortsetzen zu wollen, deren Propagierung niemals dem Zweck gedient hat, die Ausgebeuteten zu befreien, sondern Recht und Ordnung zu schaffen. Als einzige Perspektive der Rettung bleibt damit die Hoffnung auf eine Zäsur im Zeitablauf beziehungsweise auf dessen unvorhersehbare Unterbrechung – auf eine »messianische Stillstellung« des historischen Werdens, durch die »eine bestimmte Epoche aus dem homogenen Verlauf der Geschichte heraus[ge]spreng[t]«[143] wird (These XVIII), so dass damit den Beherrschten, den »Besiegten« der gesamten Geschichte, die unwahrscheinliche Chance gegeben wird, ihren verstreuten und im Dunkeln gebliebenen Kämpfen doch noch einen Sinn zu geben. Diese Perspektive bezeichnet sich selbst noch als revolutionär, wenn auch nicht mehr als dialektisch – und zwar zunächst in dem Sinne, dass sie aufgrund ihrer eigenen Arbeit der Hinterfragung radikal die Gültigkeit einer Praxis bestreitet, in der Befreiung durch Transformation erreicht werden soll.

Gibt es also für eine marxistische Dialektik überhaupt noch einen Weg, der zwischen der »schlechten Seite« Hegels und der »schlechten Seite« Benjamins hindurchführen könnte? Wenn dies nun aber historisch durchaus der Fall gewesen ist – zumindest in dem Sinne, dass ohne Marx (und ohne die Differenz, die Marx gegenüber Hegel aufgemacht hat) eine derartige Kritik an Hegel niemals hätte hervorgebracht werden können –, dann geht es »für uns hier« darum, zu untersuchen, bis zu welchem Punkt eine theoretische Ausdrucksform gefunden werden kann, die dieser historischen Singularität wirklich entspricht. Aber das können wir nicht losgelöst von den Ereignissen erörtern, die inzwischen den Weg der marxistischen Theorie gekreuzt haben.

143 Ebd., S. 703.

Der reale Widerspruch (Dialektik II)

Marx ist der »schlechten Seite« der Geschichte, wie ich oben schon in Erinnerung gerufen habe, zumindest zweimal begegnet – im Jahre 1848 und im Jahre 1871. Wie ich bereits angeregt hatte, stellt *auch* die Theorie des *Kapital* in gewissem Sinne eine lange verschobene Antwort auf das Scheitern der europäischen Revolutionen von 1848 dar – eine überwältigend weit ausgeführte, aber unabgeschlossene Antwort auf die »Zersetzung« des Proletariats, das die bürgerliche Gesellschaft hatte zersetzen sollen. Müssen wir uns dann darüber wundern, dass es sich ebenfalls als interne Kritik des Fortschrittsgedankens lesen lässt?

Im *Kapital* hat Marx die Ausdrücke Fortschritt beziehungsweise Fortgang praktisch niemals benutzt – außer um ihnen sogleich im Geiste Fouriers das große Bild der vom Kapitalismus zyklisch angerichteten Verwüstungen entgegenzuhalten (die »orgiastische Verausgabung« von Ressourcen und Menschenleben, auf die sein »Fortschritt« in der Praxis hinausläuft). Das bedeutet, er hat sie durchaus »ironisch« verwendet: Solange nämlich, wie der Widerspruch zwischen der »Vergesellschaftung der Produktivkräfte« und der »Entvergesellschaftung« der Menschen nicht durch Entscheidung aufgelöst ist, können die Fortschrittsdiskurse, die die bürgerliche Philosophie und die bürgerliche Politik vertreten, nichts weiter als lachhafte Vorstellungen und bloße Mystifikationen sein. Aber dieser Widerspruch kann überhaupt nur dadurch einer Entscheidung zugeführt – oder auch nur verringert – werden, dass wir die allgemeine Tendenz umkehren und eine Gegentendenz entfalten.

Damit tritt nun der zweite Aspekt deutlich hervor: Marx interessiert sich nicht für den Fortschritt, sondern für den *Prozess,* den er zum dialektischen Begriff schlechthin erhebt.[144]

144 Vgl. Karl Marx, *Das Kapital*, Bd 1., 5. Kapitel, »Arbeitsprozeß und Verwertungsprozeß«, vgl. außerdem die Anmerkung von Marx zur französischen Ausgabe (*Le Capital*, livre I, Paris 1983, S. 200): »Das Wort ›Prozess‹, das als Ausdruck für eine Entwicklung dient, die in der Gesamtheit ihrer realen Bedingungen betrachtet wird, gehört seit langem zur Wissenschaftssprache ganz Europas. In Frankreich hat man es zunächst in der verschämten Form seiner lateinischen Form eingeführt, als *processus*. Anschließend ist der Begriff allerdings dann dieser pedantischen Verkleidung entkleidet und gleichsam schleichend in die Bücher über Chemie, Physiologie usw. usf. sowie auch in einige Werke der Metaphysik eingedrungen. Er wird künftig sicherlich ganz offiziell auch als echt französisch anerkannt werden. Halten wir nur im Vorübergehen

Der Fortschritt ist nicht einfach gegeben, er ist auch nicht der Entwicklung einprogrammiert – er kann sich nur aus der Entwicklung der Antagonismen ergeben, die den wirklichen Prozess konstituieren, und er ist demgemäß immer auf sie zurückbezogen. Nun ist aber der Prozess weder ein (spiritualistisch angelegter) moralischer Begriff, noch ein (naturalistisch angelegter) ökonomischer Begriff – es handelt sich vielmehr um einen logischen und politischen Begriff. Er ist umso mehr als ein logischer Begriff aufzufassen, wie er (über Hegel hinausgehend) auf der Rückkehr zu dem Gedanken aufbaut, dass der Widerspruch unversöhnlich bleibt. Und er ist zugleich umso mehr als ein politischer Begriff aufzufassen, wie er seine »realen Bedingungen« (und damit seine Notwendigkeit) in seinem anscheinenden Gegenteil aufsuchen muss, in der Sphäre der Arbeit und des Wirtschaftslebens.

Dasselbe kann auch anders formuliert werden, indem auf eine mathematische Metapher zurückgegriffen wird, die Marx vielfach benutzt hat: Was ihn am Gang der Geschichte interessiert, ist nicht die allgemeine Gestalt ihrer Kurve, deren »Integral«, sondern vielmehr deren »Differenzial«, der »Beschleunigungseffekt«, das heißt das Kräfteverhältnis, wie es in jedem Moment ins Spiel kommt und die Richtung bestimmt, in die dann etwa ein Fortschreiten [*progression*] stattfindet. Es geht hier also darum, auf welche Weise die »Arbeitskraft« gegen den Status einer bloßen Ware, den ihr die Logik des Kapitals aufzwingt, Widerstand leistet und ihm auch tendenziell *entgeht*. Der ideale Endpunkt einer derartigen Logik des Kapitals wäre eben das, was Marx als die *reelle* Subsumtion der Arbeitskraft bezeichnet hat, ihre wirkliche Unterwerfung, im Gegensatz zu einer bloß *formellen* Subsumtion, die sich auf den abgeschlossenen Arbeitsvertrag beschränkt:[145] eine Existenz für alle Arbeiter und Arbeiterinnen, die umfassend von den Bedürfnissen des Kapitals bestimmt wird (je nach Lage berufliche Qualifikation oder Dequalifikation, Arbeitslosigkeit oder Überarbeitung,

fest, dass auch die Deutschen, ganz wie die Franzosen und Französinnen, in ihrer Alltagssprache das Wort ›Prozess‹ in seinem juristischen Sinne verwenden.«

145 Vgl. Karl Marx, *Das Kapital*, Bd. 1, 14. Kapitel, »Absoluter und relativer Mehrwert«, MEW 23, S. 533. [Vgl. auch Ders., *Resultate des unmittelbaren Produktionsprozesses*, Frankfurt/M. 1967, kritische Ausgabe Berlin 1988, aktualisierte Ausgabe *Kapital 1.1. Die Zusammenfassung des Ersten Bandes des »Kapitals« verfasst vom Autor*, mit einem Vorwort von Rolf Hecker, Berlin 2009 [frz. *Un chapitre inédit du Capital*, Paris 1971, mit einem Vorwort von Roger Dangeville].]

Austeritätsregime oder Regime des erzwungenen Konsums). Aber dieser Grenzfall lässt sich historisch nicht erreichen. Mit anderen Worten zielt Marx' Analyse darauf ab, das Element der materiellen Unmöglichkeit herauszuarbeiten, das in der kapitalistischen Produktionsweise enthalten ist: das *nicht mehr zu unterschreitende Minimum*, an dem sich der ihr eigentümliche »Totalitarismus« bricht und aus dem sich als Rückwirkung die revolutionäre Praxis des Gesamtarbeiters und der Gesamtarbeiterin ergibt.

Das *Kommunistische Manifest* hatte bereits in Bezug auf das Proletariat festgestellt: »Sein Kampf gegen die Bourgeoisie beginnt mit seiner Existenz.«[146] Und das *Kapital* zeigt dann, dass der erste Faktor dieses Kampfs in der Existenz eines Kollektivs von Arbeitenden liegt, ganz gleich, ob in der Fabrik beziehungsweise im Unternehmen oder auch außerhalb davon, in der Stadt beziehungsweise in der Politik (allerdings in Wirklichkeit immer zwischen diesen Räumen, weil beständig im Übergang von dem einen in den anderen). Die »Lohnform« setzt voraus, die Arbeitenden ausschließlich als individuelle Personen zu behandeln – damit ihre Arbeitskraft als ein Ding von mehr oder minder Wert verkauft und gekauft werden kann, um sie »disziplinieren« und »zur Verantwortung zu ziehen«. Aber deren Kollektiv ist selber eine sich beständig wieder herstellende Bedingung der Produktion. *In Wirklichkeit gibt es immer schon zwei Arten des Kollektivs* der Arbeiterinnen und Arbeiter, die miteinander eng verknüpft sind und von denselben Individuen gebildet werden und dennoch miteinander ganz unvereinbar sind: ein vom Kapital bestimmtes Kollektiv und ein vom Proletariat bestimmtes. Ohne das proletarische Kollektiv, das aus dem Widerstand gegen die kapitalistische Kollektivierung entsteht, könnte selbst der kapitalistische »Autokrat« gar nicht existieren.

Auf dem Weg zur Geschichtlichkeit

Hierin liegt die zweite Bedeutung der »Dialektik« bei Marx, durch die die erste Bedeutung näher bestimmt wird: Die kapitalistische Produktionsweise – deren »technische Basis« ebenfalls »revolutionär« ist – kann sich nicht *nicht*

146 Karl Marx und Friedrich Engels, *Das Manifest der kommunistischen Partei*, MEW 4, S. 470.

verändern. Das wirft die Frage auf, in welche Richtung diese Veränderung geht. Ihre Bewegung, sagt Marx, ist ein Ding der Unmöglichkeit, die unaufhörlich hinausgeschoben wird. Keineswegs eine moralische Unmöglichkeit oder auch ein »Widerspruch in den Begriffen«, sondern eben das, was man als einen wirklichen, realen Widerspruch bezeichnet, der sich von einem rein formellen Widerspruch unterscheidet (also von abstrakten Begriffen, die sich aufgrund ihrer Definition wechselseitig ausschließen) wie von einem einfachen realen Gegensatz (also von im Verhältnis zueinander äußerlichen Kräften, die in entgegengesetzte Richtungen wirken und deren Resultante beziehungsweise deren Punkt des Gleichgewichts sich berechnen lässt.)[147] Die gesamte Originalität der marxistischen Dialektik steht in der Möglichkeit auf dem Spiel, ohne Zugeständnisse denken zu können, dass dieser Widerspruch *kein bloßer Schein ist*, nicht einmal »schlussendlich« oder »im Unendlichen betrachtet«. Er ist nicht einmal eine »List« der Natur wie die kantische »ungesellige Geselligkeit« oder eine List der Vernunft wie die Hegel'sche Version der Entfremdung oder Entäußerung.[148] Die Arbeitskraft wird niemals damit fertig, sich in eine bloße Ware zu verwandeln und auf diesem Wege vollständig in der Form des kapitalistischen Kollektivs aufzugehen (das im eigentlichen Sinne – als »gesellschaftliches Verhältnis« – selbst das Kapital ist). Allerdings findet sich in einem derartigen Prozess stets ein nicht zu bezwingender Rest, und zwar zugleich auf der Seite der Individuen und auf der Seite des Kollektivs (noch einmal sei gesagt, dass uns diese Entgegensetzung nicht hierher zu gehören scheint). Und diese materielle Unmöglichkeit bewirkt, dass die Umkehrung der kapitalistischen Tendenz den Status der Notwendigkeit gewinnt, ganz unabhängig davon, zu welchem Zeitpunkt sie eintritt.

147 Die Möglichkeit, einen »realen Widerspruch« zu denken, ist der Probierstein der marxistischen Dialektik, vgl. Henri Lefebvre, *Logique formelle et logique dialectique*, Paris 1969, [3]1982, Pierre Raymond, *Matérialisme dialectique et logique*, Paris 1977. Insbesondere Lucio Colletti hat diese Möglichkeit energisch bestritten, vgl. »Contradiction dialectique et non-contradiction«, in seinem Buch *Le déclin du marxisme*, Paris 1984. Die Neuformulierung dieser Möglichkeit war der Gegenstand der Ausarbeitungen Althussers. [Vgl. auch F.O. Wolf, »Für einen widerspruchsfreien Begriff des Widerspruchs«, in: Ders., *Umwege*, Hannover 1983, Berlin 2009.]

148 [Der französische Ausdruck *»aliénation«* bezieht sich sowohl auf die einfache Entäußerung im Verkaufsakt als auch auf das Fremdwerden des eigenen Produkts der unmittelbaren Produzenten und Produzentinnen unter kapitalistischen Verhältnissen.]

Die drei Fragen des Widerspruchs, der Zeitlichkeit und der Vergesellschaftung sind daher strikt untrennbar voneinander. Man sieht deutlich, um welchen Einsatz es in ihnen geht – nämlich um eben das, was die philosophische Tradition seit Dilthey und Heidegger eine Theorie der *Geschichtlichkeit* nennt. Darunter können wir verstehen, dass die Probleme der Finalität oder auch des Sinns, die sich stellen, wenn der Gang der Geschichte der Menschheit imaginär als eine Totalität betrachtet, zu einer einzigen »Idee« oder in einer einzigen »großen Erzählung« zusammengefasst wird, durch die Probleme der Kausalität oder auch der Wechselwirkung der »Kräfte der Geschichte« ersetzt werden, wie sie sich in jedem einzelnen Moment, in jeder *Gegenwart*, stellen. Die Bedeutung von Marx liegt in dieser Hinsicht darin, dass er – zweifellos zum ersten Mal seit Spinozas Überlegungen über den *conatus* (die »Anstrengung«, das »Streben«) – die Frage der Geschichtlichkeit (oder auch des »Differentials« der Bewegung, ihrer Instabilität und des Spannungsverhältnisses, in dem die Gegenwart zu ihrer Veränderung steht) im Element der Praxis gestellt hat und nicht mehr in dem des Bewusstseins, im Ausgang von der Produktion und den Produktionsbedingungen und nicht mehr in dem der Vorstellung [*représentation*] und des Geisteslebens. Nun zeigt sich dabei, ganz im Gegensatz zu den vorsorglich vom Idealismus ausgestoßenen Alarmrufen, dass diese Umkehrung keine Reduktion darstellt und erst recht keine Ersetzung der historischen Kausalität durch einen Naturdeterminismus. Erneut, wie schon in den »Feuerbach-Thesen«, sind wir damit aus der Alternative von Subjektivismus und »altem Materialismus« herausgetreten – aber dieses Mal ganz klar auf der Seite des Materialismus und auf alle Fälle auf der der Immanenz. Der Widerspruch funktioniert in dieser Hinsicht als entscheidenderer operativer Begriff als die Praxis (die immerhin in ihn eingeschlossen ist).

Allerdings ist die Frage damit noch keineswegs erledigt, wie denn eine Auffassung der Geschichtlichkeit als »realer Widerspruch«, der sich unter zeitgleichen Tendenzen entwickelt, überhaupt mit einer Vorstellung von der »Totalität der Geschichte« hat koexistieren können, die aus aufeinander folgenden Entwicklungsstadien und einer Abfolge von Revolutionen besteht. Sie ist damit nur noch deutlicher konfliktuell geworden. Nun ist Marx 1871 erneut die »schlechte Seite« der Geschichte begegnet, und das Ergebnis war praktisch – wie ich oben schon ausgeführt habe –, dass sein gesamtes

Unternehmen unterbrochen worden ist. Von diesem Moment an hört er zwar nicht mehr damit auf, zu arbeiten, aber er ist sich gewiss, dass er sein Unternehmen nicht mehr vollenden kann, dass er nicht mehr zu einem »Abschluss«, zu einer »Schlussfolgerung« kommen wird. *Es wird keinen derartigen »Abschluss« geben.*

Es lohnt sich allerdings, genauer zu betrachten, zu welchen Berichtigungen diese Situation geführt hat. Zumindest zwei davon sind uns bekannt: Die eine war davon bestimmt, dass in der Internationale Bakunins Angriff auf die »marxistische Diktatur« mit Marx' Ablehnung des Programmentwurfs für den Vereinigungsparteitag der deutschen Sozialdemokraten zusammenkam, der 1875 von Liebknecht und Bebel redigiert worden war. Sie mündete schließlich in die Probleme ein, die später im Marxismus als die Frage des »Übergangs« diskutiert worden sind. Die andere Berichtigung, die unmittelbar danach erfolgte, ergab sich aus der Notwendigkeit, den Theoretikerinnen und Theoretikern des russischen Populismus und Sozialismus eine Antwort zu geben, die die Frage nach der Zukunft der »ländlichen Gemeinschaft« aufgeworfen hatten. Damit war das Problem der »nicht-kapitalistischen Entwicklung« gestellt. Keine der beiden Fragen hat dazu geführt, dass das zugrunde gelegte Schema der Kausalität in Zweifel gezogen worden wäre. Aber alle beiden Fragen haben bewirkt, dass das Verhältnis von Marx und seiner Dialektik zur Vorstellung der Zeit ins Wanken gekommen ist.

Die Wahrheit des Ökonomismus (Dialektik III)

In den Jahren, die auf die gewaltsame Unterdrückung der Kommune von Paris und die Auflösung der Internationalen folgen (offiziell erst 1876 erklärt, aber praktisch schon auf dem Kongress von Den Haag im Jahre 1872 vollzogen), tritt deutlich hervor, dass die »proletarische Politik«, deren Sprecher Marx zu sein beanspruchte, und der er mit dem *Kapital* eine wissenschaftliche Grundlage gegeben zu haben glaubte, keinen gesicherten Platz in der ideologischen Konfiguration der »Arbeiterbewegung« oder auch der »revolutionären Bewegung« besaß. Die vorherrschenden Tendenzen sind reformistisch und syndikalistisch, parlamentarisch oder antiparlamentarisch. In dieser Hinsicht am ehesten bedeutungsvoll war die Bildung von »marxistischen« Parteien, deren wichtigste die deutsche Sozialdemokratie gewesen ist. Nach dem Tod von Lassalle (dem alten Rivalen von Marx, wie dieser selber ein früherer Anführer der Revolution von 1848) und der Reichsgründung hat sich die Sozialdemokratie auf Betreiben von Marx' Schülern (August Bebel und Wilhelm Liebknecht) vereinigt. Marx liest ihren Programmentwurf, der von seinem eigenen »wissenschaftlichen Sozialismus« inspiriert ist – und macht die Entdeckung, dass dieser Entwurf, der um den Gedanken eines »Volksstaates« herum aufgebaut ist, tatsächlich die Utopie einer vollständigen Verteilung seines Produkts an die Arbeitenden mit einer »Staatsreligion« kombiniert, die nicht einmal den Nationalismus ausschließt. Nun ist er aber gerade eben von Bakunin heftig angegriffen worden, der im Marxismus ein doppeltes Diktaturprojekt anklagt: eine »wissenschaftliche« Diktatur der Führungskräfte über die einfachen Mitglieder (wobei die Partei die Form des Staates nachahmt, den sie zu bekämpfen vorgibt) und eine »gesellschaftliche« Diktatur der Arbeiter und Arbeiterinnen über die anderen ausgebeuteten Klassen (insbesondere über die Bauern und Bäuerinnen) sowie damit auch der Industrienationen über die agrarischen Nationen wie Russland. Marx ist also zwischen seinen Gegnern und seinen Anhängern eingeklemmt wie zwischen Hammer und Amboss…[149] In eben dem Moment, in dem sich der Marxismus als das geeignete Mittel darstellt, um dem immer wieder neu entstehenden Dilemma zu entgehen, entweder im »demokratischen« Flügel der bürgerlichen Politik einfach aufzugehen oder aber in einen antipolitischen Anarchismus (beziehungsweise Anarchosyndikalismus) zu verfallen, tritt damit wiederum die Frage auf den Plan, ob es überhaupt im eigentlichen Sinne eine marxistische Politik gibt.

149 Die wesentlichen Dokumente hierfür sind die von Marx verfassten »Randglossen«, die einerseits auf Bakunins Buch *Staatlichkeit und Anarchie*, das 1873 erschienen war, andererseits auf den 1875 verfassten »Programmentwurf der deutschen Arbeiterpartei« reagieren. Die Randglossen über Bakunin sind bis zu ihrer Edition im 20. Jahrhundert unveröffentlicht geblieben (man findet sie heute in MEW 18, S. 597– 642). Die Randglossen zum Programm der deutschen Arbeiterpartei, die zu ihrer Zeit den führenden Vertretern und Vertreterinnen der deutschen Sozialdemokratie privat mitgeteilt worden waren (Marx hatte schließlich erklärt, dass ihre Veröffentlichung keinen Nutzen erbringen würde, da die sozialistischen Arbeiter und Arbeiterinnen im Programmentwurf etwas gelesen hatten, was dieser gar nicht enthielt, nämlich eine revolutionäre Plattform …), wurden dann von Engels zwanzig Jahre später mit seiner eigenen *Kritik des Erfurter Programms* (1892) veröffentlicht (vgl. »Kritik des Gothaer Programms«, MEW 19, Berlin 1962, S. 13–32).

Nun hat Marx in gewisser Weise diese Frage vorab bereits beantwortet: Es kann keine andere marxistische Politik geben als eben jene, die aus der historischen Bewegung selbst hervorgeht, und er macht dafür die von der Pariser Kommune erfundene »direkte Demokratie« zum herausgehobenen Beispiel, »eine Regierung der Arbeiterklasse, [...] die endlich entdeckte politische Form, unter der die Befreiung der Arbeit sich vollziehen konnte,«[150] aus der er dann den Kern einer neuen Begriffsbestimmung der Diktatur des Proletariats macht. Aber diese Antwort erlaubt es nicht, zu begreifen, warum so viele Arbeiter, so viele aktive Genossinnen und Mitkämpfer [*militants*], anderen Ideologien anhängen oder auch anderen »Systemen«, warum eine Organisation nötig ist, um gegenüber dem bürgerlichen Staat ihre Erziehung und ihre Disziplin zu gewährleisten. Wir sind jedenfalls schon weit entfernt von dem Gedanken der »universellen Klasse« als Trägerin des unmittelbaren Bevorstehens des Kommunismus...

Das Absterben des Staates

Die Randglossen zu Bakunin und zum Gothaer Programm geben auf diese Frage keine direkte Antwort. Aber sie liefern uns eine indirekte Antwort, indem sie den Begriff des Übergangs einführen: »Zwischen der kapitalistischen und der kommunistischen Gesellschaft liegt die Periode der revolutionären Umwandlung der einen in die andre. Der entspricht auch eine politische Übergangsperiode, deren Staat nichts andres sein kann als die *revolutionäre Diktatur des Proletariats*.«[151] Kurz davor skizziert Marx eine Unterscheidung zwischen zwei »Phasen der kommunistischen Gesellschaft«[152] – die eine, in der immer noch der Warenaustausch und die Lohnform als gesellschaftliche Organisationsprinzipien herrschen, und die andere, die eintritt, »nachdem die knechtende Unterordnung der Individuen unter die Teilung der Arbeit [...] verschwunden ist«, und »nachdem die Arbeit nicht nur Mittel zum Leben, sondern selbst das erste

150 Karl Marx, *Der Bürgerkrieg in Frankreich*, MEW 17, Berlin 1962, S. 342.
151 Karl Marx, »Kritik des Gothaer Programms«, MEW 19, S. 28. Zu den unterschiedlichen Varianten der Theorie der Diktatur der Proletariats vgl. meinen Beitrag zum KWM (Bd. 2, S. 256–267) sowie Jean Robelin, *Marxisme et socialisation*, Paris 1989.
152 Karl Marx, »Kritik des Gothaer Programms«, S. 21.

Lebensbedürfnis geworden« ist, was es dann möglich macht, dass »der enge bürgerliche Rechtshorizont ganz überschritten werden« kann, und die gesellschaftlichen Verhältnisse nach dem Prinzip geregelt werden können, »Jeder nach seinen Fähigkeiten, jedem nach seinen Bedürfnissen!«.[153] Diese Hinweise bilden zusammengenommen eine antizipierende Beschreibung des Absterbens des Staates im Übergang zum Kommunismus oder, besser noch, eine Vorwegnahme des historischen Momentes (wie lange er auch dauern mag), in dem sich eine Massenpolitik entwickeln wird, deren Inhalt das Absterben des Staates ist.

Die Tradition des orthodoxen Marxismus (und speziell die des Staatsmarxismus in den sozialistischen Ländern seit dem Ende der 1920er Jahre) hat aus diesen Hinweisen die Keimformen einer Theorie der Etappen beziehungsweise der Stadien der »Übergangsperiode« zur »klassenlosen Gesellschaft« gewonnen, deren Höhepunkt die Definition des *Sozialismus* als einer spezifischen »Produktionsweise« gebildet hat, die vom *Kommunismus* unterschieden ist. Diese Theorie ist schließlich zusammen mit dem sozialistischen Staatensystem untergegangen. Ganz unabhängig von ihren Funktionen als Legitimation der Staatsmacht (Marx hätte hier von »apologetischen« Funktionen gesprochen) fügte sich die Verwendungsweise dieser Vorstellung vollständig in ein evolutionistisches Schema ein. Ich glaube allerdings keineswegs, dass Marx selber auf so etwas hinauswollte. Der Gedanke einer »sozialistischen Produktionsweise« steht vollkommen in Widerspruch zu Marx' Vorstellung des Kommunismus als Alternative zum Kapitalismus, für die dieser bereits die Bedingungen schaffen würde. In Bezug auf den Gedanken eines postrevolutionären »sozialistischen Staates« beziehungsweise eines »Staates des ganzen Volkes« ist festzuhalten, dass er genau das reproduziert, was Marx bei Bebel und Liebknecht kritisiert hatte, wie Henri Lefebvre sehr deutlich gezeigt hat.[154] Dagegen ist es ganz klar, dass der hier frei gelegte Raum »zwischen der kapitalistischen und der kommunistischen Gesellschaft«, wie er in der Begrifflichkeit von Perioden beziehungsweise Phasen beschrieben wird, eben der eigentümliche Raum der Politik ist. In allen diesen Begriffen wird gar nichts anderes verhandelt als die *Rückkehr der revolutionären Praxis*, und zwar jetzt als eine

153 Ebd.

154 Vgl. Henri Lefebvre, *De l'État*, Bd. 2: *Théorie marxiste de l'État de Hegel à Mao*, Paris 1976.

organisierte Tätigkeit begriffen, die sich im Zeitablauf einer Entwicklung entfaltet – als ob sich diese Zeit öffnen und ausweiten müsste, um Platz zu schaffen – »zwischen« der Gegenwart und der Zukunft – für eine *praktische Vorwegnahme* der »klassenlosen Gesellschaft« noch unter den materiellen Bedingungen der alten Gesellschaft (also für genau das, was Lenin – in einer in logischer Hinsicht aufschlussreichen Formulierung – »Staat / Halbstaat« nennen sollte, womit er klar zum Ausdruck brachte, dass es sich dabei um eine Frage und nicht um eine Antwort handelte). Der hier von Marx ins Auge gefasste »Übergang«, gleich weit entfernt von dem Gedanken des unmittelbaren Bevorstehens wie von dem fortschreitenden Heranreifens, ist eine politische Ausgestaltung des Umstandes, dass sich die historische Zeit selbst »nicht gleichzeitig« ist, aber er verbleibt für ihn als Begriff im Register des *Provisorischen*.

Die russische Gemeinde

Eine vergleichbare Öffnung der Problematik lässt sich finden, wenn wir die Korrespondenz lesen, die Marx einige Jahre später mit den Vertretern und Vertreterinnen des russischen Populismus und Sozialismus unterhalten hat. Nachdem er sich eben erst noch gegen den Vorwurf von Bakunin hatte verteidigen müssen, eine Hegemonie der Industrieländer über die »minder entwickelten« Länder vorzubereiten (erinnern wir uns daran, dass er im Vorwort zur ersten Auflage des *Kapital* geschrieben hatte, dass die ersteren den letzteren »nur das Bild der eignen Zukunft« zeigen),[155] steht er jetzt plötzlich vor der Herausforderung, in einer Debatte ein entscheidendes Wort zu sprechen, in der sich zwei Kategorien von russischen Leserinnen und Lesern des *Kapital* gegenüberstehen: eine Gruppe, die aus dem von Marx aufgestellten tendenziellen Gesetz, dass auf die Enteignung der Kleineigentümer durch das Kapital die Enteigung des Kapitals durch die Arbeiter folge, dem er im geschichtlichen Prozess »eherne Notwendigkeit« zuschrieb,[156] die Schlussfolgerung zogen, dass die Entwicklung des Kapitalismus in Russland die Vorbedingung des Sozialismus bilde, und diejenigen, die in der Vitalität der kooperativen »Landgemeinde« den Keim

155 Vgl. Karl Marx, *Das Kapital*, Bd. 1, MEW 23, S. 12.
156 Vgl. ebd.

zu etwas erblickten, was man heute eine »nicht-kapitalistische Entwicklung« nennen würde, in der sich Vorformen des Kommunismus finden lassen. Marx antwortet auf einer prinzipiellen Ebene zum ersten Mal im November 1877.[157] 1881 wird er dann erneut von Vera Sassulitsch, einer der führenden Mitglieder der Gruppe Befreiung der Arbeit angesprochen. Wir kennen die vier Entwürfe seiner Antwort, aufgrund derer dann eine sehr knappe Fassung an sie abgeschickt worden ist.[158] In allen diesen Texten findet sich immer wieder derselbe Gedanke. Dabei ist es verblüffend, wie einfach dieser Gedanke ist, ganz gleich, ob er richtig ist oder auch nicht. Nicht weniger verblüffend sind allerdings die Schwierigkeiten, die dieser Gedanke Marx bereitet hat – nicht etwa ihn zu formulieren, sondern ihn *zuzugeben*.[159]

Erstens ist die gesetzmäßige Tendenz, wie sie im *Kapital* dargestellt wird, nicht ohne Berücksichtigung der historischen Umstände anwendbar: »Man muss von der reinen Theorie in die russische Realität hinabsteigen […] Diejenigen, die an die historische Notwendigkeit der Auflösung des Gemeindeeigentums in Russland glauben, können diese keinesfalls durch meine Darstellung des notwendigen Ganges der Dinge in Westeuropa beweisen. Vielmehr müssten sie

157 Es handelte sich um Marx' »Brief an die Redaktion der *Otjetschestwennyje Sapiski* (*Vaterländische Blätter*)«, auch als Brief an N.K. Michailowski bekannt, vgl. MEW 19, S. 107–112.

158 »Liebe Bürgerin, eine Nervenkrankheit, unter der ich seit Jahren periodisch leide, hat mich daran gehindert, Ihren Brief früher zu beantworten…« Es ist festzuhalten, dass alle diese Briefe von Marx auf Französisch abgefasst worden sind. Er hatte zwar Russisch zu lesen gelernt, konnte es aber nicht schreiben. [Die ersten drei »Entwürfe einer Antwort auf den Brief von W. I. Sassulitsch« finden sich in MEW 19, S. 384–406. Der vierte Entwurf, »der textlich fast vollständig mit dem Brief übereinstimmt« (ebd., Anm. 155, S. 572), wurde in den MEW nicht veröffentlicht, der abgeschickte Brief aber in MEW 19, S. 242–243, publiziert.]

159 Zum gleichen Zeitpunkt hat Engels auf Grundlage seiner Lektüre der Arbeiten des Historikers Georg Ludwig von Maurer über die alten germanischen Markgemeinden ähnliche Überlegungen skizziert, vgl. Friedrich Engels, »Die Mark«, MEW 19, S. 315–330, vgl. ebenso deren Kommentierung durch Michael Löwy und Robert Sayre, *Révolte et mélancolie. Le romantisme à contre-courant de la modernité,* Paris 1992, S. 128ff. Engels' Arbeiten bleiben gleichzeitig unter dem Einfluss des anthropologischen Evolutionismus von Lewis Henry Morgan (*Ancient Society,* New York 1877 [dt. Stuttgart 1891]), den auch Marx sehr bewundert hat. [Vgl. zu diesem problematischen Komplex auch Maximilien Rubel, »Karl Marx et le socialisme populiste russe«, in: *La Revue socialiste,* Nr. 11, Mai 1947, außerdem die Doppelschrift Alain Guerreau, »Marx und das Mittelalter. Zur Frage seiner Quellen«, und Ludolf Kuchenbuch, »Postskript: Karl Marx und die Feudalismusdiskurse«, in: *Philosophische Gespräche,* Heft 25, Berlin 2012.]

neue Argumente liefern, die vollständig von der von mir entwickelten Argumentation unabhängig sind.«[160]

Zweitens enthält die »Dorfgemeinde«, die nach der Aufhebung der Leibeigenschaft im Jahre 1861 durch die zaristische Regierung institutionell neu gefasst worden ist, einen latenten Widerspruch (einen ihr »innewohnende[n] Dualismus«)[161] zwischen der nicht warenförmigen Wirtschaft und der Produktion für den Markt, der fast unvermeidlich durch den Staat und das kapitalistische System weiter verschärft und zugleich ausgebeutet wird und schließlich zu ihrer Auflösung führen wird (das heißt zur Transformation einiger Bauern in Unternehmer und anderer in ein ländliches oder industrielles Proletariat) – *sofern dieser Prozess nicht unterbrochen wird*: »Um die russische Gemeinde zu retten, ist eine russische Revolution nötig.«[162]

Drittens ist diese Form des Gemeinwesens schließlich (als »erste gesellschaftliche Gruppierung freier Menschen, die nicht durch Blutsbande eingeengt war«) im Zuge eines singulären Entwicklungsverlaufs in Russland und »dank eines einzigartigen Zusammentreffens von Umständen« bewahrt worden – mit dem Ergebnis, dass sie eine »einzigartige Stellung« einnimmt, »die keinen Präzedenzfall in der Geschichte aufweist«. Sie ist ein Archaismus, ein historisches Überbleibsel aus früheren Zeiten, das aber zum Ausgangspunkt einer »Erneuerung Russlands«[163] werden *kann*, das heißt des Aufbaus einer kommunistischen Gesellschaft, die sich dabei »Antagonismen, Krisen, Konflikte und Katastrophen« der Geschichte der kapitalistischen Produktion in Westeuropa ersparen kann, einfach aufgrund der Tatsache ihrer »*Gleichzeitigkeit*« (auf diesen Ausdruck kommt Marx immer wieder geradezu insistierend zurück) mit den am höchsten entwickelten Formen der kapitalistischen Produktion, aus denen sie sich die nötigen Techniken wie aus einer sie umgebenden »Umwelt« fertig entnehmen kann.[164]

160 Karl Marx, »Brouillon de la réponse de Marx à Véra Zassoulitch«, in: Ders., *Oeuvres*, Bd. 2, hg. von Maximilien Rubel, Paris 1968, S. 1565. [Da sich der vierte Entwurf nicht in den MEW findet, Übersetzung aus dem Französischen von F.O. Wolf.]

161 Karl Marx, »Entwürfe einer Antwort auf den Brief von W. I. Sassulitsch«, MEW 19, S. 388, 399 und 404.

162 Ebd., MEW 19, S. 394f.

163 Karl Marx, »Brouillon de la réponse de Marx à Véra Zassoulitch«, S. 1556–1573.

164 Für alle übrigen Zitate in diesem Absatz siehe Karl Marx, »Entwürfe einer Antwort auf den Brief von W. I. Sassulitsch«, MEW 19, S. 385–404.

In diesen Texten wird also der Gedanke vertreten, dass es eine konkrete Vielzahl historischer Entwicklungspfade gibt. Aber dieser Gedanke ist untrennbar mit der abstrakteren Hypothese verbunden, der gemäß es in der Geschichte unterschiedlicher Gesellschaftsformationen eine Vielzahl von »Zeiten« gibt, die einander gleichzeitig sind und unter denen sich einige als kontinuierliche Abläufe darstellen, während in anderen ein Kurzschluss zwischen dem Allerältesten und den jüngsten Momenten stattfindet. Diese »Überdetermination« – wie Althusser später sagen sollte – ist eben die Form, die die Singularität der Geschichte annimmt. Sie folgt keinem vorab festgelegten Plan, sondern sie ergibt sich aus der Art und Weise wie unterschiedliche historisch-politische Einheiten, die in ein und dieselbe Umwelt eingebettet sind (oder die in derselben »Gegenwart« miteinander koexistieren) auf die Tendenzen der Produktionsweise reagieren.

Antievolutionismus?

Auf diese Weise hat der von Marx vertretene *Ökonomismus* – in einem erstaunlichen Umschwung der Lage, der unter dem Druck einer sich von außen aufdrängenden Frage stattfand (zweifellos aber auch aufgrund eigener Zweifel an der Richtigkeit einiger seiner Formulierungen, zu denen ihn die Anwendung, die die so genannten »Marxisten« von ihnen machten, veranlasst haben) – gleichsam sein Gegenteil zur Welt gebracht, nämlich eine Gesamtheit *antievolutionistischer Hypothesen.* Diese Ironie der Theorieentwicklung können wir als die dritte Phase der Dialektik bei Marx bezeichnen. Wie aber kann man übersehen, dass eine latente Konvergenz zwischen den Antworten auf Bakunin und Bebel und der Vera Sassulitsch erteilten Antwort existiert? Die eine bildet gleichsam das Gegenstück der anderen: hier muss sich das Neue immer erst noch seinen Weg durch die »Bedingungen« des Alten hindurchbahnen, auch nachdem der politische Bruch erfolgt ist; dort muss sich das Alte kurzschlussartig des Allerneuesten bedienen, um sich dessen Ergebnisse »gegen den Strich« zunutze zu machen.

Engels – Die Zusammenarbeit, die Friedrich Engels (1820–1885) mit Karl Marx vierzig Jahre hindurch verbunden hat, verbietet es, manichäistische Aufteilungen vornehmen zu wollen, indem man etwa den »guten Dialektiker« Marx dem »bösen Materialisten« Engels gegenüber stellt. Aber sie hindert uns keineswegs daran, sowohl die intellektuelle Originalität von Engels anzuerkennen, als auch die Veränderung zu ermessen, die die marxistische Problematik unter seinen Händen erfahren hat. Die stärksten Momente seines Eingreifens lagen im Jahre 1844, als er *Die Lage der arbeitenden Klasse in England* publiziert (MEW 2, Berlin 1972, S. 225–506), in der eine sehr viel vollständigere Kritik der Lohnarbeit als Entfremdung des menschlichen Wesens zum Ausdruck kommt als bei Marx zur selben Zeit, und im Übrigen auch nach 1875. In Wirklichkeit war es Engels, der es unternommen hatte, dem »historischen Materialismus« eine systematische Form zu geben und zu diesem Zweck die Probleme der revolutionären Strategie, der Analysen historischer Lagen und der Kritik der politischen Ökonomie miteinander zu verknüpfen. Der für uns interessanteste Aspekt ist dabei die Wiederaufnahme des Begriffs der Ideologie, die mit dem *Anti-Dühring* (1878) beginnt. Engels gibt zunächst eine epistemologische Definition der Ideologie, in deren Zentrum der Umstand steht, dass die Auffassungen von Recht und Moral als »ewige Wahrheiten« erscheinen. In den Skizzen aus derselben Zeit, die dann später unter dem Titel *Dialektik und Natur* (1935) (vgl. MEW 20, S. 305–620) veröffentlicht worden sind, führt diese Definition praktisch zum *Gegenteil* der Thesen der *Deutschen Ideologie*: Weit entfernt von der Annahme, dass die Ideologie »keine eigene Geschichte« hat, lässt sie sich auf eine Geschichte des Denkens ein, deren Leitfaden im Widerspruch von Idealismus und Materialismus liegt, den der Gegensatz zwischen der »metaphysischen« Denkweise (also das, was Hegel als »den Verstand« bezeichnet hatte) und der »dialektischen« Denkweise (das, was Hegel als »die Vernunft« bezeichnet hatte) überdeterminiert. Dabei geht es offensichtlich darum, den Marxismus angesichts der universitären Philosophie mit einer Garantie seiner Wissenschaftlichkeit zu versehen. Aber dieses Projekt bleibt in der Schwebe – aufgrund seiner intrinsischen Aporien und weil die eigentliche Hauptfrage dort gar nicht liegt –; sie liegt nämlich in dem Rätsel, das die *proletarische Ideologie* oder auch die *kommunistische Weltanschauung* aufgibt (letztere ist die von Engels bevorzugte Begrifflichkeit, weil sie es ermöglicht, die Schwierigkeiten eines Begriffs der »materialistischen Ideologie« zu umgehen). Die letzten Texte des späten Engels (von *Ludwig Feuerbach und der Ausgang der klassischen deutschen Philosophie* (1888) (MEW 21, S. 259–307) bis zum *Beitrag zum Urchristentum* (1894/95) (MEW 22, S. 447–473) und dem mit Kautsky zusammen verfassten Artikel über »Juristen-Sozialismus« (1886) (MEW 21, S. 491–509)) erörtern parallel zwei Aspekte dieses Problems: die Abfolge der »herrschenden Weltanschauungen«, das heißt den Übergang von einem religiösen zu einem weltlichen [*laïque*] Denken (das im Wesentlichen juristisch geprägt ist) und von dort aus zu einer politischen Weltanschauung, die auf dem Klassenkampf gründet und dem Mechanismus, durch den sich in der Beziehung der Massen zum Staat bestimmte »Überzeugungen« herausbilden und durchsetzen. Damit findet dann der historische Materialismus nicht nur seinen Gegenstand, sondern kommt zugleich zum Abschluss.

Und wie können wir außerdem übersehen, dass diese zum Teil privat, fast schon geheim gebliebenen Behauptungen, die halb wieder ausradiert worden waren, implizit im Widerspruch stehen zu Marx' früheren Thesen, wenn schon nicht zu seinen Analysen im *Kapital*, so doch jedenfalls zu den Formulierungen, derer sich Marx zwanzig Jahre zuvor im Vorwort von *Zur Kritik* bedient hatte, in dem er sein Schema der historischen Kausalität in enger Verbindung mit dem Bild einer linearen, einlinigen Entwicklung der Universalgeschichte verknüpft hatte? Damals hieß es: »Eine Gesellschaftsformation geht nie unter, bevor alle Produktivkräfte entwickelt sind, für die sie weit genug ist […] Daher stellt sich die Menschheit immer nur Aufgaben, die sie lösen kann […].«[165] Und jetzt schreibt Marx: »Aber das ist meinem Kritiker zu wenig. Er muß durchaus meine historische Skizze von der Entstehung des Kapitalismus in Westeuropa in eine geschichtsphilosophische Theorie des allgemeinen Entwicklungsganges verwandeln, der allen Völkern schicksalsmäßig vorgeschrieben ist, was immer die geschichtlichen Umstände sein mögen, in denen sie sich befinden, um schließlich zu jener ökonomischen Formation zu gelangen, die mit dem größten Aufschwung der Produktivkräfte die allseitigste Entwicklung des Menschen sichert. Aber ich bitte ihn um Verzeihung. (Das heißt mir zugleich zu viel Ehre und zu viel Schimpf antun). […] Ereignisse von einer schlagenden Analogie, die sich aber in einem unterschiedlichen historischen Milieu abspielten, führten also zu ganz verschiedenen Ergebnissen [also dazu, dass sich die Lohnarbeit entwickelte oder eben nicht, E.B.] Wenn man jede dieser Entwicklungen für sich studiert und sie dann miteinander vergleicht, wird man leicht den Schlüssel zu dieser Erscheinung finden, aber man wird niemals dahin gelangen mit dem Universalschlüssel einer allgemein geschichtsphilosophischen Theorie, deren

165 Karl Marx, *Zur Kritik der politischen Ökonomie*, »Vorwort«, MEW 13, S. 9.

größter Vorzug darin besteht, übergeschichtlich zu sein.«[166] Ebenso wie es keinen Kapitalismus »im Allgemeinen« gibt, sondern allein einen »historischen Kapitalismus«,[167] der aus der Begegnung und dem Konflikt vieler Kapitalismen entsteht, gibt es auch keinen universalen Geschichtsverlauf, sondern allein singuläre Geschichtlichkeiten.

Lenin als Philosoph? — Von dem Augenblick an, in dem der »dialektische Materialismus« mit einem »Marxismus-Leninismus« identifiziert wurde, (während der einbalsamierte Leichnam des »Gründervaters« im Mausoleum am Roten Platz in Moskau deponiert worden war) wurde aus dem Denken Lenins – wie es aus den 47 Bänden seiner *Gesammelten Werke* (in der Moskauer Ausgabe) durch Tausende von Kommentaren herauspräpariert worden ist – etwas anderes als eine Philosophie, nämlich eine Instanz, auf die man Bezug nehmen musste und die allein das Recht dazu verlieh, sich äußern zu dürfen. Heute hat sich diese Bewegung umgekehrt (so hat ein Exeget – Dominique Colas, *Le léninisme*, Paris 1982 – gemeint, es handele sich um einen Fall der Psychopathologie), und es wird längere Zeit brauchen, bis man die Argumentationen Lenins in ihrem Kontext und in ihrer Sparsamkeit wirklich wieder wird studieren können. Im französischen Marxismus haben zwei Philosophen, die einander in jeder Hinsicht entgegengesetzt sind, das Verhältnis Lenins zur Philosophie auf eine freie Art und Weise untersucht: Henri Lefebvre (vgl. *Pour connaitre la pensée de Lénine*, Paris 1957, sowie seine mit Norbert Gutermann besorgte Ausgabe der *Hefte über die Dialektik Hegels*, Paris 1938) hat sich vor allem auf die unveröffentlichten Schriften aus den Jahren 1915 und 1916 bezogen, in denen Lenin bei den klassischen Philosophen, vor allem bei Hegel, aber auch bei Clausewitz, die Mittel dafür gesucht hat, den Krieg »dialektisch« zu denken, als einen Prozess, in dem die politischen Widersprüche weiterhin wirksam bleiben (vgl. unter anderem »Sozialismus und Krieg«, LW 21, Berlin ^{5}1974, und »Das Militärprogramm der proletarischen Revolution«, LW 23, Berlin ^{5}1970). Louis Althusser (*Lenin und die Philosophie*, Reinbek 1974 [frz. Paris 1969], dessen Untersuchungen von Dominique Lecourt fortgeführt worden sind (*Une crise et son enjeu*, Paris 1973)), hat durch eine Neulektüre von *Materialismus und Empiriokritizismus* (1908) (LW 14, Berlin ^{5}1971) nach den Bausteinen für eine »praktische« Auffassung der Philosophie gesucht,

166 Karl Marx, »Brief an die Redaktion der *Otjetschestwennyje Sapiski*«, MEW 19, S. 111f.

167 Immanuel Wallerstein, *Der historische Kapitalismus*, Hamburg 1989 [engl. London 1983].

um eine Abgrenzungslinie zwischen Materialismus und Idealismus in der Komplexität der intellektuellen Lagen zu ziehen, in denen sich Wissenschaft und Politik wechselseitig bestimmen. Aber es gibt auch noch andere philosophische Momente bei Lenin. Am interessantesten sind zweifellos die beiden folgenden:

1) die Neufassung des Gedankens vom Proletariat als »universeller Klasse«, wie sie in *Was tun?* (1902) (LW 5, Berlin [5]1971) im Gegensatz zum Gedanken der »revolutionären Spontaneität« versucht und als Problem der intellektuellen Leitung der demokratischen Revolution begrifflich reformuliert worden ist (man wird diesen Gedanken mit der Replik konfrontieren müssen, die ihm Rosa Luxemburg nach der Revolution von 1905 gewidmet hat (vgl. »Massenstreik, Partei und Gewerkschaft« (LGW, Bd. 2, Berlin 1972));

2) gleichsam am anderen Ende des Spektrums die theoretische Arbeit über den Widerspruch der sozialistischen Revolution (Staat und Nicht-Staat, Lohnarbeit und freie Arbeit), die sich von der anfänglichen Utopie (*Staat und Revolution*, LW 25, Berlin [4]1974) bis zu den letzten Überlegungen »Über die Kooperation« (1923) (LW 36, Berlin [5]1974) hinzieht (dazu sollte man ebenfalls Robert Linharts *Lénine, les paysans, Taylor* (Paris 1976) und Moshe Lewins *Le dernier combat de Lénine* (Paris 1978) lesen).

Es unterliegt keinem Zweifel: Wir können der Frage nicht ausweichen, ob eine derartig dramatische Berichtigung nicht auch in anderen Aspekten des »historischen Materialismus« einen Widerhall finden müsste. Und zwar sicherlich vor allem auf die Art und Weise, in der das »Vorwort« von *Zur Kritik der politischen Ökonomie* davon spricht, dass sich mit »der Veränderung der ökonomischen Grundlage« als mechanische Konsequenz »der ganze ungeheure Überbau langsamer oder rascher um[wälzt]«.[168] Was bedeuten demgegenüber Begriffe wie »Umwelt«, »Lage«, »Alternative«, »Dualität« oder »politischer Übergang«? Sind sie nicht einfach nur Begriffe oder Metaphern, die uns zu denken zwingen, dass der Staat und die Ideologie auf die Ökonomie zurückwirken beziehungsweise unter gegebenen Umständen sogar die Basis selbst konstituieren, auf die wiederum die Entwicklungstendenzen dieser »Basis« einwirken? Ohne Zweifel kann aber kein Theoretiker und keine Theoretikerin, nachdem sie einmal wirklich Neues herausgefunden haben, sich selbst ganz und gar »umschmelzen«, indem sie die eigene Theorie

168 Karl Marx, *Zur Kritik der politischen Ökonomie*, »Vorwort«, MEW 13, S. 9.

von Grund auf überarbeiten: Dafür hat auch Marx nicht mehr die Kraft, oder dazu bringt er auch nicht den Willen auf – er hat dafür »einfach keine Zeit mehr«... Das übernehmen dann andere für ihn. Es lohnt sich durchaus, an diesem Punkt festzuhalten, dass der Gedanke der »Rückwirkung der Ideologie« auf die ökonomische Wahrheit die wahrhafte Auffassung des Ökonomismus darstellt (das heißt die Tatsache, dass sich die Tendenzen der Ökonomie nur auf dem Weg über ihr Gegenteil verwirklichen: durch die Ideologien und die »Weltanschauungen«, zu denen dann auch die der Proletarier gehören) und genau das Forschungsprogramm beschreibt, das Engels zu Ende der 1880er Jahre verfolgt hat.[169] Nun ist offenbar wahr, dass auch einhundert Jahre später die Marxistinnen und Marxisten, die inzwischen erneut mit der schlechten Seite der Geschichte konfrontiert werden, immer noch mit dieser Aufgabe beschäftigt sind und in ihr feststecken.

169 [Diese Metaphern sind das zentrale Thema von Engels' »Altersbriefen« über Basis und Überbau, vgl. F.O. Wolf, »*Engels' Altersbriefe* als philosophische Intervention: Worum ging es und mit welchen Mitteln hat Engels eingegriffen?«, in: *Das Spätwerk von Friedrich Engels – Zur Edition in der Marx-Engels-Gesamtausgabe*, in: *Beiträge zur Marx-Engels-Forschung*, Neue Folge 2008, Hamburg 2009, S. 140–156.]

V. Die Wissenschaft und die Revolution

Die Leserin und der Leser, die mir bis hierher gefolgt sind, würden jetzt – wie ich wohl weiß – (zumindest) zwei Kritiken zum Ausdruck bringen:

Erstens werden sie denken: Sie sind von einer Darstellung der Gedanken von Marx zu einer Diskussion »mit Marx« übergegangen – ohne dabei aber klar zu markieren, wann man vom einen zum anderen übergeht. Daraus ergibt sich, mit welcher Leichtigkeit Sie sich erlauben können, in dessen Text »Stimmen« zu projizieren und dessen Schweigen oder zumindest dessen allenfalls halb Formuliertes zu interpretieren.

Zweitens werden sie noch hinzusetzen: Sie haben Marx' Lehre gar nicht wirklich dargestellt – wenn wir es nicht anderswoher schon wüssten, hätten wir gar nichts davon erfahren, wie er den Klassenkampf definiert und die These von seiner Universalität sowie von seiner Rolle als »Motor der Geschichte« begründet hat, wie er bewiesen hat, dass die Krise des Kapitalismus ganz unvermeidlich eintreten wird, und dass der einzige Ausweg aus ihr der Sozialismus (oder der Kommunismus) darstellt usw. Und damit zugleich haben Sie uns eben nicht die Mittel dafür an die Hand gegeben, klar zu erkennen, wo und warum er sich getäuscht hat, ob sich überhaupt noch etwas vom Marxismus »retten« lässt und ob er mit der Demokratie, der Ökologie, der Bioethik usw. vereinbar ist.

Ich beginne damit, auf die zuletzt genannte Kritik zu antworten – und ich bekenne mich uneingeschränkt schuldig. Aufgrund meiner Entscheidung, mich für die Art und Weise zu interessieren, in der Marx in der Philosophie gearbeitet hat – und die Philosophie in Marx – musste ich nicht nur den Standpunkt des »Systems« beiseite räumen, sondern auch den der Lehre. Die Philosophie besteht nicht aus Lehren, sie setzt sich nicht aus Meinungen oder Theoremen (oder auch Gesetzen) über die Natur, das Bewusstsein, die Geschichte usw. zusammen, erst recht nicht aus der Ausformulierung der Allerallgemeinsten derartiger Meinungen oder auch Gesetze. Dieser Punkt ist ganz besonders wichtig, denn der Gedanke einer »allgemeinen Synthese«, in der der Klassenkampf mit der Ökonomie, der Anthropologie, der Politik und der Erkennntnistheorie verknüpft wird, entspricht schlicht und einfach dem Typus des einst in der internationalen kommunistischen Bewegung offiziell geltenden Diamat (und es lässt sich nicht leugnen, dass dasselbe Ideal der »Verallgemeinerung« – bis hin zu dem dabei erreichten Grad an Subtilität – auch unter vielen *Kritikern des Diamat* das Denken beherrscht). Diese Form ist selbstverständlich vom Standpunkt der Ideengeschichte durchaus interessant. Bei Marx gibt es gewisse Anknüpfungspunkte dafür; bei Engels (der sich mit Konkurrenten wie den »Erkenntnistheorien«, den »Philosophien der Natur« und den »Philosophien der Kultur« des letzten Drittels des 19. Jahrhunderts konfrontiert sah) sind noch stärker Ansätze in dieser Richtung zu finden, die er mit bewusster Absicht eingegangen ist. Diese Form hat ihre glühendsten Bewunderer unter den Neo-Thomisten der pontifikalen Universität in Rom gefunden (wie es sich als erstaunliche Episode in Stanislas Bretons *De Rome à Paris. Itinéraire philosophique* nachlesen lässt).

Ich habe also dem Gedanken der Lehre (das heißt einer Darstellung der Marx'schen Theorie als Doktrin) entschlossen den Rücken gekehrt und mir stattdessen vorgenommen, gewisse Fragen zu problematisieren, die Marx' Denken bestimmen. Wenn es wahr ist, wie er es selbst in der *Deutschen Ideologie* formuliert hat, dass »eine Mystifikation«, noch bevor sie in den Antworten steckte, bereits »in den Fragen selbst lag«,[170] muss man dann nicht annehmen, dass dies erst Recht für die Demystifikation, das heißt für die Erkenntnis gilt? Und dann muss man aus diesem Grunde auch die theoretische Bewegung von innen heraus erneut aufnehmen, durch die unaufhörlich »die Linien verschoben« werden, die diesen Fragen zugrunde liegen. Ich habe zu diesem Zwecke drei Pfade [*parcours*] beschritten, die mir von herausgehobener Bedeutung zu sein scheinen (es wäre sicherlich auch möglich gewesen, andere Pfade auszuwählen).

Drei Pfade des Philosophierens

Der erste dieser Pfade geht von der Kritik an den klassischen Definitionen des »menschlichen Wesens« aus – und zwar sowohl an den spiritualistisch-idealistischen als auch an den materialistisch-sensualistischen Auffassungen (die gemäß Althussers Vorschlag mit dem Begriff des theoretischen Humanismus zu bezeichnen wäre, man könnte auch

170 Karl Marx und Friedrich Engels, *Die deutsche Ideologie*, MEW 3, S. 19: »Nicht nur in ihren Antworten [denen der ›deutschen Kritik‹], schon in den Fragen selbst lag eine Mystifikation.«

von spekulativer Anthropologie sprechen) – und gelangt von dort aus zur Problematik des *gesellschaftlichen Verhältnisses*. Allerdings um den Preis eines bedeutungsvollen Schwankens zwischen einem radikal negativen *aktivistischen* Standpunkt, wie er den »Feuerbach-Thesen« eigen ist, in denen dieses Verhältnis nichts weiter als die Aktualisierung der Praxis darstellt, und einem konstruktiven *positiven* Standpunkt, wie er der *Deutschen Ideologie* zugrunde liegt, indem es mit der Arbeitsteilung und mit dem Verkehr oder auch der Kommunikation – als Formen der Entwicklung der *Produktivkräfte* – zusammenfällt. Man könnte durchaus sagen, das sich im ersten Fall die menschliche Gemeinschaft dadurch herstellt, dass die alte Welt vollständig beseitigt wird, während dies im zweiten Fall dadurch geschieht, dass die Fülle der neuen Welt zur Geltung kommt, die in der Tat bereits da ist. In dem einen Fall hat die revolutionäre Praxis den absoluten Vorrang vor jeglichem Denken (auch die Wahrheit ist nur eines ihrer Momente). Im anderen Fall ist sie, soweit sie nicht dem Denken unterworfen ist, zumindest in ihren Ausgangsbedingungen und ihren Erfolgsaussichten Gegenstand der Darstellung einer *Wissenschaft* von der Geschichte. Revolution und Wissenschaft (Revolution in der Wissenschaft, Wissenschaft der Revolution) bilden damit die beiden Hörner einer Alternative, in Bezug auf die sich bei Marx im Grunde niemals eine klare Entscheidung findet – was eben auch bedeutet, dass er es niemals akzeptiert hat, das eine dem anderen aufzuopfern, womit er seine intellektuelle Unbeugsamkeit demonstrierte.

Der zweite Pfad ist gleichsam auf den ersten aufgepfropft: derjenige nämlich, der von einer Kritik der Illusionen und Ansprüche des Bewusstseins bis zu einer Problematik der *Konstitution des Subjekts* in den Formen seiner Entfremdung führt: Entfremdung in Bezug auf die Sache oder das Ding im Fetischismus der Warenzirkulation, aber auch Entfremdung in Bezug auf die Person im Fetischismus des juristischen Prozesses – auch wenn ich zugeben muss, dass der Status des Begriffs der »Person« bei Marx ganz grundlegend ungeklärt bleibt. Dieser zweite Pfad verläuft nicht gradlinig, sondern erfährt eine ganz bemerkenswerte Bifurkation (durch das Aufgeben des Begriffs der Ideologie). Er wird durch eine ganze Reihe von Analysen hindurch thematisiert – zunächst der »gesellschaftliche Horizont« des Bewusstseins (der in den transindividuellen Verhältnissen und ihrer historischen Begrenztheit besteht), dann die intellektuelle Differenz und daher die Herrschaft *außerhalb* und *innerhalb* des

Denkens und schließlich die symbolische Struktur der Äquivalenz zwischen den Individuen und ihrem »Eigentum«, wie sie dem Warenaustausch und dem (Privat-)Recht gemeinsam eigentümlich sind.

Schließlich dann noch ein dritter Pfad: Dieser geht von der Erfindung eines Schemas der Kausalität aus (das in dem Sinne materialistisch ist, dass es den Primat des Bewusstseins oder der geistigen Kräfte in der Erklärung der Geschichte umkehrt, ihnen aber einen Platz als untergeordnete Instanz der »Vermittlung« innerhalb des Wirkungszusammenhangs der Produktionsweise zuweist) und reicht bis zu einer *Dialektik der Zeitlichkeit*, die dem historischen Kräftespiel *immanent* bleibt (die darin wirkenden Kräfte sind keine »Sachen oder Dinge«!). Es gibt mehrere skizzenhafte Darstellungen dieser Dialektik bei Marx, deren wichtigste die des »Realwiderspruchs« ist, das heißt der Tendenzen zur Vergesellschaftung und deren Gegentendenzen oder auch der antagonistischen Verwirklichungen des Kollektivs, die – ineinander verwickelt – einen großen Teil des *Kapital* ausfüllen. Aber es ist auch nötig – wenn man nur dazu bereit ist, bei der Lektüre der letzten Texte von Marx einige Risiken auf sich zu nehmen –, dem Gedanken des Übergangs vom Kapitalismus zum Kommunismus seine volle Bedeutung einzuräumen (hier hat der Moment der revolutionären Praxis eine spektakuläre Wiederkehr dieser Problematik in einen Raum bewirkt, der bis dahin gänzlich von der »Wissenschaft der Gesellschaftsformationen« beherrscht worden war) sowie auch dem Gedanken der alternativen, *singulären* Entwicklungswege, wie er in einer internen Kritik des Evolutionismus von Marx umrissen wird.

Die Schwierigkeit dieses dritten Pfads liegt darin, dass die Offenlegung einer temporalen Dialektik auf dem Umweg eines Gegenteils erfolgt ist von dem, was in den meisten *allgemeinen* Texten von Marx vorherrschend ist (diese sind allerdings wirklich selten): der Gedanke einer *Universalgeschichte* der Menschheit, einer aufsteigenden Entwicklungslinie der Produktionsweisen und der Gesellschaftsformationen, die einförmig progressiv voranschreiten. Man muss hier ganz ehrlich zugeben, dass der »materialistische« und »dialektische« Evolutionismus ebenso sehr *marxistisch* ist wie die Analyse des realen Widerspruchs – und dass er historisch sogar mehr Anspruch darauf hat, mit *dem Marxismus* identifiziert zu werden. Selbstverständlich war es genau das, woran Marx gedacht hat, als er das (zweifelhafte) Bonmot aussprach (von dem Engels im November 1882 in einem Brief an Bernstein berichtet hat): »Eines ist sicher, was mich betrifft, ich bin kein Marxist.«[171] Und es war auch das, woran Gramsci dachte, als er seinen Artikel von 1917, »Die Revolution gegen das *Kapital*«, schrieb (noch so ein Bonmot...) – bis hin zu dem Umstand, dass das *Kapital* eben derjenige von Marx' Texten ist, in dem die Spannung zwischen diesen beiden Gesichtspunkten am lebendigsten ist. Dabei geht es letztlich darum, zu wissen, ob etwa – wie dies eine Formulierung des dritten Bandes des *Kapital* besagt, die absolut der idealistischen Tradition der Geschichtsphilosophie entspricht – die postkapitalistische klassenlose Gesellschaft den »Übergang aus dem Reich der Notwendigkeit ins Reich der Freiheit« vollzieht, oder ob der (gegenwärtige) Kampf *für* den Kommunismus ein Notwendig-Werden der Freiheit repräsentiert (das heißt die Einschreibung einer Bewegung der Befreiung in ihre eigenen materiellen Bedingungen).

Das Werk als Baustelle

Aber kommen wir auf den ersten Einwand zurück, der gegen mich vorgebracht werden könnte: Ich habe gesagt, Marx als Philosophen zu lesen, setze voraus, neben die Lehre zu treten und von diesem Standpunkt aus den Begriffen den Vorrang zu geben und die Bewegung ihrer Konstruktion, Dekonstruktion und Rekonstruktion zu hinterfragen. Aber ich glaube eben auch, dass wir noch einen weiteren Schritt machen müssen und, ohne zu befürchten, dadurch inkohärent zu werden, ganz klar aussprechen müssen, dass *diese Lehre gar nicht existiert.* Wo ist sie denn zu finden, das heißt *in welchen Texten* können wir sie nachlesen? Wie man wohl weiß, hat Marx »nicht die Zeit dafür gehabt« – und wir reden hier von etwas ganz anderem als von einer Unterscheidung zwischen dem jungen und dem alten Marx, zwischen Marx als Philosophen und Marx als Wissenschaftler [*savant*]. Denn alles, was wir besitzen, das sind Zusammenfassungen (das Vorwort von *Zur Kritik der politischen Ökonomie*), Manifeste (und zwar grandiose), ausführliche und artikulierte Skizzen, die aber schließlich leer laufen und die – hier ist es nötig, sich daran zu erinnern – Marx selber *niemals publiziert* hat

171 Friedrich Engels, »Brief an Eduard Bernstein vom 2./3. November«, MEW 35, Berlin, [4]1985, S. 388.

(die *Deutsche Ideologie*, die *Grundrisse* oder auch das Manuskript von 1857/58). Es gibt gar keine Lehre; es gibt nur Fragmente (und im übrigen Analysen und Beweisführungen).

Dass man mich recht versteht: Marx ist in meinen Augen kein vorweggenommener »Postmoderner«, und ich habe nicht vor, die These zu vertreten, dass sein Denken auf dem absichtlichen Bestreben nach Unvollendetem beruht. Ich bin eher versucht, zu glauben, dass er in der Tat niemals die Zeit dafür gehabt hat, eine Lehre zu konstruieren, weil *der Prozess der Berichtigung noch viel schneller verlief*. Diese Berichtigung nahm nicht nur seine Schlussfolgerungen, sondern sogar noch die Kritik dieser Schlussfolgerungen vorweg. Aus einer intellektuellen Manie? Das mag sein, aber diese Manie stand im Dienst einer doppelten Ethik: einer Ethik des *Theoretikers* (als Wissenschaftler) und einer Ethik des *Revolutionärs*. Damit stehen wir vor denselben Problemen [*termes*]: Marx war zu sehr Theoretiker, um seine Schlussfolgerungen zurechtzupfuschen; und er war zu sehr Revolutionär, um sich entweder den Schicksalsschlägen zu unterwerfen, oder aber die Katastrophen einfach zu ignorieren und weiterzumachen, als ob gar nichts geschehen wäre. Er war allzu sehr Wissenschaftler und Revolutionär, um sich mit dem Hoffen auf einen Messias zu begnügen (auch wenn diese Hoffnung unbestreitbar zu den Untertönen seines Denkens gehört hat: Aber ein Theoretiker oder ein Politiker definiert sich nicht durch das, was er verdrängt hat – selbst wenn ein Teil seiner Energie von daher stammt und auch wenn das Verdrängte – etwa das Religiöse – zu dem gehört, was auf jeden Fall den »Schülern« und den »Nachfolgerinnen« zu Ohren kommt).

Wir haben also jedes Recht dazu, auch Marx' nur halb ausgesprochenen Worte zu interpretieren – keineswegs, um die Fragmente seines Diskurses wie Spielkarten zu behandeln, die wir unbeschränkt neu mischen könnten, so wie wir es wollten, sondern, um sich in seine »Problematiken«, seine »Axiomatiken« und letztlich sogar in seine »Philosophien« zu vertiefen, um sie bis zu ihren letzten Konsequenzen zu verfolgen und dadurch ihre Widersprüche, ihre Schranken und ihre offenen Seiten hervortreten zu lassen. Auf diese Weise können wir in einer gänzlich neuen Lage absehen, was wir mit ihm und auch gegen ihn anfangen können. Ganz viel von dem, was wir bei Marx skizziert finden, ist noch weit davon entfernt, seine endgültige Form gefunden zu haben. Vieles von dem, was heute im »Marxismus« als kraftlos oder auch kriminell oder auch ganz einfach als überholt erscheint, war das bereits – wenn man mir das zu sagen erlaubt – vor dem Marxismus, denn es ist keineswegs vom Marxismus erfunden worden. Allerdings hätten wir, selbst wenn seine Leistung nur darin bestehen würde, sich der Frage nach der Alternative zur »herrschenden kapitalistischen Produktionsweise« *innerhalb dieser Produktionsweise* zu stellen (die heute weit mehr noch als je zuvor auch eine Zirkulationsweise, eine Kommunikationsweise und eine Repräsenationsweise ist), immer noch eine Verwendung dafür!

Für und gegen Marx

Allerdings müssen wir zugeben, dass der Marxismus heute eine ganz unwahrscheinliche Philosophie ist. Das hängt mit der Tatsache zusammen, dass Marx' Philosophie immer noch dabei ist, sich in einem langen und schwierigen Prozess vom »historischen Marxismus« zu trennen, in einem Prozess, der die Hindernisse überwinden muss, die sich in einem Jahrhundert ihrer ideologischen Verwendung aufgehäuft haben. Dennoch geht es für die Philosophie von Marx nicht etwa darum, zu ihrem Ausgangspunkt zurückzukehren, sondern ganz im Gegenteil darum, aus der eigenen Geschichte zu lernen und sich selber in diesem Lernprozess umzugestalten. Wer heute mit dem Denken von Marx philosophieren will, der oder die tuen das nicht nur nach Marx' Tod als Person, sondern überhaupt *nach dem Marxismus,* das heißt, sie können sich nicht damit begnügen, über die Zäsur zu reflektieren, die Marx ausgelöst hat, sondern sie müssen auch die Ambivalenz der Wirkungen bedenken, die die Philosophie von Marx gehabt hat – und zwar bei ihren Anhängerinnen ebenso wie bei ihren Gegnern.

Das liegt auch daran, dass die Philosophie von Marx heute weder die Doktrin einer Organisation noch eine universitäre Philosophie zu sein vermag, das heißt aber, dass sie sich in Bezug auf jegliche Institution fehl am Platze befinden muss. Es ist doch klar: Der von mir oben angesprochene Zyklus von einem Jahrhundert – 1890 bis 1990 – hat inzwischen das Ende jeder wechselseitigen Zugehörigkeit zwischen der Philosophie von Marx und irgendeiner Organisation – und *erst recht* irgendeinem Staat – besiegelt. Das bedeutet, dass der Marxismus nicht länger als ein Legitimationsunternehmen funktionieren kann. Darin liegt zumindest eine *negative* Vorbedingung dafür, dass er wieder lebendig werden kann.

Die *positiven* Voraussetzungen hängen demgegenüber davon ab, was die Marx'schen Begriffe für die Kritik anderer Legitimationsunternehmen leisten können. Die Auflösung der – durchaus konfliktreichen – Verbindung zwischen dem Marxismus und bestimmten politischen Organisationen macht es aber keineswegs leichter, ihn in eine Universitätsphilosophie zu verwandeln, und sei es auch nur, weil die Universität noch lange Zeit brauchen wird, ihren eigenen Antimarxismus aufzuarbeiten. Auch in dieser Hinsicht finden sich das Positive und das Negative noch gleichsam suspendiert: Die Zukunft der Universitätsphilosophie ist selbst ungewiss, und es ist völlig unmöglich, *a priori* zu bestimmen, welche Rolle die von Marx herkommenden Gedanken bei der Überwindung dieser Krise werden spielen können. Es ist aber auf jeden Fall erforderlich, dazu erste Hypothesen zu bilden – und damit komme ich zu den Gründen für meine Überzeugung – wie ich sie zu Anfang dieses Buches ausgesprochen habe: dass Marx nämlich im 21. Jahrhundert an unterschiedlichen Orten weiter gelesen werden wird. Jede dieser Überlegungen kann auch, wie man sehen wird, einen Grund dafür liefern, sich gegen Marx zu stellen, allerdings in einem Verhältnis der »bestimmten Negation«, das heißt indem in Marx' eigenen Texten die Fragen aufgespürt werden, die sich nur dadurch sinnvoll entwickeln lassen, dass man in genau zu benennenden Punkten die Gegenposition zu seinen Thesen einnimmt.

Erstens besteht eine lebendige Praxis der Philosophie immer in einer Konfrontation mit der Nicht-Philosophie. Die Geschichte der Philosophie besteht aus einer Folge von Erneuerungen, die umso bedeutungsvoller sind, je mehr sich die Exteriorität, an der sie sich messen soll, als für sie ganz unverdaulich erweist. Die Verschiebung, der Marx die Kategorien der Dialektik unterwirft, ist eines der deutlichsten Beispiele dieser »Migration«, dieser Ortsverlagerung des philosophischen Denkens, die dazu führt, dass sie sogar die Form ihres eigenen Diskurses im Ausgang von ihrem Anderen rekonstituiert. Aber diese Verlagerung bleibt unvollendet, so entschlossen sie auch in Angriff genommen wird: Und ihre Vollendung steht auch nicht bevor, denn das fremdartige Gelände, das hier zu erschließen sein wird, das Gelände der Geschichte, verändert unaufhörlich seine Konfiguration. Sagen wir, dass die Menschheit kein Problem hinter sich lassen kann, das sie noch nicht gelöst hat.

Zweitens stellt die Geschichtlichkeit – denn eben darum geht es – eine der am meisten offenen Fragen der Gegenwart dar. Das hängt unter anderem damit zusammen, dass die Universalisierung des gesellschaftlichen Verhältnisses, die die Geschichtsphilosophien einst angekündigt hatten, inzwischen zu einer *vollendeten Tatsache* geworden ist: Es gibt nur noch einen einzigen Raum – für die Technik und für die Politik, für die Kommunikation und für die Machtverhältnisse. Aber diese Art der Universalisierung stellt weder eine Humanisierung noch eine Rationalisierung dar; sie fällt mit noch heftigeren Ausschließungen und Spaltungen zusammen, als sie vorher bestanden haben. Wenn wir einmal von den moralischen Diskursen absehen, die dieser Lage mit einer Neuformulierung juristischer und religiöser Prinzipien zu begegnen versuchen, dann gibt es, allem Anschein nach, nur zwei Möglichkeiten: entweder zu dem Gedanken des »Krieges aller gegen alle« zurückzukehren (von dem Hobbes gesprochen hatte), der es für erforderlich erklärt, eine äußere Zwangsmacht aufzubauen, oder aber die Geschichtlichkeit wieder in ein Element der Natur zu versenken (was sich gegenwärtig in der Wiederkehr der Lebensphilosophie abzeichnet). Dazu kommt dann noch eine dritte Möglichkeit, die eben Marx skizziert hat: nämlich die Veränderung der historischen Institutionen (oder besser noch die Veränderung ihrer Veränderung) zu denken, im Ausgang von den ihnen innewohnenden Kräfteverhältnissen – und zwar nicht bloß retrospektiv, sondern vor allem prospektiv oder auch, wenn einem das lieber ist, konjektural. Hier ist es nötig, im Gegensatz zu den Modellen der Umkehrung und der linearen Entwicklung, die sich Marx immer wieder zu eigen gemacht hatte, den dritten Gedanken frei zu legen, der sich bei ihm in kleinen Schritten konkretisiert hat: den der *Tendenz* und des ihr innewohnenden Widerspruchs.

Drittens besteht eine *kritische* Philosophie nicht nur darin, die Rolle des Unerwarteten zu reflektieren, das uns die Geschichte zeigt. Es ist vielmehr nötig, dass sie ihre eigene Bestimmtheit als intellektuelle Tätigkeit durchdenkt, das heißt, dass sie – gemäß einer sehr alten Formulierung – zum »Denken des Denkens« oder auch zur »Idee der Idee« wird. In dieser Hinsicht befindet sich Marx in der allerinstabilsten Situation, die sich vorstellen lässt, gerade aufgrund der von ihm umrissenen theoretischen Fassung der Ideologie. Ich habe gesagt, dass die Philosophie Marx diesen Begriff niemals vergeben hat – oder zumindest nur unter großen Schwierigkeiten –, was dazu führt, dass Marx zu einem Faktor einer beständigen und gelegentlich auch ausdrücklich erklärten Irritation wird (ein gutes Beispiel dafür bietet Paul Ricoeurs Buch *Lectures on Ideology and Utopia* (1986)). Das liegt daran, dass die Ideologie für die Philosophie ihr eigenes Bildungselement darstellt, nicht bloß als ihr internes »Ungedachtes«, sondern als ein Verhältnis zu den gesellschaftlichen Interessen beziehungsweise zur intellektuellen Differenz, die sich ja niemals auf den einfachen Gegensatz von Vernunft und Unvernunft reduzieren lässt. Die Ideologie ist für die Philosophie der materialistische Name ihrer eigenen Endlichkeit. Allerdings hat die brennendste Unfähigkeit des Marxismus eben darin bestanden, dass sein eigenes Funktionieren als Ideologie, seine eigene Idealisierung des »Sinns der Geschichte« und seine eigene Transformation in eine säkulare Massenreligion für ihn selbst einen blinden Fleck dargestellt hat. Wir haben gesehen, dass zumindest eine der Ursachen dieser Situation damit zusammengehangen hat, wie Marx in seiner Jugend Ideologie und revolutionäre Praxis des Proletariats einander entgegengesetzt hat, und diese zugleich noch durch einen absoluten Status hervorhob. Deswegen muss man an diesem Punkt *zugleich* zwei antithetische Positionen beziehen: Die Philosophie wird »marxistisch« sein, solange sich für sie die Frage der Wahrheit in der Analyse der Universalitätsfiktionen entscheidet, die sie im Sinne der Autonomie gestaltet; aber sie muss dabei zuerst *gegen Marx* »marxistisch« sein und seine Leugnung der Ideologie zum ersten Gegenstand ihrer Kritik machen.

Viertens stellt Marx' Philosophie – zwischen Hegel und Freud – das zentrale Beispiel für eine moderne Ontologie der Relationen dar oder auch, in der von mir benutzten Ausdrucksweise, des Transindividuellen. Das soll heißen, dass sie sich *jenseits* des Gegensatzes von Individualismus (sei es auch nur des »methodologischen«) und Organizismus (oder auch »Soziologismus«) positioniert, dessen Geschichte sie zu verfolgen und in ihren ideologischen Funktionen aufzuzeigen ermöglicht. Aber damit ist ihre Originalität noch nicht hinreichend gekennzeichnet, denn diese Beziehung kann entweder im Modus der Interiorität oder aber in dem der Exteriorität beziehungsweise – erneut – der Naturalität gedacht werden. Das wird in der Philosophie der Gegenwart einerseits durch das Thema der Intersubjektivität exemplifiziert: Es gibt kein isoliertes »Subjekt«, das sich die Welt vorstellt, sondern eher eine ursprüngliche Gemeinschaft vielfältiger Subjekte. Andererseits tritt hier das Thema der *Komplexität* auf, dessen ansprechendste Darstellungen metaphorisch auf dem neuen

Bündnis von Physik und Biologie beruhen.[172] Marx lässt sich auf keine dieser beiden Positionen reduzieren. Das liegt daran, dass das Transindividuelle bei ihm grundlegend als etwas gedacht worden ist, das dem *Klassenkampf* entspricht – als einer »letztlichen« gesellschaftlichen Struktur, die gleichermaßen zur Teilung der Arbeit, zur Aufteilung im Denken und zur Ausspaltung in der Politik führt. Mit und gegen Marx zu philosophieren, das besagt an diesem Punkt, nicht etwa nach dem »Ende des Klassenkampfs« zu fragen – entsprechend dem uralten frommen Wunsch nach gesellschaftlicher Harmonie –, sondern die Frage nach seinen *inneren Grenzen* zu stellen, das heißt nach den Formen des Transindividuellen, die, auch wenn sie ihn überall überlagern, keineswegs auf den Klassenkampf reduziert werden können. Die Frage der großen »anthropologischen Differenzen« kann uns hier – beginnend mit der Frage nach der Geschlechterdifferenz – als Leitfaden dienen. Aber es könnte durchaus auch sein, dass selbst angesichts einer derartigen Distanzierung im Verhältnis zu Marx das Modell der Verknüpfung [*articulation*] zwischen einer Problematik der *Produktionsweisen* (oder auch der »Ökonomie«) und einer Problematik der »Konstitutionsweise von Subjekten durch Unterwerfung« (das heißt also der Konstitution des »Subjektes« unter der Einwirkung von symbolischen Strukturen) sich doch als ein beständig nötiger Bezugspunkt erweist: Eben weil in ihr diese doppelte Zurückweisung von Subjektivismus und Naturalismus zum Ausdruck kommt, führt diese Verknüpfung die Philosophie immer wieder, dazu den Gedanken einer Dialektik zu fassen.

Schließlich und *fünftens* habe ich zu zeigen versucht, dass das Denken des gesellschaftlichen Verhältnisses bei Marx als das Gegenstück des Primats fungiert, den er der revolutionären Praxis einräumt (»Veränderung der Welt«, »Gegentendenz« und »Veränderung in der Veränderung«). Eben dieses Gegenseitigkeitsverhältnis, das sich in der Bewegung eines befreienden und egalitären Aufstandes zwischen den Individuen und ihrem Kollektiv einstellt, ist in der Tat transindividuell. Das nicht mehr zu unterbietende Minimum an Individualität *und* an Gesellschaftlichkeit, das Marx mit Bezug auf die kapitalistische Ausbeutung beschrieben hat, ist eine Tatsache des Widerstands gegen Herrschaft, von dem er

172 [Balibar spielt hier auf das von Vertreterinnen und Vertretern der Theorie komplexer Systeme postulierte »neue Bündnis« an, vgl. zum Beispiel Ilya Prigogine und Isabelle Stengers, *Dialog mit der Natur. Neue Wege naturwissenschaftlichen Denkens,* München 1980 [frz. Paris 1979].]

zeigen wollte, dass es gar nicht nötig war, ihn zu erfinden oder hervorzurufen, sondern dass er immer schon begonnen hatte. Wir können nachvollziehen, dass er seinerseits eine Periodisierung der gesamten Geschichte in Angriff genommen hat, um diese These zu begründen, was ihm zu denken erlaubt hat, dass der Kampf der Beherrschten »da unten« bis auf den Grund der gemeinsamen Geschichte zurückgeht.

Allerdings muss man an dieser Stelle noch einen Schritt weiter gehen: Denn wenn Marx nur der Denker der Revolte gewesen wäre, dann wäre der Sinn seiner ständigen Stellungnahme gegen jedes utopische Denken völlig verloren gegangen. Denn diese Gegenposition von Marx gegen die Utopie war niemals darauf angelegt, *hinter* der Kraft der Auflehnung und der Phantasie zurückzubleiben, die das utopische Denken darstellt. Das muss erst recht gelten, wenn wir die Ideologie als das eigentliche Element und als Grundstoff der Politik anerkennen und so den positivistischen Neigungen des Marxismus endgültig den Rücken kehren. Das hat aber nur zur Wirkung, die Fragestellung noch weiter zu unterstreichen, die in Marx' doppelter Denkbewegung gegen die Utopie angelegt ist: zum einen die Bewegung, die vom Begriff der »Praxis« angezeigt wird, und zum anderen die Bewegung, auf die der Begriff der »Dialektik« verweist. Genau diese Bewegung habe ich als *Handeln in der Gegenwart* bezeichnet und eben das ist es auch, was ich als eine *theoretische* Erkenntnis der materiellen Bedingungen zu analysieren versucht habe, die diese »Gegenwart« konstituieren. Nachdem der Ausdruck »Dialektik« lange Zeit dazu gedient hat, die Reduktion der Rebellion auf die Wissenschaft oder auch umgekehrt die Reduktion der Wissenschaft auf die Rebellion zu vollziehen, könnte es jetzt dahin kommen, dass die Dialektik ganz schlicht dazu dient, die unendlich offene Frage der Verbindung [*conjonction*] beider zu bezeichnen (Jean-Claude Milner hat in seinem Buch *Constat* (Paris 1992) diesen Ausdruck in dieser Weise verwendet): Das würde nicht bedeuten, Marx auf ein bescheideneres Programm herunterzubringen, sondern ihm ganz im Gegenteil noch für lange Zeit die Position des für den Grenzübertritt zwischen der Philosophie und der Politik unumgänglichen »Schmugglers« einzuräumen.

Der unversöhnliche Anteil
Nachwort von Étienne Balibar

Ich bin ebenso erfreut wie überrascht darüber, dass nach zwanzig Jahren mein kleines Buch über Marx' Philosophie auf Deutsch erscheint, übersetzt und mit einem Vorwort versehen von meinem alten Freund Frieder Otto Wolf, mit dem ich mich schon so lange austausche.

Ich hatte damals dieses Buch auf Bitten von François Gèze verfasst, dem Verlagsleiter von *La Découverte*, sowie von einem inzwischen verstorbenen Kollegen, Jean-Paul Piriou, einem Wirtschaftswissenschaftler und Gewerkschafter, der die Buchreihe *Repères* gegründet hatte, um Studierenden der Humanwissenschaften Bildungsmaterialien an die Hand zu geben, die vom Geist der Kritik gegenüber herrschenden Orthodoxien und dem einer Offenheit, die nicht an bestehenden Disziplinengrenzen haltmachte, durchdrungen waren. Mit dieser Reihe haben ihr Verleger und ihr Herausgeber selbstverständlich auch die Vorstellung verbunden, dass die kleinen Bücher, eben weil sie soweit wie möglich in einem zugänglichen Stil verfasst waren, ohne Fachjargon auskamen und doch nicht übermäßig vereinfachten, sich für eine breitere Leserschaft als nützlich erweisen würden. Zwanzig Jahre später hoffe ich, ohne Anmaßung festhalten zu können, dass mein Büchlein diese unterschiedlichen Ziele in vernünftigem Umfang erreicht hat, sowohl im frankophonen Raum, wo es mehrere Neuauflagen erlebt hat, als auch in anderen Sprachräumen, wo es bis heute in einer Reihe von Übersetzungen zur Verfügung steht.

Ich bedaure es also keineswegs, dass ich mir damals die Mühe gemacht habe, in mehreren Wochen intensiver Arbeit – und auf vorgegebenem engen Raum – alles das zusammenzutragen und zusammenzufassen, was ich in den dreißig Jahren zuvor gelernt zu haben glaubte: über die »Gegenstände«, die »Verfahrensweisen« und die »Fragestellungen«, auf die sich das philosophische Denken von Marx bezieht. Dass ich mir diese Mühe gemacht habe, hat scheinbar unterschiedlichen Gruppen von Leserinnen und Lesern ermöglicht – »Anfängern« oder nicht –, einen Zugang zur geistigen Welt von Marx zu finden, und zwar durch eine ganz bestimmte Eingangstür und indem ihnen zugleich die Mittel dafür an die Hand gegeben wurden, deren Triftigkeit und Relevanz zu erörtern. Zugleich hatte ich dadurch die Möglichkeit, die Schlüsselelemente zu ihrer Interpretation auszuformulieren, nach denen ich schon so lange gesucht hatte – und sie mit anderen zeitgenössischen Lektüreansätzen zu konfrontieren.

Aber zwanzig Jahre sind eine lange Zeit. Die Welt hat sich verändert (jene soziale Welt, für die die berühmte elfte Feuerbach-These die Forderung erhebt, sie »zu verändern« und nicht bloß zu »interpretieren«). Ich selber habe mich auch verändert: Würde ich heute dieses kleine Buch auch wieder so schreiben? Auf diese Frage laufen die Überlegungen hinaus, die ich hier im Namen der künftigen deutschsprachigen Leserschaft ausbreite, indem ich den Kontext meiner damaligen Absichten und Vorschläge rekonstruiere.

Die Antwort ist ganz offensichtlich negativ: Nein, ich würde nicht mehr auf die gleiche Weise schreiben. Aber meine Antwortet lautet auch, dass ich mir gar nicht sicher bin, ob ich heute noch dazu in der Lage wäre, eine derartige Synthese zustande zu bringen. Und dies, obwohl ich in den 1990er Jahren unaufhörlich auf Texte von Marx zurückgegriffen habe – um prüfend auszuloten, inwiefern sie zu einer wirksamen Bearbeitung unterschiedlicher philosophischer und politischer Fragen beitragen können (ganz ungeordnet ging es mir um die Ökonomie der Gewalt und die Ambivalenz ihrer Wirkungen,[1] um die Transformationen von Subjektivität und Handlungsfähigkeit, die von der kapitalistischen Globalisierung ausgelöst werden,[2] um die innere Konflikthaftigkeit des Universalismus,[3] die administrative und ideologische Funktion von Staatsgrenzen,[4] die Perspektiven einer transnationalen aktiven Bürgerschaft,[5] die Krise des europäischen Säkularismus[6]…). Zugleich habe ich auch umgekehrt untersucht, welche virtuellen Potenziale wir aufgrund derartiger aktueller Fragen im Denken des Verfassers des *Kommunistischen Manifest* und des *Kapital* zu entdecken in der Lage sind …

Zweifellos könnte ich heute zahlreiche Anreicherungen und Korrekturen einbringen – aber das wahrscheinliche

1 [Vgl. den langen Artikel »Gewalt« im *HKWM*, Bd. 5, Hamburg 2001, Sp. 693–696 und 1270–1308.] – Anmerkungen des Übersetzers werden hier und im folgenden in eckige Klammern gesetzt.

2 [Vgl. Étienne Balibar und Immanuel Wallerstein, *Rasse Klasse Nation. Ambivalente Identitäten*, Hamburg 1990.]

3 [Vgl. *Sind wir Bürger Europas? Politische Integration, soziale Ausgrenzung und die Zukunft des Nationalen*, Hamburg 2003.]

4 [Vgl. *Die Grenzen der Demokratie*, Hamburg 1993.]

5 [Vgl. »Die Proposition Égaliberté«, in *Trivium. Deutsch-französische Zeitschrift für Geistes- und Sozialwissenenschaften*.]

6 [Vgl. *Der Schauplatz des Anderen. Formen der Gewalt und Grenzen der Zivilität*, Hamburg 2006.]

Ergebnis wäre nur, dass die Themen und Fragestellungen noch weiter auseinandergehen würden, und es mir dann heute nicht mehr gelänge, wie dies mir 1993 gelungen war, einen roten Faden zu (er)finden, durch den sie miteinander verknüpft und in den Dienst einer einzigen übergreifenden Fragestellung gestellt werden konnten.

Dennoch neige ich zu der Überzeugung, dass der »Gewaltakt«, den ich vor zwanzig Jahren zustande gebracht habe, keineswegs sinnlos war, sondern sogar in gewisser Weise notwendig – und zwar an genau dem Punkt, an dem sich damals eine große historische Wende und ein bestimmtes Experiment im philosophischen Schreiben, an dem ich eng beteiligt gewesen war, begegnet sind. Da ich nun aber in meinem Innersten davon überzeugt bin, dass die »theoretische« ebenso wie die »praktische« Tätigkeit der Philosophinnen und Philosophen immer und dauerhaft eine Dimension der »Selbstkritik« (oder auch, wie Derrida es formulieren würde, der »Selbstdekonstruktion«) aufweisen muss, was notwendigerweise ein Bewusstsein der eigenen Geschichtlichkeit erfordert, nehme ich es *heute* auf mich, die riskante These zu vertreten, dass eine der Bedingungen für unser Denken *von morgen* eben darin liegt, wie diese Begegnung *von gestern* begriffen wird, »mit Marx und gegen Marx«. Darüber muss ich jetzt einiges sagen – und ich möchte die Leserinnen und Leser darum bitten, sich in ihrer Vorstellungskraft darauf zu beziehen, wie die politische und geistige Konstellation zu Anfang der 1990er Jahre ausgesehen hat, vor allem in Europa (ich komme sofort darauf zurück, welche Implikationen dieser »Eurozentrismus« hat). Ich nehme damit hier meinerseits einige Hinweise aus dem Vorwort von Frieder Otto Wolf auf, mit denen ich völlig übereinstimme.

Wir könnten das ganz einfach so ausdrücken: Was damals in der plötzlichen Durchsetzung der »demokratischen Revolutionen« in den Ländern des »Realsozialismus« unter sowjetischer Hegemonie zusammengebrochen ist, war der Gedanke der sozialen Revolution. Und erst allmählich wird heute deutlich, wie hochproblematisch (in Europa und darüber hinaus) die Auffassung ist, dass die Verknüpfung zwischen Marktwirtschaft und liberalem Parlamentarismus einen *circulus virtuosus*, einen positiven Kreislauf der konstruktiven Selbstverstärkung, bedeutet und umgekehrt geradezu eine *Transformation der Politik* in ihr Gegenteil, nämlich in eben das, was damals erst begonnen wurde, als optimale *governance* oder Regierung zu bezeichnen.[7] In gewissem Sinne beruht dieser Bildwechsel auf einer auf Täuschung abzielenden Darstellungsweise, denn er verfährt so, dass er den Diskurs der Revolution Punkt für Punkt in sein Gegenteil verkehrt, ohne wirklich zu analysieren, wie die Geschichte des Sozialismus verlaufen ist, oder welche Transformationen der Kapitalismus erfahren und wie beide interagiert haben. Aber dieser Bildwechsel ist zugleich eine starke Herausforderung, die Kategorien der Geschichtsphilosophie radikal neu zu denken, die im Westen seit den Anfängen der Moderne dazu gedient hat, die Begriffe des Fortschritts, der Emanzipation und der Revolution miteinander zu verknüpfen, und damit verschiedenen »großen Erzählungen« von links und von rechts (unter denen – auf der Ebene der philosophischen Spekulation – die »dialektische« Erzählung des Fortschritts durch die »Macht des Negativen« oder auch der Umkehrung von Gewalt in Institutionen und gesellschaftliche Formationen sicherlich zu den allerwirksamsten gehört). Alle diejenigen, die (wie auch ich) die Hoffnung der Emanzipation geteilt haben, die im Konzept des »Kommunismus« enthalten ist (und die, das möchte ich hier gestehen, diese Hoffnung immer noch teilen, auch wenn sie keinerlei Illusionen darüber hegen, dass sie einer *Notwendigkeit* der Geschichte entspräche oder dass in ihr eine Gewähr dafür enthalten sei, dass von ihren Möglichkeiten in guter Weise Gebrauch gemacht wird), müssen dieser Herausforderung gegenüber besonders aufmerksam sein. Wenn sie Philosophinnen oder Philosophen sein wollen, dann müssten sie *theoretisch* und *historisch* begreifen, was die Fähigkeit des Marxismus zur Selbstkritik blockiert hat (und auf der Ebene der Praxis, was alle Versuche zu einer »Revolution in der Revolution« in Anlehnung an die Formulierung von Régis Debray, der sich damit auf die kubanische Revolution in ihren Anfängen bezog, die aber ebenso gültig gewesen ist für die chinesische Kulturrevolution beziehungsweise zumindest für deren Idee, sowie für den »Prager Frühling« von 1968 unwirksam hat werden lassen oder aber zu einer Katastrophe geführt hat). Aber es gälte auch herauszufinden, ob der Marxismus innerhalb der Konstellation, die sich mit den teleologischen Auffassungen des Fortschritts in der bürgerlichen Epoche

7 Vgl. das interne Dokument (*Discussion Paper*) der *Weltbank*, »Managing Development: The Governance Dimension«, in dem oft der Beginn einer systematischen Verwendung dieses Begriffs in seiner zeitgenössischen Bedeutung gesehen wird und das vom August 1991 datiert.

herausbildete (Turgot, Kant, Hegel, Comte, Spencer...) überhaupt eine *spezifische Differenz* aufzuweisen hat, oder gar eine nicht reduzierbare Differenz, aufgrund derer er auf Dauer seine kritische Funktion aufrecht erhalten und gewährleisten könnte – auch über den »Verfall der Fortschrittsgedankens« (Georges Canguilhem) hinweg.

Wie sah es mit den Möglichkeiten des »althusserianischen« Marxismus[8] aus, zu dem ich seit den mit Louis Althusser in den 1960er Jahren zusammen verfassten Texten nach Kräften beigetragen hatte,[9] sich dieser Art von Fragen zu stellen und ihren philosophischen Implikationen nachzugehen? Hat er überhaupt einen guten Ausgangspunkt dafür geboten?

Die Antwort auf diese Frage ist sowohl positiv als auch negativ: Ja, für Althusser war das möglich (und für uns in seiner Nähe ebenfalls). Durchaus vergleichbar mit anderen großen Marxisten und Marxistinnen des 20. Jahrhunderts wie Benjamin und Bloch (und zwar, was offen gesagt werden muss, in fast völliger Unkenntnis ihrer Beiträge – seine hauptsächlichen philosophischen Gewährsleute waren Lukács und Gramsci) war er in seinem Unternehmen einer Neubestimmung des »Begriffs der Geschichte« und in seinen Versuchen, eine »Topik« für den historischen Materialismus zu konstruieren (durch die unterschiedliche »Praktiken« innerhalb derselben überdeterminierten Kausalität aneinander gekoppelt werden sollten) im Wesentlichen auf der Suche nach einer Möglichkeit, die Geschichtlichkeit der Klassenkämpfe jeder Linearität, Vorbestimmtheit oder auch Prophetie zu entreißen, um ihnen dadurch wieder ihren wirklichen Charakter als unvorhersehbare Ereignisse und als ein beständiger Neubeginn zurückzugeben. Und die Antwort ist immer noch ja, weil Althusser, wenn auch um den Preis zahlreicher Schwankungen und Widersprüche ganz unbeirrbar darauf bestanden hat, den Begriff der »Wissenschaft« zu benutzen, indem er ihn auf eine *Analyse* der Gegenständlichkeit der gesellschaftlichen Verhältnisse und der »konkreten« historischen Lagen bezog – und immer weniger dazu neigte, auf den Marxismus ein vorab konstruiertes Schema der Wissenschaftlichkeit bloß noch *anzuwenden* (ganz gleich, ob es sich um eine axiomatisch ausformulierbare *Mathesis* handelte oder ob damit auf den »angewandten Rationalismus«

8 [Vgl. den Artikel »Althusser-Schule« im HKWM, Bd. 1, Hamburg 1994, Sp. 184–191.]
9 [Vgl. auch Balibars *Für Althusser*, Mainz 1994.]

der experimentellen Wissenschaften beziehungsweise auf das Bezug genommen wurde, was Foucault die strukturalistischen »Gegenwissenschaften« genannt hatte: Linguistik, Psychoanalyse, Anthropologie). Und daher hat er daran gearbeitet, zunehmend *den Wissenschaftsbegriff selber zu transformieren*, indem in den Erkenntnisprozess auf eine zugleich reflexive und offene, sogar aporetische Weise die *Konflikthaftigkeit* eingegliedert wurde, die die Wissenschaft von Marx zu erklären unternahm.[10] Aber die Antwort auf diese Frage muss auch negativ ausfallen, weil Althusser mit völliger und bewusster Absicht *Marxist* geblieben ist – der in bestimmten Punkten heterodox war, in anderen sehr orthodoxe Positionen vertrat. Aus diesem »Nein« ergeben sich mehrere Konsequenzen, die vielleicht sogar miteinander zusammenhängen.

Zunächst einmal hat das bedeutet, dass Althusser nicht die Absicht hatte, in der Frage der *Realität der Klassenkämpfe* in der Wirtschaft, in der Gesellschaft und in der Geschichte auch nur minimal nachzugeben (was immer noch, denke ich, einen der unbestreitbar starken Punkte des marxistischen Diskurses ausmacht und seine Fähigkeit zur Kritik der herrschenden Ideologien begründet). Es bedeutete aber auch, dass er in den Organisationsformen, wie sie sich aus einer gewissen europäischen Geschichte (und zwar aus einer hierarchischen Anordnung von »bürgerlicher Gesellschaft« und »Staat«) heraus entwickelt haben, gar nichts »kulturell Determiniertes« zu sehen bereit war. Dabei haben es erst diese Organisationsformen möglich gemacht, dass sich die Klassenkämpfe in ihrer relativen Eigenständigkeit ausbilden und ein spezifisches »Bewusstsein« erzeugen konnten. Hierher gehört auch, dass trotz teilweise fruchtbarer Begegnungen und Dialoge, zu denen es durchaus gekommen ist (für Althusser mit Charles Bettelheim, für mich später mit Immanuel Wallerstein), die Kritik am Eurozentrismus, von dem der historische »Marxismus« durchdrungen ist – ganz

10 Darin lag auch eine besondere Art und Weise Althussers, an die leninistische Vorstellung einer »parteilichen Wissenschaft« anzuknüpfen, allerdings nicht bis zu dem Punkt, dass der parteiliche Standpunkt bereits *a priori* ein Kriterium der Wahrheit oder der Richtigkeit abgibt. In einem glücklichen Übersetzungsfund ist dieser Gedanke, der insbesondere in Althussers auf Französisch unveröffentlichtem Essay »Über Marx und Freud« von 1976 enthalten ist, von Rolf Löper und Peter Schöttler mit dem Begriff der »schismatischen Wissenschaft« ausgedrückt worden, der stärker und klarer ist als die entsprechenden partiellen französischen Ausdrücke, die Althusser bis dahin gefunden hatte (vgl. Louis Althusser, *Ideologie und ideologische Staatsapparate. Aufsätze zur marxistischen Theorie*, Hamburg und Berlin, 1977, S. 93).

gleich übrigens, ob wir es mit dem Marxismus der Parteien, der Staaten oder der Intellektuellen zu tun haben –, nicht konsequent zu Ende geführt werden konnte, so dass die Teleologie, wie sie der Rede von einem »europäischen Modell« für die Weltgeschichte zugrunde liegt, nicht konsequent in Frage gestellt worden ist. Marx hatte noch dem *Kapital* das Motto *de te fabula narratur* gegeben [»über Dich wird diese Geschichte erzählt«] und damit seinen Kulissenmonolog gleich an die ganze Welt gerichtet.

Darüberhinaus hat das bedeutet, dass der Begriff der Emanzipation, der dem Denken Althussers zugrunde lag – auch wenn er nur selten als solcher ausgesprochen wurde – weiterhin *strukturell* als (revolutionäre) Transformation der unterschiedlichen Formen und Ausprägungsgrade der Bedingungen begriffen wurde, unter denen die lebendige Arbeit ausgebeutet wird, wodurch er den Kapitalismus nicht bloß als eine bestimmte Produktionsweise, sondern als das wesentliche gesellschaftliche Verhältnis begriff, von dem alle anderen abhängen – was es dann geradezu verboten hat, dass auch andere Herrschaftsverhältnisse in diesem Sinne »strukturell« sind, und dadurch das Konzept der Überdetermination, kaum dass es formuliert worden war, um einen großen Teil seiner analytischen Kraft gebracht hat. Daraus ergab sich die Blindheit Althussers insbesondere im Hinblick auf die Kämpfe der Frauen gegen das Patriarchat und den Sexismus (was bestimmte Feministinnen aber nicht daran gehindert hat, in ihren Untersuchungen erfolgreich auf Kategorien wie die der »Anrufung« zurückzugreifen, die Althusser in Bezug auf die herrschende Ideologie ausgearbeitet hatte), um gar nicht erst davon zu sprechen, wie leidenschaftlich Althusser die Kämpfe der Studierenden von 1968 gegen das »disziplinierende« Modell der bürgerlichen Erziehung verleugnet hat.

Und schließlich hat es auch bedeutet – jedenfalls so lange, bis Althusser den gesamte Raum dieser Frage völlig anders organisierte, indem er den »aleatorischen Materialismus« seiner letzten Texte erfand (mit dem aber der Gedanke einer in verschiedene Instanzen aufgeteilten Gesellschaftsformation verschwand, die auf unterschiedliche Weise dabei zusammenwirken, den Effekt einer »Gesellschaft« hervorzubringen) –, dass Althusser trotz seiner berühmten Erklärung in *Für Marx*, dass die »Stunde der letzten Instanz niemals schlägt«, nicht einräumen konnte (und dies auch keineswegs wollte), dass das Spiel der Verlagerungen der »Dominante«

in unterschiedlichen historischen Lagen und Konstellationen [*conjonctures*] so weit gehen könnte, die »Determination in letzter Instanz« durch die Ökonomie in Frage zu stellen. Das hat Althusser daran gehindert, ebenso radikal, wie er dies für den »Humanismus« getan hat, auch den »Ökonomismus« zu kritisieren, der seit dem 19. Jahrhundert die Staatsideologien (ganz gleich ob sozialistisch oder liberal) beherrscht hat – außer eben dergestalt, dass er ihn brutal umkehrte, indem er die Utopie beziehungsweise Eschatologie eines »Endes der Ökonomie« vertrat.

Aufgrund aller dieser charakteristischen Züge seines Denkens – von denen ich keinesfalls (mit der zweifelhaften Autorität des bloß Überlebenden) behaupten möchte, dass in ihnen eine Schwäche des Denkens oder des Charakters zum Ausdruck kommen und dass es schon genügen würde, sie anzusprechen, um auch zu wissen, wie sie überwunden werden können, zumindest dann nicht, wenn nicht gänzlich darauf verzichtet werden soll, die gesellschaftliche Emanzipation in der Perspektive sozialen Konflikts zu denken – hat Althusser niemals aufgehört, ganz und gar »Marxist« zu sein (und auch die Althusserianerinnen und Althusserianer, unter denen ich auf gewisse Weise der allertreueste gewesen bin, haben daran immer festgehalten). Es ließe sich sogar sagen, dass sie es sich selbst zur Ehre anrechneten, in eben dem Moment an ihm festzuhalten, in dem so viele andere es für angebracht hielten, entweder den Marxismus für total gescheitert zu erklären oder sogar zu behaupten, dass er niemals existiert habe, jedenfalls nicht als eine intellektuell auf redliche Weise zu vertretende Position. Und ganz plötzlich hat sich Althusser dann, (außer in einigen messianischen Bemerkungen, die sich befremdlich dem annäherten, was später andere Philosophen bei Marx suchten, als es schon darum ging, dieses »Gespenst« wieder zum Leben zu erwecken und gegen die von der neoliberalen Ordnung angerichteten Verwüstungen in Stellung zu bringen, die auf den Zusammenbruch des »Realsozialismus« folgten), auf eine im Wesentlichen negative Darstellung der Mittel eingerichtet, über die wir verfügen, um den heute immer noch lebendigen Zirkel von Marxismus und Antimarxismus zu durchbrechen, und die vor allem in einer »internen Kritik« der »begrifflichen Ökonomie« des Marxismus bestanden.

Durch diese zusammenfassende Beschreibung der Lage, wie sie mir im Jahr 1993 im Ausgang von meinem individuellen Bildungsprozess und meiner eigenen Erfahrung erschienen ist, versuche ich hier besser verständlich zu machen, wie ich bei der Abfassung dieses kleinen Buchs vorgegangen bin, indem ich in gewisser Weise gerade aus den Zwängen Gewinn zog, die sich aus der Literaturgattung, zu der es gehörte, und dem Augenblick seines Erscheinens ergaben.

Einerseits hatte ich mich dazu entschlossen, einen möglichst radikalen Trennungsstrich zwischen »Marx' Philosophie« – die ich als eine Problematik begriff, die für jede Art von Transformationen, Reformulierungen und Extrapolationen offen blieb, und deren Ausgangspunkt nicht im Vergessen von Marx' Worten und Sätzen lag, sondern in ihrem intrinsischen »Schillern«[11] – und dem »Marxismus« zu ziehen – einer Erscheinung der Ideen- und Institutionengeschichte, die sich zeitlich auf den inzwischen abgeschlossenen historischen Kreislauf der Organisierung der Arbeiterbewegung und des Klassenkampfes beschränkte (eingerahmt vom Auftauchen der sozialdemokratischen Parteien am Ende des 19. und dem Zusammenbruch der realsozialistischen Regime am Ende des 20. Jahrhunderts), während sie räumlich ebenso limitiert war (nicht so sehr, indem sie innerhalb der Grenzen Europas verblieb, sondern gerade dadurch, dass sie *von Europa aus* ein bestimmtes Modell der Analyse gesellschaftlicher Kämpfe und ihrer »Bewusstwerdung« *exportiert* hatte, als Begleitung des europäischen Imperialismus und zugleich ihm widerstreitend). Es ging dabei keineswegs darum, einen »guten Marx« von einem »schlechten Marxismus« abzusetzen (um die Verunreinigung des ersteren durch den letzteren zu vermeiden, wie es eine unter Marxisten und Marxistinnen selbst verankerte Tradition haben möchte), sondern vielmehr darum, sich die gedanklichen Mittel zu verschaffen, um die Beziehungen, die sie verbinden,[12] in ihren *Variationsmöglichkeiten* zu begreifen und dadurch in ihnen eine Verschiebung oder »Nicht-Zeitgleichheit« hervortreten zu lassen, die auch

11 »Schillern« [*vacillation*]: Ich habe schon früher dieses Wort benutzt, um eine bestimmte Genealogie der Frage der »Ideologie« im Marxismus vorzuschlagen (vgl. »La vacillation de l'idéologie dans le marxisme«, 1983–1987, wieder abgedruckt in *La crainte des masses. Politique et philosophie avant et après Marx,* Paris 1997, gekürzte deutsche Übersetzung als »Die Suche nach der Ideologie im Marxismus«, in: *Der Schauplatz des Anderen. Formen der Gewalt und Grenzen der Zivilität*, Hamburg 2006, S. 147–225).

12 … schon bei Marx selber, denn zu denken, er hätte nichts dazu beigetragen, dass der Marxismus entstanden ist, wäre eine Illusion …

heute für uns ein Mittel zu ihrer Analyse beziehungsweise eine Herausforderung zum Nachdenken darstellt. Weil aber jeder »Marxismus«, selbst ein heterodoxer, essentiell darauf angewiesen ist, eine »Kohärenz« und eine »Vollständigkeit« des Denkens von Marx zu postulieren, musste ich mich im Gegenzug ganz besonders darum bemühen, dieses Denken als seinem Wesen nach vielfältig darzustellen, seiner eigenen Entscheidungen unsicher und im eigentlichen Sinne unvollendbar (durchaus in der Hoffnung, dass diese Beschreibung dazu beitragen würde, dass sich neue »Philosophiearbeiterinnen und -arbeiter« daran machen würden, weiter an den Baustellen zu arbeiten, von denen Marx eine nach der anderen eröffnet hatte.[13]

Andererseits hatte ich mich aber auch dazu entschlossen, den Versuch zu unternehmen, die spekulative Fragestellung zu erfassen und zu explizieren, die es Marx' Untersuchungen ermöglicht hatte, sich als exakt zueinander alternativ verhaltende Formen der Öffnung zu entwickeln (woraus ich dann die fünf Kapitel meines Buches gemacht habe). Und ich habe diesen Leitfaden mit der alten Frage nach der Einheit (beziehungsweise der Verschmelzung) von »Theorie« und »Praxis« identifiziert. Bekanntlich gehen ihre Wurzeln bis auf die eigentlichen Ursprünge der abendländischen Metaphysik zurück (das heißt bis auf die Behauptung des Parmenides, dass »Denken und Sein dasselbe ist«, und auf die sokratischen Diskussionen über das Verhältnis zwischen zwei Typen der Philosophie, einer Philosophie, die ein »Verhalten«, eine »Lebensweise« oder eine Art und Weise der »Selbstregierung«

13 Ich habe damals versucht, meinen Verleger davon zu überzeugen, dem Werk den Titel *Les philosophies de Marx* zu geben, um diese Vielfalt und diese innere Offenheit zu betonen. Er hat sich aber geweigert (und mir dadurch eine ästhetische Befriedigung vorenthalten und mich zugleich vielleicht vor einem Irrtum bewahrt) – sowohl weil der Titel für Studierende schwer verständlich sei, als auch weil in der gleichen Reihe zugleich andere Bände erschienen, die mit *La sociologie de Marx* und *L'économie de Marx* betitelt waren. Diese Arbeitsteilung passte mir gar nicht, denn mir ging es um eben das, was im Vorwort von Frieder Otto Wolf als »philosophische Tätigkeit« angesprochen wird, und nicht um eine selbständig – sei es als »System« oder sei es als »Methode« – darstellbare Philosophie. Ich dachte damals beständig an eine Formulierung Foucaults, der von »philosophischen Fragmenten auf historischen Baustellen« gesprochen hatte (vgl. Ders., *Dits et Ecrits. Schriften,* Bd. IV, S. 44–46). Beide Autoren sind nicht aufeinander abbildbar, und doch teilen sie die Weigerung, Philosophie als etwas metatheoretisch vorgängig zu Erledigendes zu verstehen, und damit das Postulat der Immanenz des Philosophischen in theoretischen Untersuchungen und Analysen, ein Postulat, das sich gewissermaßen aus dem Materialismus selbst ergibt.

lehrt, und einer, die in der »Betrachtung« der ewigen Wahrheiten besteht, die von der Struktur der menschlichen Seele widergespiegelt werden). Ebenso bekannt ist aber auch, dass diese Fragestellung einer radikalen Transformation unterworfen worden ist durch die Entdeckung des »deutschen Idealismus«, dass der Horizont der Theorie in der Explikation der *Bedingungen der Erfahrung* besteht, und dass das immanente Ziel der Praxis darin liegt, die *Veränderung der Welt* zu betreiben. Marx gehört unbestreitbar zu der Fortschreibung dieser Linie.[14] Aber die Frage ist, ob er diese Linie in Gestalt ihrer Vollendung fortgesetzt hat und folglich einer »Synthese« oder eines »Systems«, die noch kohärenter wären als die seiner Vorgänger (Kant, Fichte und Hegel) – oder ob er, ganz im Gegenteil, deren Verlagerung betrieben und eine Öffnung vollzogen hat, durch die die Frage, worin eine intrinsisch *kritische* philosophische Tätigkeit besteht, neu aufgeworfen und gestellt worden wäre, ohne dass sie an eine vorab bereits festgelegte Antwort gebunden würde.

Um ausgehend von Marx' eigenen Formulierungen in dieser zweiten Richtung soweit zu kommen, wie es irgend möglich ist, habe ich mich dafür entschieden, in meinem Buch (und insbesondere in seinem Schlussteil) von der »Theorie« zur »*Wissenschaft*« überzugehen (mit allen oben angesprochenen Vorsichtsmaßnahmen: es geht um eine *künftige* Wissenschaft, in ihren Verfahrensweisen ebenso wie in ihren Gegenständen) und von der »Praxis« zur »*Revolution*« (was von meinem Standpunkt aus ganz offensichtlich »Revolution in der Revolution« bedeutet, die zugleich sich selbst und ihre historischen Modelle revolutioniert). Mir ging es also insgesamt darum, definitiv Abstand zu nehmen von dem dialektischen Schema der Aufhebung der *Subjekt-Objekt-Spaltung*, die den gesamten klassischen deutschen Idealismus beherrscht – auch wenn dieses Schema innerhalb des Marxismus außerordentliche spekulative Früchte getragen hat: insbesondere die messianische Auffassung vom Proletariat als »Subjekt-Objekt der Geschichte« in Lukács' *Geschichte und Klassenbewusstsein*, einem genialen Buch, das unlösbar mit

14 Das ist auch der Grund dafür, dass ich im Schwung jenes kritischen Schemas, das Marx in den »Feuerbach-Thesen« entwickelte, als es ihm darum ging, die Antithese zwischen »altem Materialismus« und »Idealismus« aufzuheben, öfters darauf hingewiesen habe – aus Provokation, aber auch um die Relativität derartiger Bezeichnungen durch Verweis auf ihren Kontext zu verdeutlichen –, dass Marx der letzte große Vertreter des deutschen Idealismus gewesen ist.

dem historischen Augenblick verknüpft ist, in dem die Oktoberrevolution als der Beginn einer Weltrevolution erschien. Und im Gegensatz zu einem gewissen Erbe der Frankfurter Schule (so sehr ich auch an diesem Erbe – neben der Kritik an den »perversen Effekten« der Rationalität im Allgemeinen – ihre einzigartige Fähigkeit bewundere, die alltäglichen Formen der Unterwerfung unter die Warenlogik zu analysieren, die dem Althusserianismus völlig gefehlt hat) versuchte ich auch zu denken, dass *die Theorie niemals von sich aus bereits Kritik ist*, sondern dies immer erst aufgrund eines problematischen (»aleatorischen«) Verhältnisses zu *wirklichen* Prozessen der Emanzipation, der Rebellion oder auch der Revolution, die sie antizipiert oder deren Rückwirkungen sie aufnimmt. Insgesamt glaube ich also, bei Marx (und vielleicht auch noch bei anderen) einen Modus der philosophischen Tätigkeit zu finden, in dem die *Forderung nach Erkenntnis* so weit vorangetrieben wird, dass sie immer das Risiko eingeht, nicht allein die herrschenden Ideologien zu untergraben, sondern auch die Illusionen offenzulegen, die noch dem Begehren nach Emanzipation innewohnen; und in dem auch die *Forderung nach Revolution* (oder die Weigerung, sich auf immer dem unerträglichen »Stand der Dinge« anzupassen) so weit voran getrieben wird, dass sie stets Gefahr läuft, angesichts des erreichten Erkenntnisstandes,[15] die von ihr verfolgten Ziele nicht so sehr als *möglich*, sondern als *unmöglich* erscheinen zu lassen. Aber dieses doppelte Risiko muss eingegangen werden, wenn etwas Neues eingebracht werden soll – das gilt in der Philosophie nicht anders als im Leben.

Ich glaube sagen zu können – und zwar heute genauso wie gestern – dass sich Marx wirklich auf dieses Risiko eingelassen hat, um dadurch ebenso die »Wissenschaft« wie die »Revolution« voranzubringen, und dass er dabei zwischen diesen beiden Polen, an der allein anhand ihrer Auswirkungen erfassbaren Schnittstelle, ein Feld des kritischen Eingreifens und der Begriffsschöpfung aufgespannt hat, zu dem es in der Geschichte des modernen Denkens sehr wenig Vergleichbares gibt. Und ich wiederhole diese These ausdrücklich, auch wenn sich so viele Dinge hinsichtlich der Art und Weise verändert haben, in der ich heute versuchen würde, auf eigene Faust oder auch vermittels neuer Lektüren die

15 Das heißt, aufgrund dessen, was wir heute über die Tendenzen der Transformation des Kapitalismus oder allgemeiner der »Warengesellschaft«, der »bürgerlichen«, »patriarchalen« oder »imperialen« Gesellschaft wissen – sowie über ihre Gegentendenzen.

»Gegenstände« zu denken, mit denen Marx sich befasst hat – die kollektive (oder besser relationale, transindividuelle) politische Subjektivität, die er Praxis nennt; der Effekt des Miss- und auch Unverstehens [*méconnaissance*], der gesellschaftlichen Herrschaftsverhältnissen eigen ist (den er alternativ als *Ideologie* und als *Fetischismus* bezeichnet und dabei mal das Verhältnis der Individuen und Klassen zum Staat, mal das Verhältnis dieses Effekts zur Waren- und Geldform in den Vordergrund rückt); die Rückwirkung der zerstörerischen Auswirkungen des Kapitalismus auf seine eigene individualistische und utilitaristische Logik (was Marx im *Elend der Philosophie* als die »schlechte Seite« bezeichnet hat, über die die Geschichte voranschreitet, *wenn sie überhaupt voranschreitet*).

Dies ist auch der Grund dafür – um in einem Wort zu sagen, wozu offensichtlich eine eigene Erörterung erforderlich wäre (für die hier nicht der Ort ist) –, dass ich in dieser gesamten Diskussion nicht auf den Gedanken einer dem Marxismus eigenen *Ethik* zurückgekommen bin, von der durchaus gesagt werden könnte, dass sie die notwendige »systematische« Ergänzung bildet, um eine Verknüpfung zwischen der wissenschaftlichen Erkenntnis und der revolutionären Politik herstellen zu können. Ich weiß sehr wohl, dass dieses »Fehlen«, diese »Lücke«, gewisse Leserinnen und Leser erstaunen wird, oder dass sie sogar schockiert. Darin wird man wohl den Beweis für einen verhärteten »Antihumanismus« sehen, der jeglicher Trauerarbeit widerstanden und alle Lehren aus der Geschichte verweigert hat. Darf ich es dennoch wagen, eine etwas anders gelagerte Arbeitshypothese vorzuschlagen? Die Ethik hat es keineswegs nötig, unter eigenem Namen aufzutreten, um im Denken »nachhaltig zu wirken«. Oder genauer: in eben dem Moment, in dem sie unter eigenem Namen auftritt, und es auf sich nimmt, die philosophische »Vermittlungsinstanz« zwischen dem Gesichtspunkt der Erkenntnis und dem der Veränderung der Welt zu bilden, wird die Ethik unvermeidlich eine Unternehmung der Vermittlung und Versöhnung*, selbst wenn dies nur in einer hypothetischen, »normativen« Form geschieht. Meiner Auffassung nach ist es vielmehr, um sowohl der Ethik als auch der Erkenntnis sowie der Politik gerecht zu werden, unbedingt nötig, *sich in diesem Widerspruch einzurichten* – nicht etwa in einer unbewegten und passiven Art und Weise, sondern in Gestalt eines beständigen und zugleich schwerfallenden *Bemühens* darum, die Punkte ausfindig zu machen, in denen sie gemeinsam anwendbar sind, und auch darum, zahlreiche geistige und gesellschaftliche Kräfte an ihnen zusammenzubringen. Gewiss habe ich mich selber seit zwanzig Jahren ganz beträchtlich entwickelt, während sich zugleich die Lage, in der wir leben und arbeiten fast vollständig in ihr Gegenteil verkehrt hat: Wir haben es heute nicht mehr mit der letzten Krise eines Versuchs, den »Sozialismus« aufzubauen, zu tun, sondern mit der strukturellen, in ihrer Entwicklung unabsehbaren Krise einer (produktivistischen) Akkumulationsweise und einer (finanzgetriebenen) Regulationsweise des Kapitalismus, die äußerst heftige Brüche im Bewusstsein und im Gefühlsleben der Subjekte zum Gegenstück hat. Aber ich denke immer noch, in der Gesellschaft von Marx, zumindest so wie ich ihn verstanden habe, dass die Ethik, die wir nötig haben, genau diejenige ist, die sich zwischen unversöhnlichen Ansprüchen *teilt*, anstatt einfach anzunehmen, dass diese Ansprüche als zwei Seiten einer Medaille erscheinen würden, sobald die Menschen nur ein wenig guten Willen beweisen würden.

Ich bin zutiefst glücklich darüber, diese Gedanken jetzt – wie ich eingangs, um einen Anfang zu finden, gesagt habe – den deutschsprachigen Leserinnen und Lesern vorzulegen, in der Form, die ich ihnen vor einigen Jahren gegeben habe und die für mich auch heute noch die Funktion einer unverzichtbaren »Problemstellung«* haben. Die Übersetzung ist in meinen Augen ein ganz ausgezeichnetes Mittel zur Interpretation philosophischer Konstruktionen, weil sie deren Einzigartigkeit [*singularité*] und deren Schwierigkeit zu identifizieren erlaubt, indem sie sie *von innen* auf Abstand bringt. Indem ich Marx aus dem Deutschen übersetzt habe und dabei darüber nachdachte, warum es unmöglich ist, einfache Entsprechungen für anscheinend allerklarste Sätze zu finden (beispielsweise: »die Menschheit stellt sich immer nur Aufgaben, die sie lösen kann…«), habe ich damals daran gearbeitet, die allzu einfachen Evidenzen des Marxismus zu dekonstruieren. Die »Rückkehr« meiner Interpretationen in die Sprache, in der die *Kritik der politischen Ökonomie* und die *Deutsche Ideologie* (aber auch Hegels *Phänomenologie* *des Geistes* und Heines *Ein Wintermärchen*) abgefasst worden sind, auch wenn die Sprache sich inzwischen ein bisschen entwickelt hat, und die Sinneffekte, die diese Rückkehr produzieren wird (oder vielleicht auch nicht), sind für mich ebenso sehr eine einschüchternde Prüfung wie die Gelegenheit zu einer aufregenden Berichtigung. Auch dafür möchte ich jetzt schon denen danken, die diesen Band ermöglicht haben.

Paris, Januar 2013

Bibliographische Einführung in *Marx' Philosophie*

Überarbeitet und ergänzt von Frieder Otto Wolf und Alexis Petrioli[1]

Vorbemerkung

Sich in der enormen Bibliographie der Werke von Marx, seiner Nachfolgerinnen und Kommentatoren zurechtzufinden, ist zu einem schwierigen Unterfangen geworden. Rudi Dutschkes bibliographischer Klassiker, »Zur Literatur des revolutionären Sozialismus von K. Marx bis in die Gegenwart« (in: *sds-korrespondenz,* Sondernummer 1966), lässt ermessen, wie sich die Literaturlage geradezu explosionsartig verändert hat. Außer vielleicht einiger weniger Spezialistinnen und Spezialisten kann heute niemand behaupten, einen vollständigen Überblick über die gesamte Literatur zu besitzen, auch nicht in einem Sprachraum.[2] Trotz vorhersehbarer Unvollständigkeit soll hier dennoch auf eine Reihe von Büchern hingewiesen werden, die die in den vorangegangenen Kapiteln angeführten Verweise ergänzen. Grundlage sind Balibars Angaben im französischen Original und die des Übersetzers der englischen Ausgabe, Chris Turner. Wir haben die entsprechenden deutschen Angaben herausgesucht und sie um Hinweise auf neuere, insbesondere deutschsprachige Beiträge aus den letzten zwanzig Jahren ergänzt.

1 Rolf Hecker und Michael Heinrich ist für wichtige Hinweise zum ersten Abschnitt zu danken, Katja Diefenbach, Urs Lindner, Kolja Lindner und Danga Vileisis für Hinweise zur gesamten bibliographischen Einführung.

2 Die von Michael Heinrich betreute Bibliographie, www.oekonomiekritik.de, die Texte zur Marx'schen Kritik der politischen Ökonomie und zur gegenwärtigen Entwicklung des globalen Kapitalismus nachweist, bietet gute Hilfestellungen. Auch die Bibliographie der Zeitschrift *Information Philosophie,* www.information-philosophie.de, kann zum Thema herangezogen werden.

1. Zum Problem der Werkausgaben von Marx (und Engels)

Es handelt sich um ein doppeltes Problem. *Zum einen* hat Marx sein Werk unvollendet hinterlassen. Im Wesentlichen gibt es dafür folgende Gründe:
– die dem Marx'schen Schreibprozess von außen auferlegten Zwänge
– die einem wissenschaftlichen Mammutprojekt eigenen Schwierigkeiten und Herausforderungen, die das von einer Person zu Leistende allzu oft unweigerlich überschritten haben
– eine intellektuelle Haltung, die die eigenen Resultate fortwährend in Zweifel zog, was Marx dazu führte, seine Begrifflichkeiten immer wieder aufs Neue zu erarbeiten und die Fertigstellung seiner Bücher aufzuschieben.

Es gibt folglich eine Vielzahl von zu Marx' Lebzeiten unveröffentlichten Texten, von denen einige *a posteriori* als »Werke« konstituiert worden sind, die in ihrer Bedeutung den zu Ende redigierten Texten nicht nachstehen. Ihre nachträgliche Veröffentlichung – ihre Aufnahme in den Kreis der maßgeblichen Schriften, die Art und Weise ihrer Präsentation, ihre redaktionelle An- und Umordnung – ist immer eine in politische Kämpfe zwischen verschiedenen »Strömungen« eingebettete Angelegenheit gewesen, die von den Deutungsansprüchen von Staats-, Partei- und Universitätsapparaten überlagert wurde.

Zum anderen lässt sich Marx' Werk nicht aus seinem Zusammenhang mit dem Wirken von Friedrich Engels lösen, ohne dass die beiden deswegen zu einem Autor verschmölzen – zumal Engels nicht nur als Mitautor, sondern auch als Herausgeber und Redakteur Marx'scher Schriften fungiert hat. Eine Edition von Marx' Werken ohne Einbeziehung der Schriften von Engels ist daher nicht sinnvoll.[3]

3 Vgl. die Debatte über eine getrennte Edition von Marx und Engels in den *MEGA-Studien:* Hans-Georg Backhaus und Helmut Reichelt, »Der politisch-ideologische Grundcharakter der Marx-Engels-Gesamtausgabe: eine Kritik der Editionsrichtlinien der IMES«, in: *MEGA-Studien,* 1. Jg., Heft 2, Berlin 1994, S. 101–118, und Michael Heinrich, »Edition und Interpretation: Zu dem Artikel von Hans-Georg Backhaus und Helmut Reichelt, ›Der politisch-ideologische Grundcharakter der Marx-Engels-Gesamtausgabe‹«, in: *MEGA-Studien,* 2. Jg., Heft 2, Berlin 1995, S. 111–121. Die nicht bestreitbaren Differenzen zwischen den Marx'schen Manuskripten und Engels' Editionstätigkeit in Bezug auf das *Kapital* haben Carl-Erich Vollgraf und Jürgen Jungnickel in den *MEGA-Studien* umfassend aufgelistet, insbesondere »›Marx in Marx' Worten?‹. Zu Engels' Edition des Hauptmanuskripts zum dritten Buch des

Die Veröffentlichung einer Marx-Engels-Gesamtausgabe (abgekürzt MEGA) ist zweimal jäh unterbrochen worden: zum ersten Mal in den 1930er Jahren, als das Regime Stalins das auf Beschluss der Kommunistischen Internationale (1924) von David Rjazanov begonnene Projekt liquidierte, und dann, zum zweiten Mal, als der »Realsozialismus« in der UdSSR und in der DDR 1989/1990 kollabierte und somit die Weiterführung der 1975 begonnenen »zweiten« MEGA ($MEGA^2$) vorübergehend zum Stillstand brachte.[4]

Die seit 1993 auf neuer, internationaler Grundlage weitergeführte $MEGA^2$ setzt die Prinzipien der Vollständigkeit und der Originaltreue sowie der genauen Beschreibung der Manuskripte (Varianten, Streichungen, Hinzufügungen) fort, beruht jedoch auf einer akademischen, historischen Kommentierung und der Erschließung durch verschiedene Register. Jeder MEGA-Band besteht aus zwei getrennten Büchern (Text und Apparat). Im Rahmen der $MEGA^2$ findet sich in der 2012 abgeschlossenen »Zweiten Abteilung: ›Das Kapital‹ und Vorarbeiten« in 15 Bänden mit 22 Teilbänden nicht nur der zweite und dritte Band des *Kapital* in der Edition von Engels, sondern auch die verschiedenen Auflagen und Ausgaben des *Kapital* und zum ersten Mal alle originalen Manuskripte von Marx.

Für die in der $MEGA^2$ noch nicht erschienenen Texte bietet im deutschen Sprachraum die Ausgabe der Marx-Engels-Werke (MEW) verlässliche Lesetexte mit Anmerkungen und Registern. Die MEW-Ausgabe umfasst allerdings nicht das gesamte Werk von Marx und Engels.[5] In der $MEGA^2$ bietet die »Vierte Abteilung: Exzerpte, Notizen,

›Kapital‹«, in: *MEGA-Studien,* 2. Jg., Heft 2, Berlin 1995, S. 3–55. Zur Editions-Debatte vgl. Michael Krätke, »Das Marx-Engels-Problem: Warum Engels das Marxsche ›Kapital‹ nicht verfälscht hat«, in: *Marx-Engels-Jahrbuch 2006,* Berlin 2007, S. 142–170, und die kritische Replik von Ingo Elbe, »Die Beharrlichkeit des ›Engelsismus‹. Bemerkungen zum ›Marx-Engels-Problem‹«, in: *Marx-Engels-Jahrbuch 2007,* Berlin 2008, S. 92–105.

4 Vgl. die Sonderbände der *Beiträge zur Marx-Engels-Forschung. Neue Folge,* Bd. 1, 2, 3 und 5, Hamburg 1997ff.

5 Ergänzend wurden schon in der DDR zwei Texte in dem Band, Karl Marx und Friedrich Engels, *Über Deutschland und die deutsche Arbeiterbewegung,* Bd. 1, Berlin 1953, [6]1978, herausgegeben, die nicht in den MEW enthalten sind: zum einen Friedrich Engels, »[Konspekt] G. von Gülich – Deutschland. Geschichtliche Darstellung des Handels, der Gewerbe und des Ackerbaus, 2. Bd., Jena [6]1830«, S. 523–561, zum anderen Karl Marx, »Chronologische Auszüge zur deutschen Geschichte vom Ende des 15. Jahrhunderts bis zum Westfälischen Frieden aus der *Weltgeschichte für das deutsche Volk* von Friedrich Christoph Schlosser, 1. Ausg., Bd. 11–14«, S. 287–516.

Marginalien« bereits wichtige Unterlagen für eine eingehendere Marx-Forschung.[6] Vorerst bleiben aber etwa auch die von Lawrence Krader herausgegebenen *Ethnologischen Exzerpthefte*[7] relevant und die – zum Teil sehr kritischen – Schriften von Marx zu Russland (vgl. die Ausgabe von Karl August Wittfogel[8] und die kontroversen Ausgaben einzelner Manuskripte durch Maximilien Rubel[9] und Teodor Shanin)[10] sowie die ausgewählte Dokumentation von Marx' umfangreichen mathematischen Studien[11] beziehungsweise seine Manuskripte zum Selbstmord,[12] zu vorbürgerlichen Produktionsweisen,[13] zur »Geschichte des Orients«,[14] zu Arbeitsteilung,[15] Produktivkräften / Produktionsverhältnissen[16] und zur Technologieentwicklung.[17]

Die **gewöhnlich genutzte Edition** der Texte in deutscher Sprache ist die im Karl Dietz Verlag, Berlin, veröffentlichte Ausgabe der *Marx-Engels-Werke* (MEW, 1961–1968, 39 Bde., plus zwei weitere, zunächst als Ergänzungsbände I und II,

6 Von 32 Bänden sind zwölf erschienen, 14 werden gegenwärtig ediert, sechs müssen noch bearbeitet werden.

7 Karl Marx, *Die ethnologischen Exzerpthefte,* hg. von Lawrence Krader, Frankfurt /M. 1976, vgl. auch Lawrence Krader, *Ethnologie und Anthropologie bei Karl Marx,* München 1973.

8 Karl Marx, *Enthüllungen zur Geschichte der Diplomatie im 18. Jahrhundert,* hg. und eingel. von Karl August Wittvogel, Frankfurt/M. 1981.

9 *Marx/Engels. Die russische Kommune. Kritik eines Mythos,* hg. von Maximilien Rubel, München 1972.

10 *Late Marx and the Russian Road: Marx and the Peripheries of Capitalism,* hg. von Teodor Shanin, New York 1983.

11 Karl Marx, *Mathematische Manuskripte,* Moskau 1968, sowie Ders., *Mathematische Manuskripte,* hg. von Wolfgang Endemann. Kronberg /Ts. 1974.

12 Karl Marx, *Vom Selbstmord,* hg. und eingel. von Eric A. Plaut und Kevin Anderson, Köln 2001.

13 *Karl Marx über Formen vorkapitalistischer Produktion. Vergleichende Studien zur Geschichte des Grundeigentums 1879-1880,* hg. von Hans-Peter Harstick, Frankfurt/M. und New York 1977, sowie Karl Marx, *Aufzeichnungen über die Rumänen. Excerpthefte,* eingel. von Pamfil Seicaru, hg. von Hanns Elischer und Rudolf Sussmann, in: *Berichte und Studien der Hanns-Seidel-Stiftung,* Bd. 11, München und Wien 1977.

14 *Karl Marx und Friedrich Engels zur Geschichte des Orients,* hg. von Burchard Brentjes, Halle 1983.

15 Karl Marx, *Die technologisch-historischen Exzerpte,* transkr. und hg. von Hans-Peter Müller, Frankfurt/M., Berlin und Wien 1982.

16 Karl Marx, *Produktionskräfte und Produktionsverhältnisse. Entstehung, Funktion und Wandel eines Theorems der materialistischen Geschichtsauffassung,* hg. von Helmut Reichelt und Reinhold Zech, Frankfurt/M., Berlin und Wien 1983.

17 Karl Marx, *Exzerpte über Arbeitsteilung, Maschinerie und Industrie,* transkr. und hg. von Rainer Winkelmann, Frankfurt/M., Berlin und Wien 1982.

dann als Band 40 und 41 verlegt, inzwischen liegen auch ein Bd. 42 [u.a. *Grundrisse*] (1983) und 43 (1990) vor, weitere Bände, 44 und 45, sind zu erwarten). Der Textstand dieser Edition ist – mit Ausnahme der posthum konstituierten »Werke« – grundsätzlich nicht umstritten, wohl aber die Kommentierung aus den 1950er und 1960er Jahren der UdSSR und der DDR. Die Kommentare wurden aus der russischen Ausgabe ins Deutsche übersetzt. Im Rahmen der MEW sind daher Neuausgaben geplant, die unter Wahrung der Seitengleichheit mit neuen redaktionellen Einführungen, Kommentaren und Registern herausgegeben werden (bisher MEW 1 (2006), 8 (2009), 40 (2012) und 41 (2008); eine Neuausgabe von MEW 13 ist angekündigt). Es gibt auch eine von Manfred Müller herausgegebene Supplement-CD mit neuartiger Suchfunktion zu den drei Bänden des *Kapital* sowie einem Supplement zu Bd. 1 auf der Grundlage der Edition in der MEGA², außerdem eine CD mit den beiden Registerbänden, die ein »Sachregister zu Band 1 bis 39«, ein »Verzeichnis erster Band – Werke, Schriften, Artikel« und ein »Verzeichnis zweiter Band – Briefe, Postkarten, Telegramme« enthält. Die MEW sind auch online zugänglich: http://www.dearchiv.de/php/mewinh.php.

Zum **Kapital**: Der Artikel von Thomas Marxhausen über »Kapital-Editionen« (HKWM, Bd. 7/I, Sp. 136–160) bietet einen umfassenden und verlässlichen Überblick. Die von Rolf Hecker herausgegebene ergänzende Reihe zum *Kapital – Das Kapital 1.1.: Resultate des unmittelbaren Produktionsprozesses,* Berlin 2009, *Das Kapital 1.2.: Die sogenannte ursprüngliche Akkumulation,* Berlin 2009, *Das Kapital 1.3.: Briefe über das Kapital,* Berlin 2010, und *Das Kapital 1.4.: Friedrich Engels über »Das Kapital«*, Berlin 2011, – ist für eine informierte und kritische Lektüre sehr hilfreich.

Für **wissenschaftliche Untersuchungen** zu Marx (und Engels) ist die MEGA² unverzichtbar. Eine kritische Ausgabe der Manuskripte zur *Deutschen Ideologie* ist für 2014 in ihrem Rahmen zu erwarten.[18]

18 Für März 2013 ist eine Publikation der entsprechenden japanischen Forschergruppe angekündigt: *Gegenwart der Studien zur »Deutschen Ideologie«. Von der Adoratskij/Hiromatsu-Ausgabe zur Online-Ausgabe,* Hassaku-sha Verlag.

Zum **Aufbau, Editionsprinzipien und Editionsstand** sowie zu einigen Bänden aus der zweiten Abteilung der MEGA² siehe online:
http://www.marxforschung.de/mega.htm.
http://http://www.bbaw.de/forschung/mega.
http://telota.bbaw.de/mega.

Literatur zur MEGA²

Karl Marx Friedrich Engels Gesamtausgabe (MEGA). Probeband. Editionsgrundsätze und Probestücke, Berlin 1972

Karl Marx Friedrich Engels Gesamtausgabe (MEGA). Vierte Abteilung Exzerpte – Notizen – Marginalien. Probeheft, Berlin 1983.

Carl-Erich Vollgraf, »Die Kommentierung – Achillesferse der zweiten MEGA?«, in: *Beiträge zur Marx-Engels-Forschung. Neue Folge 1992*, Hamburg 1992, S. 5ff.

Richard Sperl, »Das Vollständigkeitsprinzip der MEGA – editorischer Gigantismus?«, in: *Beiträge zur Marx-Engels-Forschung. Neue Folge 1992*, Hamburg 1992, S. 21ff.

Jürgen Jungnickel, »Einige Bemerkungen zu den Registern in der MEGA«, in: *Beiträge zur Marx-Engels-Forschung. Neue Folge 1992*, Hamburg 1992, S. 34ff.

Carl-Erich Vollgraf, »Nochmals zur Kommentierung in der zweiten MEGA. Fallstudien«, in: *Beiträge zur Marx-Engels-Forschung. Neue Folge 1993*, Hamburg 1993, S. 69ff.

Manfred Schöncke, »Notizen zur Edition des Briefwechsels in der MEGA«, in: *Beiträge zur Marx-Engels-Forschung. Neue Folge 1993*, Hamburg 1993, S. 82ff.

Internationale Marx-Engels-Stiftung Amsterdam (Hg.), *Karl Marx Friedrich Engels Gesamtausgabe (MEGA). Editionsrichtlinien der Marx-Engels-Gesamtausgabe (MEGA)*, Berlin 1993.

Richard Sperl, »Die neuen Editionsrichtlinien der Marx-Engels-Gesamtausgabe (MEGA) mit einer Vorbemerkung von Jacques Grandjonc«, in: *MEGA-Studien*, 1. Jg., Heft 1, Berlin 1994, S. 32–59.

Richard Sperl, »Marx-Engels-Editionen«, in: *Editionen zu deutschsprachigen Autoren als Spiegel der Editionsgeschichte*, hg. von Rüdiger Nutt-Kofoth und Bodo Plachta, Tübingen 2005, S. 329–360.

Gerald Hubmann, Herfried Münkler, Manfred Neuhaus, »›... es kömmt drauf an sie zu verändern‹. Zur Wiederaufnahme

der Marx-Engels-Gesamtausgabe (MEGA)«, in: *Deutsche Zeitschrift für Philosophie*, Heft 2, 2001, S. 299–311.
Rolf Hecker u.a. (Hg.), *Neue Texte, neue Fragen. Zur Kapital-Edition in der MEGA,* in: *Beiträge zur Marx-Engels-Forschung. Neue Folge 2001*, Hamburg 2002.
Richard Sperl, *Edition auf hohem Niveau. Zu den Grundsätzen der Marx-Engels-Gesamtausgabe (MEGA)*, Hamburg 2004.
Michael Krätke, »Der ganze Marx«, in: *WOZ - Die Wochenzeitung*, 3. August 2006.
Thomas Marxhausen, »MEGA – MEGA und kein Ende«, in: *UTOPIE kreativ*, Heft 189/190, 2006, S. 596–617.
Gerald Hubmann, »Von der Politik zur Philologie: Die Marx-Engels-Gesamtausgabe«, in: *Editionen – Wandel und Wirkung*, hg. von Annette Sell, Tübingen 2007, S. 187–201.
Zhou Shipeng und Yang Xuegong (Hg.), *Rethinking Marx. Chinese Philosophical Studies, Bd. XXVI*, Washington 2007.
Riccardo Bellofiore und Roberto Finelli, *Re-Reading Marx. New Perspectives after the Critical Edition*, Houndsmill, Basingstoke 2009.
Marcello Musto (Hg.), *Sulle Tracce di un Fantasma. L'Opere di Karl Marx tra Filologia e Filosofia*, Roma 2006.
Ders., »Marx is Back: The Marx-Engels-Gesamtausgabe (MEGA) Project«, in: *Rethinking Marxism*, Bd. 22, Heft 2, 2010, S. 289–290.
David Rjasanow, »Vorwort zur MEGA 1927«, in: *UTOPIE kreativ*, Heft 206, 2007, S. 1095–1011.

Vgl. insgesamt auch das MEGA-Symposium der Zeitschrift *Rethinking Marxism,* 14. Jg., Heft 4, 2002.

2. Allgemeine Hinweise auf grundlegende Werke

Zur **Totsagung von Marx und Marxismus nach 1989/90**: Norberto Bobbio, *Né con Marx, né senza Marx,* Turin 1997, oder Tom Rockmore, *Marx after Marxism: The Philosophy of Karl Marx,* Oxford und Malden 2002, haben diesen epochalen Einschnitt ähnlich wie Balibar bestimmt, vgl. auch Marcel van der Linden und Karl Heinz Roth (Hg.), *Über Marx hinaus. Arbeitsgeschichte und Arbeitsbegriff in der Konfrontation mit den globalen Arbeitsverhältnissen des 21. Jahrhunderts,* unter Mitarbeit von Max Henninger, Hamburg 2009.

Vergleichbar angelegte Untersuchungen haben Pierre Macherey (»Marx et la réalisation de la philosophie«, in: *Actuel Marx*, Heft 37, 2005, S. 127–144, »Verum est factum: les enjeux d'une philosophie de la praxis et le débat Althusser-Gramsci«, in: Eustache Kouvélakis u.a. (Hg.), *Sartre, Lukács, Althusser: des marxistes en philosophie*, Paris 2005, S. 143–155, *In a Materialist Way: Selected Essays*, hg. von Warren Montag, London und New York 1998), Gérard Bensussan (*Marx le sortant. Une pensée en excès*, Paris 2007) und – mit etwas anderen Ausgangspunkten – Daniel Bensaïd (*Marx l'impestif. Grandeurs et misères d'une aventure critique,* Paris 1995) angestellt. Dagegen blieben andere Versuche, »Marx nach dem Marxismus« zu thematisieren, in der summarischen Nachzeichnung von Marx' »geistiger Entwicklung« stecken, so etwa Stefano Ricciutis sorgfältiges Buch, *Marx oltre il marxismo: tentativo di ricostruzione critica di un pensiero*, Milano 2012. Ähnlich hilflos bleibt der – wenn auch anregende – Sammelband, den Heinz Bude, Ralf M. Damitz und André Koch herausgegeben haben, *Marx. Ein toter Hund? Gesellschaftstheorie reloaded*, Hamburg 2010. Ein Gegenhalten gegen den Zeitgeist der Verabschiedung von Marx in Verbindung mit einer Orientierung auf Marx' Philosophie lässt sich schon Ende der 1970er Jahre finden bei Peter Ruben, *Dialektik und Arbeit der Philosophie*, Köln 1978, wieder in: *Gefesselter Widerspruch*, Berlin 1991, sowie Ders., »Die Philosophie und das marxsche Erbe«, in: *Studies in Soviet Thought*, Heft 42, 1991, S. 235–252, und bei Oskar Negt, *Marx. Philosophie jetzt*, München 1998, sowie *Kant und Marx. Ein Epochengespräch*, Göttingen 2003. Einen gehaltvollen Sammelband mit breit gestreuten neueren marxistischen Beiträgen zur Marx'schen Theorie haben Bertell Ollman und Kevin B. Anderson herausgegeben: *Karl Marx*, Farnham, Surrey 2012.

Es gibt eine Reihe von **klassischen Biographien** über Karl Marx. In chronologischer Reihenfolge sind besonders hervorzuheben:

Franz Mehring, *Karl Marx – Geschichte seines Lebens,* Berlin 1918, Gustav Mayer, »Karl Marx' Lebensweg«, in: *Sozialistische Monatshefte,* 24. Jg., Heft 8, 1918, S. 416–422, Siegfried Landshut, *Karl Marx*, Lübeck 1932, Jevgenija Akinowna Stepanowa, *Karl Marx,* Berlin 1956, Maximilien Rubel, *Karl Marx. Essai de biographie intellectuelle*, Paris 1957, Isaiah Berlin, *Karl Marx. Sein Leben und sein Werk*, München 1959, Werner Blumenberg, *Karl Marx in Selbstzeugnissen und Bilddokumenten,* Reinbek bei Hamburg 1962, Maximilien Rubel, *Marx-Chronik. Daten zu Leben und Werk*, München 1968, David McLellan, *Karl Marx. Leben und Werk*, München 1974, Richard Friedenthal, *Karl Marx. Sein Leben und seine Zeit*, München 1981, Francis Wheen, *Karl Marx*, München 2001, Izumi Omura u.a. (Hg.), *Familie Marx privat. Die Foto- und Fragebogen-Alben von Marx' Töchtern Laura und Jenny,* Berlin 2005, Johannes Rohbeck, *Marx*, Leipzig 2006, Wolfgang Wippermann, *Der Wiedergänger. Die vier Leben des Karl Marx*, Wien 2008, Rolf Hosfeld, *Die Geister, die er rief. Eine neue Karl-Marx-Biographie*, München 2009, Jonathan Sperber, *Karl Marx: Sein Leben und sein Jahrhundert*, München 2013.

Zur **intellektuellen Entwicklung** vor allem des jungen Marx ist die klassische Darstellung von Auguste Cornu, *Karl Marx und Friedrich Engels*, 3 Bde., Berlin 1954–1968 [frz. 4 Bde., Paris 1955-1970], bisher noch durch keine entsprechende Gesamtdarstellung abgelöst worden, auch wenn Norman Levine, *Marx's Discourse with Hegel*, Houndmills, Basingstoke 2012, mit einem entsprechenden Publikationsprojekt begonnen hat. Zu nennen wären außerdem Michael Löwy, *The Theory of Revolution in the Young Marx*, Leiden 2003, und Stathis Kouvelakis, *Philosophy and Revolution. From Kant to Marx*, London 2003. Kevin Anderson, *Marx at the Margins*, Chicago 2010, ist der Frage von Marx' Blick auf die globalen Peripherien nachgegangen und hat dadurch die Lektüre des späten Marx auf die Tagesordnung der Forschung gesetzt, vgl. auch Bastiaan Wielenga, »Indische Frage«, in: HKWM, Bd. 6/II, Sp. 903–918.

Es kann hilfreich sein, die Lektüre der Werke von Marx und Engels durch die Konsultation ihrer umfangreichen **Korrespondenz** zu ergänzen. In den MEW Bänden 27–39 sind die von Marx und Engels *verfassten* Briefe zugänglich.

Um sich über die **Herausbildung des Begriffs des Marxismus** – und Marx' und Engels' Verhältnis dazu – zu informieren, kann inzwischen zurückgegriffen werden auf:

Georges Haupt, »De Marx au marxisme«, in: *Forschungen zur Geschichte Osteuropas*, Bd. 20, 1978, S. 108–120, wieder in: Ders., *L'Historien et le mouvement social*, Paris 1980 [engl.

in: Ders., *Aspects of International Socialism 1871-1914*, London 1986].
Helmut Fleischer, *Epochenphänomen Marxismus. Wie wird Karl Marx den Marxismus überdauern?,* Hannover 1993
Wolfgang Fritz Haug, *Pluraler Marxismus*, 2 Bde., Berlin 1985 und 1987.
Monserrat Calceran Huguet, *La invención del marxismo. Estudio sobre la formación del marxismo en la socialdemocracia alemana de finales del siglo XIX*, Madrid 1997, sowie Francisco Fernandez Buey, *Marx (sin ismos)*, Barcelona 1998. Auch Helmut Seidels Habilitationsschrift, *Philosophie und Wirklichkeit. Zur Herausbildung und Begründung der marxistischen Philosophie*, Neuauflage Leipzig 2011, enthält wichtige Hinweise. Der (oft recht willkürlich verfahrende) antistalinistische Marx-Herausgeber Maximilien Rubel hat diese Thematik zuzuspitzen versucht: *Marx, critique du marxisme*, Paris 1974.

Es gibt mehrere allgemeine Darstellungen der **Geschichte des Marxismus**. Die bisher beste und anspruchsvollste Darstellung hat Eric Hobsbawm mit einem internationalen Team von Autorinnen und Autoren herausgegeben: *Storia del Marxismo*, 5 Bde., Turin 1978-1979 [engl. Bd. 1: *Marxism in Marx's Day*, Brighton 1982], aber auch Predrag Vranicki, *Geschichte des Marxismus,* Frankfurt/M. 1974, Leszek Kolakowski, *Die Hauptströmungen des Marxismus – Entstehung, Entwicklung, Zerfall,* 3 Bde., München 1977–1978, Neuausgabe ebd. 1988–89, René Gallissot (Hg.), *Les aventures du marxisme*, Paris 1984, und David MacLellanm *Marxism after Marx*, London 1980, [2]1998, können mit Gewinn gelesen werden.

Speziell zur Geschichte des **westlichen philosophischen Marxismus** ist André Tosel, »Le développement du marxisme philosophique occidental depuis 1917«, in: *Histoire de la philosophie*, hg. von Brice Parain, Bd. 3, Paris 1974, wieder in: André Tosel, *Le marxisme du 20e siècle*, Paris 2009, und Perry Anderson, *Über den westlichen Marxismus*, Frankfurt/M. 1978, heranzuziehen. Inzwischen sind auch Darstellungen anderer Entwicklungslinien im Marxismus verfügbar, etwa Anton Pannekoek, Paul Mattick u.a., *Marxistischer Anti-Leninismus,* Freiburg i.Br. 1990, Cedric J. Robinson, *Black Marxism: The Making of the Black Radical Tradition* (1983), Neuausgabe, Chapel Hill, NC 2000, oder Stefan Gandler,

Peripherer Marxismus. Kritische Theorie in Mexiko, Hamburg und Berlin 1999. Die von Iring Fetscher besorgte Textsammlung macht viele wichtige Texte zugänglich: Iring Fetscher (Hg.), *Der Marxismus: seine Geschichte in Dokumenten. Philosophie – Ideologie – Ökonomie – Soziologie – Politik*, Zürich [5]1989.

Zum **Marxismus-Leninismus**: Die Strategie, eine »marxistische Philosophie« aus Bausteinen zu konstruieren, die sich bei Marx und Engels finden, ergänzt um Hinweise Lenins, war in der Sowjetunion bereits in der Zeit vor der »stalinistischen Synthese« des *Kurzen Lehrgangs*, in der mit Diamat (»Dialektischer Materialismus«) und Histomat (»Historischer Materialismus«) auch Philosophie und Wissenschaft verbindlich definiert worden sind, zum vorherrschenden Modell philosophischer Tätigkeit entwickelt worden, vgl. Georges Labica, *Der Marxismus-Leninismus. Elemente einer Kritik*, Berlin 1986, Oskar Negt, »Einleitung«, in: Nikolai I. Bucharin und Abram M. Deborin, *Kontroversen über dialektischen und mechanistischen Materialismus*, Frankfurt/M. 1974, René Zapata, *Luttes philosophiques en U.R.S.S., 1922–1931*, Paris 1983 (darin eine lesenswerte Einleitung von Dominique Lecourt: »Avant le déluge«, S. 9–24), André Tosel, »Devenir du marxisme: de la fin du marxisme-léninisme aux mille marxismes, France – Italie 1975–1995«, in: *Dictionnaire Marx contemporain,* hg. von Jacques Bidet und Eustache Kouvélakis, Paris 2001, S. 72ff.

In den letzten Jahrzehnten sind zum Thema des Marxismus wichtige **Wörterbücher enzyklopädischen Charakters** entstanden, beginnend mit dem *Kritischen Wörterbuch des Marxismus* (KWM), an das das große Projekt des *Historisch-Kritischen Wörterbuch des Marxismus* (HKWM) weit ehrgeiziger und umfassender anknüpft: *Kritisches Wörterbuch des Marxismus (KWM),* 8 Bde., hg. von Georges Labica und Gérard Bensussan, dt. Fassung hg. von Wolfgang Fritz Haug, Berlin und Hamburg 1983–1989 [frz. Paris 1982, [2]1985], *Historisch-kritisches Wörterbuch des Marxismus (HKWM),* hg. von Wolfgang Fritz Haug, Berlin und Hamburg 1994ff.[19] *Dictionnaire Marx contemporain,* hg. von Jacques Bidet und

19 Ab Bd. 7/I treten als Herausgeberin und Herausgeber Frigga Haug und Peter Jehle, ab Bd. 8/I Wolfgang Küttler hinzu.

Eustache Kouvélakis, Paris 2001 [engl. *Critical companion to contemporary Marxism,* Leiden 2005].
Es gibt auch ein neues deutschsprachiges *Marx-Handbuch:* Michael Quante und David Schweikard (Hg.), *Marx-Handbuch*, Stuttgart 2012, sowie *The Cambridge Companion to Marx,* hg. von Terrell Carver, Cambridge 1991. Ergänzend kann herangezogen werden: *The Elgar Companion to Marxist Economics,* hg. von Ben Fine und Alfredo Saad-Filho, Cheltenham u.a. 2012.

Eine Reihe von **wissenschaftlichen Zeitschriften** haben einen Schwerpunkt in der Bearbeitung der Bedeutung von Marx für die Philosophie:

Actuel Marx, Paris 1987ff.
Das Argument. Zeitschrift für Philosophie und Sozialwissenschaften, Berlin 1959ff.
Deutsche Zeitschrift für Philosophie, Berlin 1953ff., ab 1990 mit dem Untertitel *Monatszeitschrift der internationalen philosophischen Forschung.*
Historical Materialism – Research in Critical Marxist Theory, Leiden und Boston 1997ff.
Berliner Debatte INITIAL. Zeitschrift für sozialwissenschaftlichen Diskurs, Berlin 1990ff.
Beiträge zur Marx-Engels-Forschung [gängige Sigle: *MEF*], hg. vom Institut für Marxismus-Leninismus beim ZK der SED, Marx/Engels-Abteilung, Berlin 1977–1990, *Neue Folge* [*MEF NF*], hg. von Carl-Erich Vollgraf, Richard Sperl, Rolf Hecker, Berlin und Hamburg 1991ff.
Marx and Philosophy. Review of Books, hg. von Marx and Philosophy Society (Sean Sayers u.a.), Canterbury 2010ff.
Marx-Engels-Jahrbuch [=*MEJb*], Bd. 1–11, hg. vom Institut für ML beim ZK der KPdSU und vom Institut für ML beim ZK der SED, Bd. 12, hg. vom Institut für ML beim ZK der KPdSU und vom Institut für Geschichte der Arbeiterbewegung Berlin, Berlin/DDR 1977–1990, *MEJb 2003,* hg. von der IMES, Berlin 2004.
Monthly Review. An independent socialist magazine, New York 1949ff.
New Left Review, London 1960ff., ab Jg. 2000 mit neuer Zählung.
Prokla [früher: *Probleme des Klassenkampfs*]. *Zeitschrift für politische Ökonomie und sozialistische Politik,* Berlin 1971ff.,

seit 1992 mit dem Untertitel *Zeitschrift für kritische Sozialwissenschaften,* Münster 1992ff.
Radical Philosophy, London 1972ff.
Radical Philosophy Review, Charlottesville, VA, 1982ff.
Rethinking Marxism. A journal of economics, culture and society, Amherst/Mass. 1988ff.
Science & Society, New York 1936ff.
Z – Zeitschrift für marxistische Erneuerung, Frankfurt/M. 1990ff.

3. Ergänzende bibliographische Hinweise zu den einzelnen Kapiteln

I. Marxistische Philosophie oder Marx' Philosophie?

Zum (hegelianisch präfigurierten) Konzept der **Aufhebung der Philosophie** vgl. die gründlichen Lektüren der Marx'schen Texte durch Eberhard Braun, *Aufhebung der Philosophie. Karl Marx und die Folgen*, Stuttgart 1992, und »Was heißt ›Aufhebung der Philosophie‹? Begriffliche Differenzierung und utopische Funktion bei Marx«, in: *Kritische Philosophie gesellschaftlicher Praxis,* Würzburg 1995, S. 115ff., sowie die neuere Untersuchung von Daniel Brudney, *Marx's attempt to leave philosophy,* Cambridge/Mass. 1998, die sich allerdings in eine anachronistische, aus der angelsächsischen akademischen Philosophie der 1990er Jahre stammende Problematik des Normenbezugs praktisch relevanter Philosophie verstrickt, vgl. auch Seyla Benhabib, »The Marxian Method of Critique. Normative Presuppositions«, in: *Praxis International*, Oktober 1984, S. 284–298, vgl. darüberhinaus die klärende Diskussion in Emil Angehrn und Georg Lohmann (Hg.), *Ethik und Marx: Moralkritik und normative Grundlagen der Marxschen Theorie*, Königstein/Ts. 1986. Georges Labica hat mehrere präzisierende Beiträge zum Marx'schen Philosophieverständnis vorgelegt, insbesondere *Karl Marx – Thesen über Feuerbach*, Hamburg 1996, und *Le statut marxiste de la philosophie*, Bruxelles 1976 [engl. *Marxism and the Status of Philosophy*, Pepperell, Mass. 1980]. Die traditionelle Auffassung, von der sich diese Untersuchungen abgrenzen, hat Lucien Sève noch einmal eingängig zusammengefasst: *Une introduction à la philosophie marxiste, suivie d'un vocabulaire philosophique*, Paris 1990. Zur Dekonstruktion des Themas »Aufhebung der Philosophie« vgl. Jacques Derrida, »Von der beschränkten zur allgemeinen Ökonomie. Ein rückhaltloser Hegelianismus«, in: Ders., *Die Schrift und die Differenz*, Frankfurt/M. 1976, S. 380–421 [frz. Paris 1967], aber auch Jean-Luc Nancy, *Hegel. Die spekulative Anmerkung. Die Unruhe des Negativen*, Zürich 2011 [frz. Paris 1973 und 1997].

Zur Marx'schen Konzeption der **Kritik** als philosophisch-wissenschaftlicher Tätigkeit durchaus erhellend Emmanuel Renault, *Marx et l'idée de critique*, Paris 1995, und »La modalité critique chez Marx«, in: *Revue philosophique*, 124. Jg., Heft 2, 1999, S. 181–198, sowie Rahel Jaeggi, »Was ist Ideologiekritik?«, in: Rahel Jaeggi und Thilo Wesche (Hg.), *Was ist Kritik?,* Frankfurt/M. 2009, S. 266–298, und Robin Celikates, »Karl Marx: Critique as Emancipatory Practice«, in: Karin De Boer und Ruth Sonderegger (Hg.), *Conceptions of Critique in Modern and Contemporary Philosophy,* Houndmills 2011, S. 101–118.

Innovative Gesamtdarstellungen der **Problematik von Marx' Philosophie** bieten André Tosel, *Études sur Marx (et Engels). Pour un communisme de la finitude*, Paris 1996, Andreas Arndt, *Die Arbeit der Philosophie*, Berlin 2003, und Urs Lindner, *Marx und die Philosophie*, Stuttgart 2013. Eine britische Perspektive auf die angelsächsische Debatte präsentieren Andrew Chitty und Martin McIvor (Hg.), *Karl Marx and Contemporary Philosophy,* Houndmills, Basingstoke 2009.

Die Rückkehr von Karl Marx als **Herausforderung für die Philosophie** seit den 1950er Jahren lässt sich – außerhalb der Initiativen und der Umgebung Louis Althussers (vgl. dazu etwa Jean-Claude Bourdin (Hg.), *Althusser: une lecture de Marx*, Paris 2008, Katja Diefenbach, Sara R. Farris, Gal Kirn, Peter D. Thomas (Hg.), *Encountering Althusser. Politics and Materialism in Contemporary Radical Thought*, London und New York 2013) – nachverfolgen anhand von sehr unterschiedlichen Darstellungen:

Galvano Della Volpe, *Logica come scienza positiva* (1950), Messina ²1956 (posthum 1969 als *Logica come scienza storica,* Roma [engl. 1980, frz. 1977].
Iring Fetscher, *Karl Marx und der Marxismus. Von der Ökonomiekritik zur Weltanschauung (1967),* überarb. und erw. Neuausgabe, München 1985.

Akten des XIV. Internationalen Kongresses für Philosophie, Wien 2.–9. September *1968,* Bd. 4: *Marx und die Philosophie der Gegenwart*, Wien 1968.
Alfred Schmidt, *Der Begriff der Natur in der Lehre von Marx*, Frankfurt/M. 1962, Hamburg [4]1993.
Hans-Jürgen Krahl, *Das Ende der abstrakten Arbeit*, Frankfurt/M. 1974.
Jürgen Habermas, *Rekonstruktion des historischen Materialismus*, Frankfurt/M. 1976.
Helmut Fleischer, *Marx und Engels. Die philosophischen Grundlinien ihres Denkens*, Freiburg und München [2]1974.
Klaus Hartmann, *Die Marxsche Theorie. Eine philosophische Untersuchung zu den Hauptschriften*, Berlin 1970.
Axel Honneth und Urs Jaeger, *Theorien des Historischen Materialismus*, Bd. 1, Frankfurt/M. 1977.
Gerhard Göhler, *Die Reduktion der Dialektik durch Marx. Strukturveränderungen der dialektischen Entwicklung in der Kritik der politischen Ökonomie*, Stuttgart 1980.
Peter Ehlen, *Marxismus als Weltanschauung. Die weltanschaulich-philosophischen Leitgedanken bei Karl Marx,* Olzog, München und Wien 1982.
Jon Elster, *Making Sense of Marx,* Cambridge 1985.
Wallis Arthur Suchting, *Marx and philosophy: three studies*, London 1986.
John E. Roemer (Hg.), *Analytical Marxism*, Cambridge 1986
Robert Ware und Kai Nielsen (Hg.), *New Essays in Analytical Marxism*, Calgary 1989.

Als Gegenpol bezieht sich Balibar hier auf Martin Heidegger, knüpft aber zugleich auch an den französischen **Linksheideggerianismus** an: vgl. Martin Heidegger, *Über den Humanismus*, Frankfurt/M. [11]2010, vgl. Näheres bei den Hauptvertretern und -vertreterinnen dieser philosophischen Richtung: bei Emmanuel Lévinas, etwa in *En Découvrant l'Existence avec Husserl et Heidegger*, Paris 1949, *Humanisme de l'autre homme*, Paris 1972, sowie *Altérité et transcendence*, Paris 1995, oder bei Jean-Luc Nancy, zum Beispiel in *Das Vergessen der Philosophie*, Wien 1987, 2001, *Die undarstellbare Gemeinschaft*, Stuttgart 1988, »Das gemeinsame Erscheinen. Von der Existenz des ›Kommunismus‹ zur Gemeinschaftlichkeit der ›Existenz‹«, in: Joseph Vogl, *Gemeinschaften. Positionen zu einer Philosophie des Politischen*, Frankfurt/M. 1994, S. 194–196, *A Finite Thinking,* Stanford 2001, *Singulär plural sein*, Berlin 2005, sowie bei Philippe Lacoue-Labarthe, vor allem in *Die Fiktion des Politischen. Heidegger, die Kunst und die Politik*, Stuttgart 1990, *Poetik der Geschichte*, Berlin 2004, und *Dichtung als Erfahrung*, Basel 2009, aber auch bei Roberto Esposito, »Die Ekstase. Exkurs zu Heidegger«, in: *Communitas. Ursprung und Wege der Gemeinschaft*, Berlin 2004, S. 131–166.

Zur Arbeit des von Nancy und Lacoue-Labarthe gegründeten *Centre de recherches philosophique sur la politique* vgl. Philippe Lacoue-Labarthe und Jean-Luc Nancy, *Retreating the political*, London und New York 1997.

Zum »Linksheideggerianismus« insgesamt vgl. Simon Critchley, *Ethics-Politics-Subjectivity: Essays on Derrida, Levinas, and Contemporary French Thought*, London 1999, Ders., »With Being-With. Notes on Jean-Luc Nancy's Rewriting of *Being and Time*«, in: *Studies in Practical Philosophy*, 1. Jg., Heft 1, 1999, sowie Oliver Marchart, *Die politische Differenz. Zum Denken des Politischen bei Nancy, Lefort, Badiou, Laclau und Agamben*, Berlin 2010. Zum heideggerianischen Kontext der Arbeiten Agambens und Espositos, vgl. zum Beispiel Timothy Campbell, *Improper Life. Technology and Biopolitics from Heidegger to Agamben*, Minneapolis 2011.

Zur französischen Debatte um Heideggers Unterstützung für den Nationalsozialismus vgl. Victor Farias, *Heidegger und der Nationalsozialismus*, Frankfurt/M. 1989 [frz. Paris 1986]. Die Reaktionen von Beaufret, Blanchot, Derrida, Lacoue-Labarthe, Levinas u.a. auf Farias' Buch versammelt Jürg Altwegg (Hg.), *Die Heidegger Kontroverse*, Frankfurt/M. 1988. Erneut flammte die Debatte nach der Veröffentlichung von Emmanuel Faye, *Heidegger. Die Einführung des Nationalsozialismus in die Philosophie*, Berlin 2009 [frz. Paris 2005], wieder auf.

Einen anderen Weg als den in diesem Kapitel von Balibar angedeuteten sind die Vertreter des **Critical Realism** gegangen, vgl. programmatisch Roy Bhaskar, *Realist Theory of Science*, London 1975 und *The possibility of naturalism*, London 1979, aber auch Ted Benton, *Philosophical Foundations of the Three Sociologies*, London und New York 1977, sowie Margaret S. Archer und Roy Bhaskar (Hg.), *Critical Realism. Essential Readings*, London 1998, vgl. auch die von den Vertretern dieses Ansatzes formulierten philosophischen Kritiken an Louis Althusser: Ted Benton, *The Rise and Fall of Structural Marxism*, London und New York 1984, und Derek

Sayer, *The Violence of Abstraction. The Analytical Foundations of Historical Materialism*, Oxford 1987.

Étienne Balibars Lektüre von Marx' Philosophie kann selber bereits historisch verortet werden. Hierzu bietet sich eine Auseinandersetzung mit Alain Badious These vom **französischen Moment der Philosophie** an (vgl. »The Adventure of French Philosophy«, in: *New Left Review*, NF, Heft 35, 2005, und das darauf aufbauende Buch mit gleichem Titel, London und New York 2012, siehe auch »Abenteurer des Begriffs. Über die Einzigartigkeit der jüngeren französischen Philosophie«, in: *Lettre International,* Heft 71, 2005), die auf der Grundlage der inzwischen vorliegenden ersten historischen Untersuchungen geleistet werden kann, etwa: Vincent Descombes, *Das Selbe und das Andere. 45 Jahre Philosophie in Frankreich 1933–1978,* Frankfurt/M. 1983, François Dosse, *Geschichte des Strukturalismus*, 2 Bde., Hamburg 1997, Marc Rölli (Hg.), *Ereignis auf Französisch: Von Bergson bis Deleuze*, München 2004, Patrice Maniglier (Hg.), *Le moment philosophique des années 1960 en France*, Paris 2011, Gary Gutting, *Thinking the Impossible: French Philosophy Since 1960*, New York 2011, Étienne Balibar und John Rajchmann, *French Philosophy Since 1945. Problems, Concepts, Inventions. Postwar French Thought*, Bd. 4, New York 2011, Isabelle Lorey, Roberto Nigro, Gerald Raunig (Hg.), *Inventionen. Zur Aktualisierung poststrukturalistischer Theorie*, 2 Bde., Berlin 2011, vgl. auch das großangelegte Onlineprojekt *The Cahiers pour l'analyse and Contemporary French Thought*, http://cahiers.kingston.ac.uk.

Im Einzelnen können zu diesem Themenfeld außer der schon im Text des ersten Kapitels angeführten Literatur mit Gewinn gelesen werden:

Paul-Laurent Assoun und Gerard Raulet, *Marxisme et theorie critique,* Paris 1978.
Centre d'etudes et de recherches marxistes, *Sur la dialectique,* Paris 1977.
Maurice Blanchot, »Marx lesen«, in: Ders., *Politische Schriften 1958–1993*, Berlin 2007, S. 145–148.
Lucio Colletti, *Il marxismo e Hegel,* Bari ^{2}1969 [frz. Paris 1976, engl. London 1973].

Jacques Derrida, *Marx' Gespenster. Der Staat der Schuld, die Trauerarbeit und die neue Internationale*, Neuausgabe, Frankfurt/M. 2003 [frz. Paris 1993].
Erich Fromm, *Das Menschenbild bei Marx. Mit den wichtigsten Frühschriften von Karl Marx*, Frankfurt/M. 1963.
Max Horkheimer, *Traditionelle und kritische Theorie: Fünf Aufsätze,* Frankfurt/M. 1970, [7]1992.
Karl Kautsky, *Ethik und materialistische Geschichtsauffassung,* Stuttgart 1906, Berlin [8]1922, Nachdruck Bonn 1983.
Karl Korsch, *Marxismus und Philosophie, Leipzig 1923,* wieder in: *Karl Korsch Gesamtausgabe*, hg. von Michael Buckmiller, Bd. 3, Amsterdam 1993.
Reinhart Kößler und Hanns Wienhold, *Gesellschaft bei Marx*, Münster 2001.
Karel Kosik, *Die Dialektik des Konkreten*, Frankfurt/M. 1967 [tschech. 1963].
Georges Labica, *Der Marxismus-Leninismus. Elemente einer Kritik*, Hamburg 1986 [frz. 1984].
Henri Lefebvre, *Metaphilosophie. Prolegomena*, Frankfurt/M. 1975 [frz. 1965; Neuausg. 1979].
Henri Lefebvre, *Probleme des Marxismus, heute,* übers. u. m. e. Nachwort vers. von Alfred Schmidt, Frankfurt/M. 1965 [frz. 1958, Neuausg. 1970].
Mao Tse-tung [Zedong], *Ausgewählte Werke,* 4 Bde. (Schriften 1926–1945/1949), Peking 1968/69 [Berlin 1955].
Mao Tse-tung [Zedong], *Ausgewählte Werke,* Bd. 5 (Schriften 1949–1957), Peking 1978 [nach 1978 in China eingestampft und verschwiegen].
Mao Zedong, *Texte*, chinesisch-deutsch, hg. von Helmut Martin, 6 Bde., München und Wien 1982.
Maurice Merleau-Ponty, *Die Abenteuer der Dialektik*, Frankfurt/M. 1968 [frz. 1955].
Kostas Papaioannou, *De Marx et du marxisme,* Paris 1983.
Georgi W. Plechanow, *Die Grundprobleme des Marxismus* Stuttgart 1910, wieder in: Kleine Bibliothek, Stuttgart 1920, und in: Marxistische Bibliothek, Band 21, Wien und Berlin 1929 [russ. 1908].
Georgi W. Plechanow, *Über materialistische Geschichtsauffassung* (1897), Berlin 1946.
Maximilien Rubel, *Marx critique du marxisme. Essais* [ausgewählte Artikel 1957–1973], Paris 1974, Neuausgabe m. e. Vorwort von Louis Janover, Paris 2000.

Maximilien Rubel, »Rußland und die russische Revolution im Denken von Karl Marx«, in: *Schriften aus dem Karl-Marx-Haus*, Heft 2, Trier 1969.
Maximilien Rubel (Hg.), *Karl Marx und Friedrich Engels zur russischen Revolution: Kritik eines Mythos,* Frankfurt/M. 1984.
Josef Stalin, »Über Dialektischen und Historischen Materialismus« [russ. 1938 als Bestandteil der vom ZK der KPdSU herausgegebenen *Geschichte der KPdSU (B[olschewiki]). Kurzer Lehrgang*], auch in: Josef Stalin, *Fragen des Leninismus,* nach der 11., wiederholt umgestellten und ergänzten Ausgabe (Moskau 1939) ins Deutsche übertragen, Moskau 1947, S. 647–679. Vollständiger Text und kritischer Kommentar von Iring Fetscher, Sonderausgabe für das Bundesministerium für Gesamtdeutsche Fragen, Frankfurt/M. 1955.

II. Die Welt verändern: von der *Praxis* zur Produktion

In diesem Abschnitt ist zu berücksichtigen, dass Balibar wichtige Fragestellungen bereits im Zusammenhang von *Das Kapital lesen* (1965) diskutiert hat, der Ausarbeitung eines von Althusser und seinen Studierenden durchgeführten Seminars (Louis Althusser, Étienne Balibar, Roger Establet, Pierre Macherey, Jacques Rancière, *Lire Le Capital*, Paris 1965, deutsche Neuausgabe Münster 2014). Für die deutsche Debatte markiert den Ausgangspunkt, Ernst Theodor Mohl, Werner Hofmann, Joan Robinson u.a., *Folgen einer Theorie: Essays über Das Kapital von Karl Marx,* Frankfurt/M. 1967.

Zur ***Kapital*-Lektüre**: Einen Einstieg in die neuere Diskussion dieses Problemkomplex bieten etwa Christine Kirchhoff, Lars Meyer, Hanno Pahl, Judith Heckel, Christoph Engemann (Hg.), *Gesellschaft als Verkehrung. Perspektiven einer neuen Marx-Lektüre. Festschrift für Helmut Reichelt*, Freiburg i.Br. 2004, Jan Hoff, Alexis Petrioli, Ingo Stützle, Frieder O. Wolf (Hg.), *Das Kapital neu lesen. Beiträge zur radikalen Philosophie*, Münster 2006, sowie Franck Fischbach (Hg.), *Marx. Relire »Le Capital«,* Paris 2009. – Im Hinblick auf den unvollendeten und in Marx' Entwicklung spezifisch verorteten Charakter des *Kapital* vgl. Michael Heinrichs kritischen Rückblick auf entsprechende »Ergänzungsversuche«, in: Ders. und Werner Bonefeld (Hg.), *Kapital & Kritik. Nach der »neuen« Marx-Lektüre*, Hamburg 2011, S. 155–193, sowie die ähnlich argumentierenden Thesen, die Frieder O. Wolf vorgelegt hat (»Das Kapital neu lesen«, in: *Widerspruch*, Heft 62, Zürich 2013, S. 155–164). Als Gegenposition einer eher synoptischen Marxlektüre ist immer noch Andreas Arndts *Karl Marx: Versuch über den Zusammenhang seiner Theorie*, Bochum 1985, ²2012, heranzuziehen, der in seiner Orientierung an Hegel mit Sean Sayers, *Marx and Alienation*, Houndsmill, Basingstoke 2011, konvergiert. Anders ansetzende philosophische Zugänge haben Georg Quaas, *Dialektik als philosophische Theorie und Methode des »Kapital«: eine methodologische Untersuchung des ökonomischen Werkes von Karl Marx*, Frankfurt/M. und Bern 1992, und Tran Hai Hac *Relire »Le Capital«*, 2 Bde., Paris 2003, entfaltet. – Inzwischen werden auch die Anfänge der neueren *Kapital*-Lektüre wieder greifbar, die noch in der vorstalinistischen Sowjetunion gelegen haben, vgl. etwa Isaak Iljitsch Rubin, »Die Marxsche Theorie des Warenfetischismus. Deutsche Erstübersetzung des ersten Teils der ›Studien zur Marxschen Werttheorie‹«, in: Devi Dumbadze, Ingo Elbe und Sven Ellmers (Hg.), *Kritik der politischen Philosophie. Eigentum, Gesellschaftsvertrag, Staat*, Bd. 2, Münster 2013.

Zur nicht allein deutschen, auf das *Kapital* zentrierten **neuen Marxlektüre** vgl. rückblickend: Helmut Reichelt, *Neue Marx-Lektüre. Zur Kritik sozialwissenschaftlicher Logik*, Hamburg 2008, sowie Hans-Georg Backhaus, *Dialektik der Wertform. Untersuchungen zur Marxschen Ökonomiekritik*, Freiburg i.Br. 1997 und Michael Heinrich, Die Wissenschaft vom Wert, ²Münster 1999, vgl. ebenso die kompetenten Bilanzierungen durch Ingo Elbe, *Marx im Westen. Die neue Marx-Lektüre in der Bundesrepublik seit 1965*, Berlin 2008, und Ders., »Neue Marx-Lektüre«, in: *Information Philosophie*, Heft 2, 2012, S. 26–35, Jan Hoff, *Marx global,* Berlin 2009, sowie Frank Engster und Jan Hoff, »Die Neue Marx-Lektüre im internationalen Kontext«, in: *Philosophische Gespräche 28*, Berlin 2012.

In Michael Heinrichs Einführungsbänden ist der Ertrag dieser Debatten insgesamt überzeugend zusammengefasst: *Kritik der politischen Ökonomie. Eine Einführung*, Stuttgart 2004 (mehrfache Neuauflagen), *Wie das Marxsche Kapital lesen? Hinweise zur Lektüre und Kommentar zum Anfang von »Das Kapital«,* Stuttgart 2008. Eine populäreren Einstieg bietet Elmar Altvaters *Marx neu entdecken. Das hellblaue*

Bändchen zur Einführung in die Kritik der Politischen Ökonomie, Hamburg 2012.

Wichtige **eigenständige Linien der *Kapital*-Lektüre** sind demgegenüber – neben der älteren Linie von Kozo Uno, die erst in jüngerer Zeit außerhalb Japans rezipiert worden ist (vor allem in Anschluss an Thomas Sekine, etwa *An Outline of the Dialectic of Capital*, 2 Bde., London 1997, vgl. Robert Albritton, *Economics Transformed. Discovering the Brilliance of Marx*, London und Ann Arbor 2007) – etwa die Beiträge von Jacques Bidet, *Que faire du »Capital«? Matériaux pour une refondation,* Klincksieck, Paris, 1985 [engl. *Exploring Marx's Capital,* Leiden 2007], *Théorie de la modernité, suivi de Marx et le marché*, Paris 1990, *Théorie générale*, Paris 1999, sowie, zusammenfassend und durch eine Online-Publikation ergänzt, *Explication et reconstruction du Capital*, Paris 2004, Moishe Postone, *Zeit, Arbeit und gesellschaftliche Herrschaft. Eine neue Interpretation der kritischen Theorie von Marx,* Freiburg i.Br. 2003, Chris Arthur *Dialectics of Labour: Marx and his Relation to Hegel*, Oxford 1986, David Harvey, *Marx' »Kapital« lesen*, Hamburg 2011, Nestor Kohan, *El capital: historia y método - una introducción*, o. O. 2002, Buenos Aires ²2003, und Fernández Liria und Luis Alegre Zahonero, *El orden de el Capital*, Madrid 2010.

Im Einzelnen können zu diesem gesamten Themenfeld außer der im zweiten Kapitel zitierten Literatur mit Gewinn gelesen werden:

Shlomo Avineri, *The Social and Political Thought of Karl Marx,* Cambridge 1968.
Georges Bataille, »Der Begriff der Verausgabung«, in: *Das theoretische Werk I: Die Aufhebung der Ökonomie*, München 1977, erw. Ausg. München ²1985.
Ernst Bloch, *Naturrecht und menschliche Würde,* Gesamtausgabe, Bd. 6, Frankfurt/M. 1961.
Ders., *Das Prinzip Hoffnung* (verf. 1938–1947; zuerst Leipzig 1954–1959), 3 Bde., Gesamtausgabe, Bd. 5.1–3, Frankfurt/M. 1959.
Olivier Bloch, *Le matérialisme,* Paris 1985.
Bernard Bourgeois, *Philosophie et droits de l'homme de Kant à Marx,* Paris 1990.
Franck Fischbach, *Sans objet: capitalisme, subjectivité, aliénation*, Paris 2009.

François Furet, *Marx et la Révolution française,* Paris 1986
José-Arthur Giannotti, *Origines de la dialectique du travail*, Paris 1971 [port. 1966].
Jacques Grandjonc, *»Vorwärts!« 1844 – Marx und die deutschen Kommunisten in Paris. Beitrag zur Entstehung des Marxismus,* Berlin ²1974.
Gérard Granel, »L'ontologie marxiste de 1844 et la question de la ›coupure‹«, in: *L' endurance de la pensée* [Festschrift Jean Beaufret], hg. von René Char, Paris, Plon, 1969, wieder in: Gérard Granel, *Traditionis traditio,* Paris 1972, S. 172–230.
Jean Granier, *Penser la praxis,* Paris 1980.
Michel Henry, *Marx,* Bd. 1 : *Une philosophie de la réalité,* Paris 1976 [engl. 1983].
Jan Hoff, *Kritik der klassischen politischen Ökonomie. Zur Rezeption der werttheoretischen Ansätze ökonomischer Klassiker durch Karl Marx*, Köln 2004.
Jean Hyppolite, *Etudes sur Marx et Hegel,* Paris 1960 [engl. 1969].
Ken Kubota, »Die dialektische Darstellung des allgemeinen Begriffs des *Kapital* im Lichte der Philosophie Hegels. Zur logischen Analyse der politischen Ökonomie unter besonderer Berücksichtigung Adornos und der Forschungsergebnisse von Rubin, Backhaus, Reichelt, Uno und Sekine«, in: *Beiträge zur Marx-Engels-Forschung. Neue Folge 2009*, S. 199–224.
Georges Labica, *Le statut marxiste de la philosophie,* Brüssel 1976 [engl. 1980].
Solange Mercier-Josa, *Retour sur le jeune Marx. Deux études sur le rapport de Marx à Hegel dans les manuscrits de 44 et dans le manuscrit dit de Kreuznach,* Paris 1986.
Claude Mainfroy, *Sur la révolution française. Écrits de Marx et Engels,* Paris 1985.
Pierre Naville, *De l'aliénation à la jouissance. La genêse de la sociologie du travail chez Marx et Engels,* Paris 1957 [Neuausgabe als Bd. 1 von *Le Nouveau Léviathan,* Paris 1967].
Alain Faure und Jacques Rancière, *La Parole ouvriere. 1830–1851,* Paris 1976.
Jacques Rancière, *Proletarian Nights. The Workers' Dream in 19th century France*, London und New York 2012 [frz. 1981].
Jacques Rancière, *Der Philosoph und seine Armen*, Wien 2010 [frz. 1983].
Lucien Sève, *Marxismus und Theorie der Persönlichkeit*, Frankfurt/M. ⁴1983 [frz. 1969].
Élisabeth Sledziewski, *Révolutions du sujet,* Paris 1989.

Hiroshi Ushida und Terrell Carver (Hg.), *Marx's »Grundrisse« and Hegel's »Logik«,* London 1988 [dt. Übersetzung angekündigt].

III. Ideologie oder Fetischismus: Die Macht und die Unterwerfung im Subjekt

Das speziell im *Kapital* ausgearbeitete theoretische Konzept des **Fetischismus** war für die Frankfurter Schule der *Kritischen Theorie* von zentraler Bedeutung: So bereits bei Max Horkheimer und Theodor W. Adorno, *Dialektik der Aufklärung. Philosophische Fragmente* [1947, bereits 1944 als Mimeographie mit dem Titel *Philosophische Fragmente*], in: Max Horkheimer, *Gesammelte Schriften*, hg. von Gunzelin Schmid-Noerr, Bd. 5, Frankfurt/ M. 1987, [3]2003, vgl. Dirk Braunstein, *Adornos Kritik der politischen Ökonomie,* Bielefeld 2011, oder auch Antoine Artous, *Le fétichisme chez Marx. Le marxisme comme théorie critique*, Paris 2006.

Dieses Konzept hat dann auch ein zentrales Moment in der Entwicklung des zunächst Westberliner Projekts Klassenanalyse gebildet, vgl. die Kritik an Lenins Vernachlässigung der Marx'schen Formproblematik in: *Leninismus – Neue Stufe des wissenschaftlichen Sozialismus?,* 2 Bde., Berlin 1972, S. 352), aber auch ganz anders ansetzende, etwa diskurstheoretische Aneignungen erfahren, vgl. Emily S. Apter und William Pietz (Hg.), *Fetishism as Cultural Discourse*, Ithaca 1993, Alain Bihr, *La novlangue néolibérale. La rhétorique du fétichisme capitaliste*, Paris 2007. Zum Fetischismus bei Marx vgl. Jean-Marie Vincent, *Fétichisme et société,* Paris 1973, sowie Ulrich Erckenbrecht, *Das Geheimnis des Fetischismus. Grundmotive der Marx'schen Theorie*, Frankfurt/M. 1976.

Die an die Konzeption des Fetischismus im Kapital anknüpfende **Verdinglichungsdebatte** hatte nach Lukács (*Geschichte und Klassenbewusstsein*, Berlin 1923) vor allem Adorno weitergeführt, etwa in »Drei Studien zu Hegel«, in: *Gesammelte Schriften*, Bd 5, Frankfurt/M. [5]1996, aber auch in *Negative Dialektik*, Frankfurt/M. 1966, und dann Winfried Mennighaus radikal destruiert: »Kant, Hegel und Marx in Lukács' Theorie der Verdinglichung. Destruktion eines neomarxistischen ›Klassikers‹«, in: *Spiegel und Gleichnis. Festschrift für Jacob Taubes*, hg. von Norbert W. Bolz und Wolfgang Hübener, Würzburg 1983, S. 318–330. Dagegen hielt – wiederum aus einer neo-lukácsianischen Perspektive – Rüdiger Dannemann, *Das Prinzip Verdinglichung*, Frankfurt/M. 1987. Das Thema wurde schließlich von Axel Honneth im Anschluss an die spätere *Kritische Theorie* weitergeführt, vgl. Ders., *Verdinglichung*, Frankfurt/M. 2005, aber auch die Diskussion dieses Themas in der *Deutschen Zeitschrift für Philosophie*, Bd. 59, Heft 5, November 2011, sowie Honneths »Nachbetrachtung zur ›Verdinglichung‹«, in: Frank Benseler und Rüdiger Dannemann (Hg.), *Lukács 2012/2013. Jahrbuch der Internationalen Georg-Lukács-Gesellschaft*, Bielefeld 2012, S. 67–79.

Aus der Perspektive des westdeutschen Projekts Ideologietheorie, den bei Marx in den Manuskripten zur *Deutschen Ideologie* zu findenden Ansatz des **Ideologiekonzepts** auszubauen, hat Jan Rehmann das entsprechende Problemfeld rekonstruiert, vgl. »Ideologietheorie«, in: HKWM, Bd. 6.I, Hamburg 2004, Sp. 716–770, vgl. ergänzend Matthias Bohlender, »Herrschaft der Gedanken. Über Funktionsweise, Effekt und die Produktionsbedingungen von Ideologie«, in: Harald Bluhm (Hg.), *Karl Marx und Friedrich Engels: Die Deutsche Ideologie*, Berlin 2010, S. 41–57.

Zur Problematik der **Dezentrierung des Subjektes** vgl. neben den entsprechenden Thesen Althussers, etwa in »Über Marx und Freud«, in: *Ideologie und ideologische Staatsapparate*, hg. von Peter Schöttler, Hamburg 1977, S. 89–107, auch Jean Baudrillard, *Pour une critique de l'économie politique du signe,* Paris 1972 [engl. 1981, dt. teilweise in: *Kool Killer oder Der Aufstand der Zeichen,* Berlin 1978), Guy Debord, *Die Gesellschaft des Spektakels*, Berlin 1996 [frz. 1967], Maurice Godelier, *Rationalität und Irrationalität in der Ökonomie,* Frankfurt/M. 1966 [frz. 1966], Maurice Godelier, *Horizons, trajets marxistes en anthropologie,* Paris 1973 [engl.: *Perspectives in Marxist Anthropologie,* Cambridge 1977], Jean François Lyotard, *Dérive à partir de Marx et Freud,* Paris 1973 [engl. teilweise in: *Driftworks,* hg. von Roger McKeon, New York 1984].

Einen allgemeinen Einstieg in **Balibars Überlegungen zur Politik** vermitteln: Tilman Reitz, »Die Politik der Menschenrechte: Étienne Balibar«, in: Oliver Flügel, Reinhard Heil, Andreas Hetzel (Hg.), *Die Rückkehr des Politischen. Demokratietheorien heute*, Darmstadt 2004, S. 113–128, sowie Robin

Celikates, »Die Demokratisierung der Demokratie. Étienne Balibar über die Dialektik von konstituierender und konstituierter Macht«, in: Ulrich Bröckling und Robert Feustel (Hg.), *Das Politische denken*, Bielefeld 2010, S. 59–76. Hierzu ist vor allem auf eine Reihe von späteren Schriften von Balibar hinzuweisen, die dieses gesamte Themenfeld vertieft behandeln: *La crainte des masses. Politique et philosophie avant et après Marx*, Paris 1997, *La proposition d'égaliberté. Essais politiques 1989-2009*, Paris 2010 [dt. *Gleichfreiheit. Politische Essays*, Frankfurt/M. 2013, vgl. den Auszug in: *Blätter für deutsche und internationale Politik*, Heft 3, 2013, S. 41–51), sowie *Violence et civilité*, Paris 2010, und *Citoyen sujet et autres essais d'anthropologie philosophique*, Paris 2011.

Zu **Politik/Politisches** vgl. allgemein Claude Lefort, »Die Frage der Demokratie« (1983), in: Ulrich Rödel (Hg.), *Autonome Gesellschaft und libertäre Demokratie*, Frankfurt/M. 1990, S. 281–297, Jean-Luc Nancy und Philippe Lacoue-Labarthe, *Retreating the political*, London und New York 1997, Miguel Abensour, *Demokratie gegen den Staat. Marx und das machiavellische Moment*, Berlin 2012 [frz. Paris 2004], Ulrich Bröckling und Robert Feustel (Hg)., *Das Politische denken*, Bielefeld 2010, sowie Oliver Marchart, *Die politische Differenz. Zum Denken des Politischen bei Nancy, Lefort, Badiou, Laclau und Agamben*, Berlin 2010, und speziell zu **Rancières Politikbegriff**: Ders., *Aux bords du politique*, Paris 1990 [*On the Shores of Politics*, London/New York 1995] und *Das Unvernehmen*, Frankfurt/M. 2002, sowie die Diskussionen bei Andreas Hetzel, »Der Anteil der Anteilslosen. Jacques Rancières Versuch einer Neubestimmung der politischen Philosophie«, in: *Deutsche Zeitschrift für Philosophie*, Heft 2, 2004, S. 322–326, Nick Hewitt, *Badiou, Balibar, Rancière: Re-thinking Emancipation*, London und New York 2007, Peter Hallward, »Jacques Rancière and the Subversion of Mastery«, in: *Paragraph*, 28. Jg., Heft 1, 2005, S. 26–45, Todd May, *The political thought of Jacques Rancière: creating equality*, Pennsylvania 2008, Eric Méchoulan (Hg.), *Contemporary Thinker Jacques Rancière*, Madison 2004, Paul Bowman und Richard Stamp (Hg.), *Reading Rancière*, London und New York 2011, Jan Rolletschek, »Nicht Althusser, nicht Mao und auch nicht Jacotot. Gleichheit und Alterität im Anarchismus Jacques Rancières«, in: Philippe Kellermann (Hg.), *Begegnungen feindlicher Brüder. Zum Verhältnis von Anarchismus und Marxismus in der Geschichte der sozialistischen*

Bewegung, Bd. 2, Münster 2012, S. 162–185. Konzentriert auf Badiou und Žižek hat auch Adrian Johnston die Frage radikaler Veränderung untersucht: *Badiou, Žižek, and Political Transformations*, Evanston, Ill. 2009.

Hilfreiche Beiträge zur Frage nach einer positiven philosophischen **Anthropologie bei Marx**: Georges Labica, Domenico Losurdo und Jacques Texier (Hg.), *Antropologia, prassi, emancipazione. Problemi del marxismo*, Urbino 1989, Yvon Quiniou, *L'homme selon Marx: pour une anthropologie matérialiste,* Paris 2011, und Luca Basso, *Agire in commune. Antropologia e politica nell'ultimo Marx*, Verona 2012, sowie Ders., *Marx and Singularity. From the Early Writings to the Grundrisse*, Leiden 2012.

Im Einzelnen können zu diesem Themenfeld außer der im dritten Kapitel zitierten Literatur mit Gewinn gelesen werden:

Marc Augé, *Pouvoirs de vie, pouvoirs de mort. Introduction à une anthropologie de la répression,* Paris 1977.
Alain Badiou und François Balmès, *De l'idéologie,* Paris 1976.
Michèle Bertrand, *Le Statut de la religion chez Marx et Engels,* Paris 1979.
Michèle Barret, »Ideology and the Cultural Production of Gender« [1980], in: Rosemary Hennessy und Chrys Ingraham (Hg.), *Materialist Feminism. A Reader in Class, Difference, and Women's Lives,* London und New York 1997, S. 88–94.
Roland Boer, *Criticism of Heaven. Marxism and Theology*, 2 Bde., Chicago 2009.
Pierre Bourdieu und Jean-Claude Passeron, *La reproduction. Éléments pour une théorie du système d'enseignement,* Paris 1970, Neudruck 2005 [engl. 1990].
Pierre Bourdieu, *Was heißt sprechen? Zur Ökonomie des sprachlichen Tausches,* Wien ²2005.
Régis Debray, *Critique de la raison politique,* Paris 1981 [engl. 1983].
Mladen Dolar, »Jenseits der Anrufung«, in: Slavoj Žižek (Hg.), *Gestalten der Autorität*, Wien 1991.
Gérard Duprat (Hg.), *Analyse de l'idéologie*, 2 Bde., Paris 1980–1983.
Enrique Dussel, *Towards an Unknown Marx. A commentary on the manuscripts of 1861-63*, London 2001.
Terry Eagleton, *Ideologie. Eine Einführung*, Stuttgart 1993.

Georges Labica, *Le paradigme du Grand-Hornu. Essai sur l'idéologie,* Montreuil-sous-Bois 1987.
Claude Lefort, »L'ère de l'idéologie«, in: *Encyclopaedia universalis,* Bd. 17 («Organum«), Paris 1973, S. 75–93.
Solange Mercier-Josa, *Übergänge von Hegel zu Marx: Philosophie, Ideologie und Kritik,* Köln 1989.
Paul Ricœur, »L'idéologie et l'utopie: deux expressions de l'imaginaire social«, in: *Autres Temps. Les cahiers du christianisme social*, Heft 2, 1984, S. 53–64 (wieder in: Ders., *Essais d'herméneutique,* Bd. 2: *Du texte à l'action,* Paris: Le Seuil, 1986 [engl. 1991].
Patrick Tort, *Marx et le problème de l'idéologie – Le modèle égyptien. Suivi de Introduction à l'anthropologie darwinienne Marx-Engels, Malthus, Spencer, Darwin,* Paris 1988, Neuausgabe Paris 2007.
Galvano Della Volpe, *Critica dell'ideologia contemporanea. Saggi di teoria dialettica,* Rom 1967 [frz. 1976].
Slavoj Žižek, *The Sublime Object of Ideology*, London und New York 1989.

IV. Zeit und Fortschritt: noch eine Philosophie der Geschichte?

Es ist daran zu erinnern, dass Balibars Überlegungen in diesem Kapitel seine kritische Auseinandersetzung mit dem Konzept des **historischen Materialismus** weiterführen, die bisher nicht auf Deutsch vorliegen: vgl. *Cinq Etudes du Matérialisme Historique*, Paris 1974.

Inzwischen ist eine neue Debattenlage entstanden: Eine erste Übersicht über die aus der MEGA² zu ziehenden Konsequenzen, was den Status des historischen Materialismus betrifft, hat inzwischen Roberto Finelli vorgelegt, »The Limits and Uncertainties of Historical Materialism«, in: Riccardo Bellofiore und Roberto Fineschi, *Re-reading Marx*, Houndmills, Basingstoke 2009. Eine paradigmatische und gründliche Neulektüre der Marx'schen Geschichtsphilosophie am Beispiel seiner **Konzeption des Fortschritts** in der Geschichte findet sich bei Denis Mäder, *Fortschritt bei Marx*, Berlin 2010, sowie, entwickelt an der **Problematik der Zeitlichkeit**, bei Massimiliano Tomba, *Marx's Temporalities,* Leiden 2013. Ein Diskussionsband mit dem Arbeitstitel *Deconstructing*

Historical Materialism, hg. von Danga Vileisis und F. O. Wolf, ist in Vorbereitung.

Zu **Labriolas Kritik des Ökonomismus** in der Geschichtstheorie: Als eine erste vehemente innermarxistische Kritik des geschichtstheoretischen ökonomistischen Reduktionismus (d.h. der dem »blinden Eifer der Popularisatoren« geschuldeten Verabsolutierung des »ökonomischen Moments« in der Geschichte) kann Antonio Labriolas gegen »Quacksalber oder liebenswürdige Dilettanten« gerichtete »Gedächtnis«-Schrift von 1895 [zuerst frz.] gelten: »En mémoire du Manifeste du parti communiste«, in: *Le Devenir social,* (hg. von Georges Sorel), Heft 3 und 4, 1895 [dt. in: Ders., *Über den historischen Materialismus,* hg. von Anneheide Ascheri-Osterlow und Claudio Pozzoli, Frankfurt/M. 1974].

Einen originellen Versuch, das sozioökonomische Kausalitätsprinzip gegen geschichtsphilosophische Teleologie auszuspielen, stammt aus dem Lager der russischen (bzw. frühsowjetischen) »Mechanisten«: Nikolai I. Bucharin, *Theorie des historischen Materialismus. Gemeinverständliches Lehrbuch der marxistischen Soziologie* [dt. Hamburg 1922, Neuausg. Köln 2001]. – Die für die jüngere Debatte einflussreichste Verteidigung des geschichtsphilosophischen technologischen Determinismus stammt aus der Feder von Gerald A. Cohen, *Karl Marx's Theory of History: A Defence* (1978), erw. Neuausg., Princeton 2011.

Im Einzelnen können zu diesem gesamten Themenfeld außer der im vierten Kapitel zitierten Literatur mit Gewinn gelesen werden:

Louis Althusser, »Le marxisme n'est pas un historicisme«, in: Ders., Étienne Balibar, Roger Establet, Pierre Macherey, Jacques Rancière, *Lire Le Capital*, Paris 1965, Bd. 2, Kap. IV.5 [deutsche Neuausgabe Münster 2014].

Perry Anderson, *Zum Ende der Geschichte,* Berlin 1993 [engl. London 1992].

Toni Andreani, *De la société a l'histoire,* 2 Bde. (1. *Les concepts communs à toute société,* 2. *Les concepts transhistoriques. Les modes de production),* Paris 1989.

Emil Angehrn und Julia Scheidegger (Hg.), *Metaphysik des Individuums. Die Marx-Interpretation Michel Henrys und ihre Aktualität,* Freiburg i.Br. 2011.

Benjamin Coriat, *Science, technique et capital,* Paris 1976.
André Gorz, »Kritik der Arbeitsteilung«, in: *Technologie und Politik. Das Magazin zur Wachstumskrise,* Bd. 8, Reinbek, Hamburg 1977, S. 137–147.
Ders., Kritik der *Critique de la division du travail* [Texte von Karl Marx, Stephen Marglin, André Gorz u.a.], ausgewählt und präsentiert von André Gorz, Paris 1971 [engl. 1976].
Michael Heinrich, »Geschichtsphilosophie bei Marx«, in: Diethard Behrens (Hg.), *Geschichtsphilosophie oder Das Begreifen der Historizität*, Freiburg i.Br. 1999.
Henry Michel, *Marx,* Bd. 2: *Une philosophie de l'économie,* Paris 1976, Neuauflagen 1991, 2009.
Umberto Melotti, *Marx e il Terzo Mondo. Per uno schema multilineare della concezione marxiana dello sviluppo storico,* Mailand 1972 [engl. 1977].
Marcello Musto (Hg.), *Karl Marx's Grundrisse. Foundations of the Critique of Political Economy*, London und New York 2008.
Antonio Negri, *Marx oltre Marx. Quaderno di lavoro sui »Grundrisse«,* Mailand 1979 [frz. 1979, engl. 1984].
Marcel van der Linden und Karl Heinz Roth (Hg.), *Über Marx hinaus. Arbeitsgeschichte und Arbeitsbegriff in der Konfrontation mit den globalen Arbeitsverhältnissen des 21. Jahrhunderts,* unter Mitarbeit von Max Henninger, Berlin und Hamburg 2009.
Pierre Raymond, *La résistible fatalité de l'histoire,* Paris 1982.
Yves Schwartz, *Expérience et connaissance du travail,* eingel von Bernard Bourgeois, Paris 1988, Repr. mit einem neuen Vorw. des Autors 2012.
Emmanuel Terray, *Zur politischen Ökonomie der »primitiven« Gesellschaften – Zwei Studien,* Frankfurt/M. 1974 [frz. 1969].
Danga Vileisis, *»Der unbekannte Beitrag Adam Fergusons zum materialistischen Geschichtsverständnis von Karl Marx«*, in: *Beiträge zur Marx-Engels-Forschung. Neue Folge 2009*, Berlin 2010, S. 7–60.

V. Die Wissenschaft und die Revolution

Balibar hat hierzu keine bibliographischen Hinweise gegeben.

Es bietet sich an, zum Thema der Revolution auf Raya Dunayevskayas Anspruch zu verweisen, eine Rekonstruktion der Marx'schen Philosophie der Revolution zu leisten, vgl. *Rosa Luxemburg: Frauenbefreiung und Marx' Philosophie der Revolution,* Hamburg 1998 [engl. 1981], auf die bei Leo Kofler verfertigte Dissertation von Frithjof Schmidt, *Die Metamorphosen der Revolution,* Frankfurt/M. 1988, sowie auf das *Socialist Register* des Jahres 1989: *Revolution Today*, hg. von Ralph Miliband, Leo Panitch und John Saville, London und New York 1990, aber auch auf die von Thomas Seibert in *Krise und Ereignis,* Hamburg 2009, aufgearbeitete jüngere französische Debatte zwischen Badiou, Debord, Deleuze, Derrida, Foucault, Lyotard u.a., und auch noch auf die von Negri und Hardt in ihrer Trilogie *Empire, Multitude* und *Commonwealth* (2000, 2004 und 2009) angestoßene Debatte sowie auf neue Ansätze revolutionären Denkens aus dem globalen Süden, wie etwa *After Utopia: Modernity, Socialism & the Postcolony* von Aditya Nigam.

Zum **Verhältnis von Marx zum Anarchismus**, speziell zu **Bakunin**: vgl. Étienne Balibar, »Bakunismus«, in: KWM, Bd. 1, Sp. 137–144, sowie Michael Bakunin, *Ausgewählte Schriften,* hg. von Wolfgang Eckhardt, Bd. 5 und 6: *Konflikt mit Marx,* Berlin 2004 und 2011, Helmut Hirsch, »Aufstieg und Niedergang der Ersten Internationale«, in: Ders., *Denker und Kämpfer. Gesammelte Beiträge zur Geschichte der Arbeiterbewegung,* Frankfurt/M. 1955, S. 129–148, vgl. auch Wolfgang Eckhardt, »Bakunin und Marx in der Ersten Internationale. Zerstörung oder Eroberung politischer Macht?«, in: Philippe Kellermann (Hg.), *Begegnungen feindlicher Brüder. Zum Verhältnis von Anarchismus und Marxismus in der Geschichte der sozialistischen Bewegung*, Bd. 1, Münster 2011, S. 17–32, Fritz Brupbacher, *Marx und Bakunin. Ein Beitrag zur Geschichte der Internationalen Arbeiterassoziation,* Berlin 1922, Neuauflage Berlin 1976, Karl Marx und Michail A. Bakounine, *Socialisme autoritaire ou libertaire* [ausgewählte Texte], zusammengestellt von Georges Ribeill, 2 Bde., Paris 1975, Rolf Cantzen, »Libertärer Sozialismus – das schwarze Schaf der sozialistischen Familie. Rekonstruktion des anarchistischen Gesellschaftsbegriff im Blick auf den Demokratischen Sozialismus«, in: *Perspektiven des Demokratischen Sozialismus – Zeitschrift der Hochschulinitiative Demokratischer Sozialismus,* 1. Jg., Heft 3, 1984, S. 30–39.

Zum Thema der **Wissenschaft** kann hier nur pauschal auf die französische Epistemologiedebatte verwiesen werden, zu der eine Konferenzdokumentation des Max-Planck-Instituts für Wissenschaftsgeschichte inzwischen einen umfassenden und verlässlichen Überblick schafft: Henning Schmidgen und Jean-François Braunstein, *Epistemology and History. From Bachelard and Canguilhem to Today's History of Science*, Preprint 434, Berlin 2012.

Zur philosophischen Kategorie der **Wahrheitspolitik**: In Bezug auf diesen von Michel Foucault (vgl. *Dispositive der Macht. Über Sexualität, Wissen und Wahrheit*, Berlin 1978, S. 51–54) – im impliziten Anschluss an Althusser (vgl. Alex Demirovic, »Philosophie und Staat: Althussers philosophische Strategie und der hegemoniale Status der Philosophie«, in: *Das Argument*, 27. Jg., Heft 152, 1985, S. 552–562) – formulierten Begriff, der zwischen kritischer Wissenschaft und radikaler Praxis steht, ist zunächst auf die Überlegungen hinzuweisen, durch die sich Balibar (vgl. *Lieux et noms de la vérité*, La Tour d'Aigue 1994) gegen Badiou (vgl. *Metapolitik*, Berlin 2003, und *Bedingungen*, Zürich 2011, S. 177–285) sowie Rancière (vgl. vor allem *Das Unvernehmen*, Frankfurt/M. 2002) profiliert hat. – Vgl. dazu ausführlicher Michel Foucaults spätere Arbeiten über Parrhesia oder Wahrsprechen: Michel Foucault, *Die Regierung des Selbst und der anderen. Vorlesungen am Collège de France 1982/83*, Frankfurt/M. 2009, Ders., *Der Mut zur Wahrheit: Die Regierung des Selbst und der anderen II. Vorlesungen am Collège de France 1983/84*, Berlin 2010, außerdem Balibars Kontroverse mit Badiou über »Universalismus« an der University of California, Irvine, 2007: Étienne Balibar, »Universalismus. Eine Diskussion mit Badiou«, in: *transversal*, Netzmagazin, http://eipcp.net/transversal/0607, und auch: Alain Badiou und Jacques Rancière, *Politik der Wahrheit*, hg. von Rado Riha, Wien 1996, [2]2010.

Zum Verhältnis von **Wissenschaft und radikaler Praxis** ist zusätzlich auf die Auseinandersetzung um den neueren britischen *critical realism* (s.o.) zurückzugreifen beziehungsweise auf die Debatte um die Konzeption der Subversion in der Deleuze'schen Philosophie (vgl. Friedrich Balke und Joseph Vogl (Hg.), *Gilles Deleuze – Fluchtlinien der Philosophie*, München 1996, Michaela Ott, *Vom Mimen zum Nomaden. Lektüren des Literarischen im Werk von Gilles Deleuze*, Wien 1998, Eric Alliez (Hg.), *Gilles Deleuze. Une vie philosophique*, Les Plessis-Robinson 1998, Marc Rölli, *Gilles*

Deleuze. Philosophie des transzendentalen Empirismus, Wien 2003, [2]2012, Nicholas Thoburn, *Deleuze, Marx and Politics*, London und New York 2003, Ray Brassier, *Nihil unbound. Enlightenment and Extinction*, London 2007 sowie Dhruv Jain (Hg.), *Deleuze and Marx*, Edinburgh 2009).

Im Einzelnen können zu diesem Themenfeld außer der im fünften Kapitel zitierten Literatur mit Gewinn gelesen werden:

Paul Blackledge, *Marxism and Ethics: Freedom, Desire, and Revolution*, New York 2012.
Barbara Brick und Moishe Postone, »*Kritischer Pessimismus und die Grenzen des traditionellen Marxismus*«, in: Wolfgang Bonß und Axel Honneth (Hg.), *Sozialforschung als Kritik*, Frankfurt/M. 1982, S. 179–239.
Hauke Brunkhorst, *Karl Marx. Der achtzehnte Brumaire des Louis Bonaparte – Kommentar*, Frankfurt/M. 2007.
Michael Burawoy, »*Marxism as Science. Historical Challenges and Theoretical Growth*«, in: *American Sociological Review*, 55. Jg., Heft 6, 1990, S. 775–793.
Jan Hoff, *Karl Marx und die »ricardianischen Sozialisten«*, Köln 2008.
Peter Hudis, *Marx's Concept of the Alternative to Capitalism*, Leiden und Boston 2012.
Michael R. Krätke, »Marxismus als Sozialwissenschaft«, in: Frigga Haug und Michael R. Krätke (Hg.), *Materialien zum Historisch-Kritischen Wörterbuch des Marxismus*, Hamburg 1996, S. 69–122.
Michael A. Lebowitz, *Beyond Capital. Marx's Political Economy of the Working Class*, London 1992, überarb. Houndmills, Basingstoke [2]2003.
Dominique Lecourt, *Kritik der Wissenschaftstheorie. Marxismus und Epistemologie (Bachelard, Canghuilhelm, Foucault)*, Berlin 1975 [frz. 1972].
István Mészáros, *Beyond Capital*, London 1995.
Marcello Musto (Hg.), *Marx for today*, London 2012.
Wolfdietrich Schmied-Kowarzig, »Die Herausforderung der Marxschen Philosophie der Praxis und die Misere aktueller Marxinterpretation«, in: Horst Müller (Hg.), *Von der Systemkritik zur gesellschaftlichen Transformation*, Norderstedt 2010.
Kai Schmidt-Soltau, *Die apathische Revolution. Grundlegung einer praktischen Philosophie nach Marx*, Münster 1998.

4. Punktuelle bibliographische Hinweise zur jüngeren Debatte und zu deutschsprachig geführten Diskussionen

Lesenswerte neue, die **Krise des Marxismus** reflektierende Annäherungen an Marx' Theorie haben inzwischen vorgelegt:

Stephen A. Resnick und Richard D. Wolff, *Knowledge and Class. A Marxian Critique of Political Economy*, New York und London 1987.
Antonio Callari und David F. Ruccio (Hg.), *Postmodern Marxism and the Future of Marxist Theory. Essays in the Althusserian Tradition*, Hannover und London 1996.
Rebecca E. Karl, Saree Makdisi, Cesare Casarino, *Marxism beyond Marxism*, London und New York 1996.
Stephen A. Resnick und Richard D. Wolff (Hg.), *New Departures in Marxian Theory*, Milton Park, Abingdon 2006.
Alex Callinicos, *Die revolutionären Ideen von Karl Marx*, Frankfurt/M. 2005.
Moishe Postone, *Marx Reloaded. Repensar la teoría crítica del capitalismo*, Madrid 2007.
Hiroshi Uchida, *Marx for the 21st century,* London 2006.
Michael A. Lebowitz, *Following Marx: Method, Critique and Crisis,* Chicago 2009.
Peter Bescherer und Karin Schierhorn (Hg.), *Hello Marx. Zwischen ›Arbeiterfrage‹ und sozialer Bewegung heute*, Hamburg 2009.
Ellen Meiksins Wood, *Demokratie contra Kapitalismus. Beiträge zur Erneuerung des historischen Materialismus,* Köln 2010.
Terry Eagleton, *Warum Marx recht hat,* Berlin 2012.
Nestor Kohan, *Nuestro Marx*, o. O. 2010.

Zu unterschiedlichen Aspekten können mit Gewinn herangezogen werden:

Zu **Marx' Verhältnis zur Philosophie**: Einen Überblick über die neuere frankophone Debatte bietet das von Olivier Clain in Kanada herausgegebene Buch *Marx philosophe*, Québec 2009.

Unter den Beiträgen der letzten Jahre sind zwei anzusprechen, die allerdings um Balibars Frage nach Modus und Praxis von Marx' Philosophie einen Bogen gemacht haben: Christoph Hennings Analyse der *Philosophie nach*

Marx. Marx, Philosophie, Kapitalismus, Kritik, Ethik, Bielefeld 2005, und Franck Fischbachs dezidiert philosophische Marxlektüre in *La production des hommes: Marx avec Spinoza*, Paris 2005, vgl. auch Ders., »Marx et le communisme«, in: *Actuel Marx*, Bd. 48, 2010, S. 12–21. Henning zielt als zu bearbeitenden Stoff allein auf die Wirkungsgeschichte von Marx, wobei er als leitenden Gesichtspunkt die »Aufgabe der Kritik der normativen Sozialphilosophie« verfolgt. Fischbach lässt sich auf die von Marx betriebene Tätigkeit des Philosophierens ein, löst aber immer wieder deren ambivalente Ausgestaltungen dadurch auf, dass er sich direkt auf Spinozas Konzeption des Philosophierens stützt – und wäre daher erst im Kontext der seit den 1970er Jahren anhaltenden Bemühungen Marx mit Spinoza und Spinoza mit Marx zu lesen, angemessen zu würdigen (wie dies etwa Étienne Balibar, Pierre Macherey, Alexandre Matheron, Pierre-François Moreau, Antonio Negri, André Tosel, Warren Montag, Vittorio Morfino, Karl Reitter u.a. vorangetrieben haben, vgl. zum Überblick Eugene Hollande, »Spinoza and Marx«, in: *Cultural Logic. An Electronic Journal of Marxist Theory and Practise*, 2. Jg., Heft 1).

Nicht nur in Deutschland haben sich – auch außerhalb der neuen Marxlektüre – ganz andere, **eigenständige Debattenlinien** entwickelt, für die in ihrer Unterschiedlichkeit stehen: Joachim Bischoff, *Gesellschaftliche Arbeit als Systembegriff*, Westberlin 1973, Veit-Michael Bader u.a., *Krise und Kapitalismus bei Marx*, Frankfurt/M. 1974, Anneliese Griese und Hans-Jörg Sandkühler, *Karl Marx – Zwischen Philosophie und Naturwissenschaften*, Frankfurt/M., Berlin und Bern 1997, Axel Honneth, *Verdinglichung*, Frankfurt/M. 2005, Dieter Wolf, »Einheit von Natur - und Gesellschaftswissenschaften. Ein modernes interdisziplinäres Projekt von Marx und Engels«, in: *Beiträge zur Marx- Engelsforschung. Neue Folge 2006*, S. 92–133, Alex Demirovic, »Das Wahr-Sagen des Marxismus: Foucault und Marx«, in: *Prokla*, 38. Jg., Heft 151, 2008, S. 179–201, Justin P. Holt, *Karl Marx's Philosophy of Nature, Action and Society: A New Analysis*, Newcastle upon Tyne 2009, Paul Paolucci, *Marx's Scientific Dialectics: A Methodological Treatise for a New Century*, Chicago 2009, Rahel Jaeggi, *Entfremdung*, Frankfurt/M. 2005, Joachim Bischoff, Fritz Fiehler, Christoph Lieber, »Neue kritische Theorie«, in: *Sozialismus*, 31. Jg., Heft 6, 2004, S. 40–49, Joachim Bischoff und Christoph Lieber, »Kapital-Lektüre – die dritte:

Ökonomiekritik und radikale Philosophie«, in: *Sozialismus*, 34. Jg., Heft 5, 2007, Mario Dal Pra, *Il pensiero filosofico di Marx*, Milano 2011.

Unter den gegenwärtigen Theoretikerinnen und Theoretikern, die ein **explizit marxistisches Philosophieren** postulieren, fallen zwei besonders ins Gewicht: zum einen Costanzo Preve, *La filosofia imperfetta. Una proposta di ricostruzione del marxismo contemporaneo*, Mailand 1984, *Il filo di Arianna. Quindici lezioni di filosofia marxista,* Mailand 1990, *Un Elogio della filosofia,* Mailand 1996; *Marxismo e filosofia. Note, riflessioni e alcune novità,* Pistoia 2002, *Ripensare Marx. Filosofia, Idealismo, Materialismo,* Mailand 2007, zum anderen Wolfgang Fritz Haug, vgl. schon sein *Philosophieren mit Brecht und Gramsci*, Hamburg 1996, ^{2}2006, seinen Überblicksartikel »Marxismus und Philosophie«, in: *Enzyklopädie Philosophie*, hg. von Hans Jörg Sandkühler, Bd. 1, Hamburg 1999, S. 794-806, und seine *Einführung in marxistisches Philosophieren. Die Abschiedsvorlesung*, Hamburg 2006.

Solange in der Untersuchung von Marx' Philosophie keine Fortschritte erzielt worden sind, kann jedenfalls die traditionelle marxistische Perspektive der »Aufhebung und Verwirklichung der Philosophie« nicht mehr überzeugen, wie sie Hans Heinz Holz in *Die Algebra der Revolution. Von Hegel zu Marx. Aufhebung und Verwirklichung der Philosophie, Bd. 1*, Berlin 2010, und in *Theorie als materielle Gewalt. Die Klassiker der III. Internationale. Aufhebung und Verwirklichung der Philosophie, Bd. 2*, Berlin 2011, oder auch der an ihn und an Leo Kofler anknüpfende Werner Seppmann zusammen mit Heike Friauf in *Marxismus und Philosophie. Über Leo Kofler und Hans Heinz Holz,* Berlin 2012, verfolgen.

Die **neuen feministischen Marxlektüren** entwickeln sich seit den 1980er Jahren entlang mehrerer komplexer Diskussionslinien fort.

Für die **deutschsprachige Debatte** vgl. überblicksartig zum Subsistenzansatz Veronika Bennholdt-Thomsen, Maria Mies und Claudia von Werlhof, *Frauen, die letzte Kolonie. Zur Hausfrauisierung der Arbeit,* Reinbek 1988, vgl. darüber und zur feministischen Marxkritik Ursula Beer, »Marx auf die Füße gestellt?«, in: *Prokla*, Heft 50, 1983, S. 23–37, Hanna Behrend, »Marxismus und Feminismus – inkompatibel oder verwandt?«, in: *UTOPIE kreativ,* Heft 109/110, 1999,

S. 162–173, Frigga Haug, *Die-Vier-in-Einem-Perspektive*, in *Das Argument*, Heft 291, Hamburg 2011.

Zur **feministischen und queeren Soziologie**, vgl. zum Beispiel die von Gudrun-Axeli Knapp mitherausgegebenen Sammelbände (mit Cornelia Klinger) *Achsen der Ungleichheit. Zum Verhältnis von Klasse, Geschlecht und Ethnizität*, Frankfurt/M. 2007, (mit Angelika Wetterer), *Soziale Verortung der Geschlechter. Gesellschaftstheorie und feministische Kritik*, Münster 2001, aber auch *Queering Demokratie. Sexuelle Politiken*, hg. von Nico Beger, Antke Engel, Corinna Genschel, Sabine Hark, Eva Schäfer, Berlin 2000.

Zu einer **materialistisch orientierten feministischen Epistemologie**, vgl. beispielhaft Evelyn Fox Keller, *Liebe, Macht, Erkenntnis. Männliche oder weibliche Wissenschaft*? München 1986, Sandra Harding, *The Science Question in Feminism*, Ithaca 1986, und Dies. (Hg.), *Femininism and Methodology*, Bloomington 1987, aber auch Donna Haraway, *Die Neuerfindung der Natur*, Frankfurt/M. 1995, Lily E. Kay, *Das Buch des Lebens. Wer schrieb den genetischen Code*, Frankfurt/M. 2005, und Isabelle Stengers, »Wondering about Materialism«, in: Graham Harman u.a. (Hg.), *The Speculative Turn. Continental Realism and Materialism*, Melbourne 2011, S. 368–380.

Für neuere feministische Positionen im Kontext **materialistischer Ontologie** vgl. zum Beispiel Rosi Braidotti, *Transpositions. On Nomadic Ethics*, Cambridge und Malden 2006, Melinda Cooper, *Life as Surplus: Biotechnology and Capitalism in the Neoliberal Era*, Seattle 2008, Angela Mitropoulos, *Contract and Contagion. From Biopolitics to Oikonomia*, New York 2012, aber auch Isabelle Lorey, *Die Regierung der Prekären*, Wien 2012. Zum Überblick bieten sich an Patricia Ticineto Clough und Jean O'Malley Halley (Hg.), *The Affective Turn: Theorizing the Social*, Durham, NC 2007, Stacy Alaimo und S. Hekman (Hg.), *Material Feminisms*, Bloomington 2009, Diana Coole und Samantha Frost (Hg.), *New Materialisms. Ontology, Agency and Politics*, Durham 2010.

Zur Debatte um die **sogenannte ursprüngliche Akkumulation und die Hexenverfolgung** an der Schwelle zur Moderne vgl. paradigmatisch Silvia Federici, *Caliban und die Hexe. Frauen, der Körper und die ursprüngliche Akkumulation*, Wien 2012.

Zur Diskussion um **Prekarisierung, Reproduktions-, Haus- und affektive Arbeit,** vgl. stellvertretend für die feministischen Strömungen im autonomen Marxismus, Mariarosa dalla Costa und Selma James, *Die Macht der Frauen und der Umsturz der Gesellschaft*, Berlin 1973, für einen Überblick vgl. Rosemarie Hennessy und Chrys Ingraham, *Materialist Feminism. A Reader in Class, Difference, and Women's Lives*, London und New York 1997, Nancy Holmstrom (Hg.), *The Socialist Feminist Project: A Contemporary Reader in Theory and Politics,* New York 2002, Mary K. Zimmermann u.a. (Hg.), *Global Dimensions of Gender and Carework*, Stanford 2006, Arlie Russel Hochschild und Barbara Ehrenreich (Hg.), *Global Woman: Nannies, Maids, and Sex Workers in the New Economy,* New York 2004, vgl. außerdem Susanne Schultz, *Hegemonie – Gouvernementalität – Biomacht. Reproduktive Risiken und die Transformation internationaler Bevölkerungspolitik*, Münster 2006, Kathi Weeks, »Life within and against Work: Affective Labor, Feminist Critique, and Post-Fordist Politics«, in: *Ephemera*, 7. Jg., Heft 1, 2007, S. 233–249, Renate Lorenz und Brigitta Kuster (Hg.), *Sexuell arbeiten. Eine queere Perspektive auf Arbeit und prekäres Leben*, Berlin 2008, Encarnación Gutierréz-Rodriguez, *Migration, Domestic Work and Affect: A Decolonial Approach on Value and the Feminization of Labour,* New York und Abingdon 2010, Silvia Federici, *Aufstand aus der Küche. Reproduktionsarbeit im globalen Kapitalisms und die unvollendete feministische Revolution*, Münster 2012, Precarias a la Deriva, *A Very Careful Strike,* New York 2013.

Zu **postkolonialem Feminismus** in materialistischer Perspektive, vgl. etwa Gayatri Chakravorty Spivak, »Scattered Speculations on the Question of Value«, in: *Diacritics*, 15. Jg, Heft 4, 1985, S. 73–93, Dies., »Can the Subaltern speak?«, in: Lawrence Grossberg und Cary Nelson (Hg.), *Marxism and the Interpretation of Culture*, Urbana-Champaign 1988, Chandra Talpade Mohanty, Ann Russo und Lourdes Torres (Hg.), *Third World Women and the Politics of Feminism*, Bloomington 1991, Patricia Hill-Collins und Margarete Andersen, *Race, Class and Gender. An Anthology*, 1992, [6]2007, *The Rey Chow Reader*, New York 2010. Für die frühe deutschsprachige Debatte, vgl. Hito Steyerl und Encarnación Gutiérrez-Rodriguez, *Spricht die Subalterne deutsch? Migration und postkoloniale Kritik*, Münster 2003, für neuere Positionen vgl. z.B. Hanna Hacker, *Queer entwickeln. Feministische und postkoloniale Analysen*, Wien 2012.

Zur **Intersektionalität** und der Frage nach der Überschneidung von verschiedenen Diskriminierungs- beziehungsweise Unterwerfungsformen in *einer* Person siehe die grundlegende Intervention von Kimberlé Crenshaw, »Demarginalizing the Intersection of Race and Sex: A Black Feminist Critique of Antidiscrimination Doctrine«, in: *The University of Chicago Legal Forum,* 1989, S. 139–167. Crenshaws Konzept der Intersektionalität ist in den letzten Jahren in Deutschland besonders von Cornelia Klinger und Gudrun Axeli-Knapp vorangetrieben worden (s.o.), vgl. aber auch Elahe Haschemi Yekani u.a., »Where, When and How? Contextualizing Intersectionality«, in: Dorota Golanska und Aleksandra Rozalska (Hg.), *New Subjectivities: Negotiating Citizenship in the Context of Migration and Diversity,* Łódz 2008, S. 19–47, und die Verweise auf http://portal-intersektionalitaet.de.

Zu **kapitalismuskritischen Orientierungen in den Queer Studies**, vgl. etwa Rosemarie Hennessy, *Profit and Pleasure. Sexual Identities in Late Capitalism.* New York, 2000, Matthew Tinckom, *Working like a Homosexual. Camp, Capital, Cinema*, Durham 2002, Detlef Georgia Schulze, *Geschlechternormen – inkonforme Körperinszenierungen – Demokratisierung. De-Konstruktion oder Reproduktion des sexistischen Geschlechterverhältnisses*, Berlin 2004, David L. Eng, Judith Halberstam und Jose Esteban Muñoz, »What's Queer About Queer Studies Now?«, *Social Text,* 25. Jg., Heft 3–4, 2005, S. 1–17, José Esteban Munoz, *Cruising Utopia: the Then and There of Queer Futurity*, New York 2009, Kevin Floyd, *The Reification of Desire. Toward a Queer Marxism*, Minneapolis 2009, Jordana Rosenberg und Amy Villarejo (Hg.), *Queer Studies and the Crises of Capitalism*, *GLQ*, 17. Jg. Heft 1, 2012.

Im Hinblick auf die **ökologische Dimension** der Marxlektüre kann ich mich hier auf den Verweis auf einen Überblicksartikel beschränken, der die wichtigsten Diskussionsbeiträge anspricht bzw. auflistet: F. O. Wolf, »Was muss eine politische Ökologie über Marx' Kritik der politischen Ökonomie hinaus leisten?«, in: Falko Schmieder (Hg.), *Die Krise der Nachhaltigkeit. Zur Kritik der politischen Ökologie*, Frankfurt/M. 2010, S. 57–77.

Zum **Eurozentrismus:** Die Kritik und Theoriearbeit von Samir Amin, *L'eurocentrisme. Critique d'une idéologie*, Paris 1988, hat hier Maßstäbe gesetzt. An Dipesh Chakrabartys Polemik, *Provincialising Europe. Postcolonial Thought and Historical Difference*, Princeton 2000, hat sich eine breite, kontroverse Debatte entzündet– mit Beiträgen von Kevin Anderson (s.o.), Crystal Bartolovich und Neil Lazarus (Hg.), *Marxism, Modernity, and Postcolonial Studies*, Cambridge 2002, Reinhart Kößler, *Dritte Internationale und Bauernrevolution. Die Herausbildung des sowjetischen Marxismus in der Debatte um die »asiatische« Produktionsweise*, Frankfurt/M. und New York 1982, Brendan O'Leary, *The Asiatic Mode of Production. Oriental Despotism, Historical Materialism and Indian History*, Oxford und Cambridge 1989, Marian Sawer, *Marxism and the Question of the Asiatic Mode of Production*, Den Haag 1977, Teodor Shanin (s.o.), Klaus Weissgerber, »Bemerkungen zu den Kovalevskij-Exzerpten von Karl Marx«, in: *Ethnographisch-Archäologische Zeitschrift*, 21. Jg., Heft 2, 1980, S. 193-219, die Kolja Lindner – »Eurozentrismus bei Marx. Marx-Debatte und Postcolonial Studies im Dialog«, in: Michael Heinrich und Werner Bonefeld (Hg.), *Kapital & Kritik. Nach der »neuen« Marx-Lektüre*, Hamburg 2011, S. 93–129 – rückblickend kritisch aufgearbeitet hat.

Zur erneuerten Debatte um die **sogenannte ursprüngliche Akkumulation**: Vor allem in Auseinandersetzung mit den Beiträgen David Harveys, etwa *The New Imperialism*, London, New York und Toronto 2003, vgl. rückblickend: Devi Sacchetto und Massimiliano Tomba (Hg.), *La lunga accumulazione originaria. Politica e lavoro nel mercato mundiale,* Verona 2008, sowie, mit einer feministischen Wendung, Silvia Federici (s.o.). Um den Ausgangspunkt der ganzen Debatte nicht zu vergessen, sei erwähnt: Rosa Luxemburg, *Die Akkumulation des Kapitals* (1913) und: *Antikritik* in: Dies., *Gesammelte Werke*, Bd.V, Berlin/DDR 1962. – Zu den damit verbundenen Themen der **Commons** beziehungsweise des **Gemeinsamen**: Seit Elinor Ostrom, *Governing the Commons. The Evolution of Institutions for Collective Action,* Cambridge, New York, Victoria 1990, Ders., »Revisiting the Commons: Local Lessons, Global Challenges«, in: *Science Magazine,* Bd. 284, 1997, S. 278–282, und Naomi Klein, »Reclaiming the Commons«, in: *New Left Review*, NF, Heft 9, 2001, S. 81–89, hat sich erneut eine internationale Debatte entfaltet: Seit 2006 erscheint ein *International Journal of the Commons,* vgl. zusammenfassend Elinor Ostrom, Thomas Dietz, Nives Dolšak, Paul C. Stern, Susan Stonich, Elke U. Weber (Hg.), *The Drama of the Commons,* Washington, D.C. 2002, und Peter Barnes, *Capitalism 3.0: A Guide to Reclaiming the Commons,* San Francisco 2006.

Unabhängig davon entfaltet sich eine an Marx anknüpfende **Debatte über das Gemeinsame**: Einen guten Einblick gibt das von Massimo de Angelis herausgegebene Journal *The Commoner*, London 2001ff, http://www.commoner.org.uk/, vgl. aber auch Jacques Camatte, *Capital et Gemeinwesen*, Paris 1976, sowie Anna Curcio und Ceren Özselçuk (Hg.), *The Common and the Form of the Commune, Rethinking Marxism,* Heft 22, 2010, darin insbesondere Étienne Balibar und Antonio Negri, »On the Common, Universality, and Communism: A Conversation between…«, S.312–328, vgl. außerdem Michael Hardt und Antonio Negri, *Demokratie. Wofür wir kämpfen*, Frankfurt/M. 2013, S. 57ff, und ihre Konzeption des Gemeinsamen in der *Empire*-Trilogie (s.o.).

Eine andere Interpretation hat sich entlang der Periodisierung von Produktionsweisen durch die Gruppen Théorie Communiste, Endnotes und Riff Raff um das Thema der **Kommunisierung** entwickelt, vgl. zusammenfassend Benjamin Noys (Hg.), *Communization and its Discontents. Contestation, Critique, and Contemporary Struggles*, New York 2011, http://minorcompositions.info.